中国经济文库·应用经济学精品系列（二）

· 河南理工大学河南省高等学校人文社科重点研究基地“能源经济研究中心”、工商管理省级重点学科资助出版
· 河南省高等学校哲学社会科学应用研究重大项目“煤炭资源型城市生态安全预警及调控研究”(2020-YYZD-07)

曾　旗
杜泽兵 ◎著

资源枯竭型城市生态需求、供给与补偿体系研究

——以焦作市为例

Study on Ecological Demand, Supply and Compensation System of Resource Exhausted Cities

— A Case Study of Jiaozuo City

中国经济出版社
CHINA ECONOMIC PUBLISHING HOUSE
北 京

图书在版编目（CIP）数据

资源枯竭型城市生态需求、供给与补偿体系研究：以焦作市为例／曾旗，杜泽兵著．-- 北京：中国经济出版社，2021.12

ISBN 978-7-5136-6782-1

Ⅰ.①资… Ⅱ.①曾… ②杜… Ⅲ.①城市经济-生态经济-转型经济-研究-焦作 Ⅳ.①F299.276.13

中国版本图书馆 CIP 数据核字（2021）第 273435 号

责任编辑　张利影
责任印制　巢新强

出版发行　中国经济出版社
印 刷 者　北京科信印刷有限公司
经 销 者　各地新华书店
开　　本　710mm×1000mm　1/16
印　　张　13.75
字　　数　210 千字
版　　次　2021 年 12 月第 1 版
印　　次　2021 年 12 月第 1 次
定　　价　80.00 元
广告经营许可证　京西工商广字第 8179 号

中国经济出版社 **网址** www.economyph.com **社址** 北京市东城区安定门外大街 58 号 **邮编** 100011
本版图书如存在印装质量问题，请与本社销售中心联系调换（联系电话：010-57512564）

前言
foreword

本书聚焦于资源枯竭型城市生态需求、供给与补偿体系，运用经济学、管理学、生态经济学、生态系统理论等多学科知识，采用理论研究与实证分析相结合、定性分析与定量分析相结合的研究方法，系统分析了资源枯竭型城市生态需求、供给和补偿体系。主要研究内容如下。

第一，梳理了国内外有关资源枯竭型城市、生态供需及生态补偿研究成果，并对资源枯竭型城市的生态补偿研究现状和存在的问题进行了分析。第二，界定了资源枯竭型城市、生态需求、生态供给、生态补偿等概念，总结了生态足迹理论及构成要素，梳理了生态补偿、生态足迹、生态承载力等理论的研究对象和研究内容，指出了开展生态补偿的必要性，从明确指导思想与原则、梳理生态补偿主体与方法、实施生态补偿措施等方面提出了构建生态补偿体系的思路。第三，分析了生态需求的内涵及产生根源，采用改进的生态足迹方法，构建了资源枯竭型城市生态系统服务需求计算模型，并以河南省焦作市为例进行了实证研究，对该市地区生产总值与固定资产投资进行了计算，定量测算了该市生态系统服务需求当量价值，发现该市生态系统服务需求当量价值从 1999 年开始逐步升高，由 1999 年的 30. 37 亿元上升到 2019 年的 73. 79 亿元。第四，阐释了生态供给的内涵。本书基于遥感技术分别分析了焦作市 1999 年、2004 年、2009 年、2014 年和 2019 年 5 个年份的土地利用变化，建立了该市生态系统服务价值计算模型，定量测算了资源枯竭型城市生态供给状况，构建了生态系统供给能力评价指标体系，综合评价了该市生态供给能力状况，并分析了全市生态供给能力变化趋势。第五，从市场均衡的生态服务供需类型出发，提出了资源枯竭型城市生态补偿准则及补偿架构。分析了焦作市生态补偿状况并定量测算了该市生态供需缺口，运用生态补偿计算模型测得焦作市生态补偿总成本约为251.77亿元，探明了该市生态供给能力变化原因，构建了该市生态补偿体系，并提出了全市生态补偿实施措施。

本书研究结果为焦作市城市转型、经济社会可持续发展和生态文明建设提供了科学依据，为其他资源枯竭型城市转型发展和生态文明建设提供了借鉴。

目 录
contents

1 绪论

2 资源枯竭型城市生态补偿的理论基础

4 基于生态承载力的资源枯竭型城市生态供给分析

1 绪论

1.1 研究背景与研究意义

1.1.1 研究背景

自工业革命以来，城市逐渐成为人类社会的主要空间形态与经济发展的主要区域。但是随着城市的急剧扩张、工业化的加速发展，人类活动对环境的影响日益突出，对其他自然生态系统产生了巨大影响，因此，在信息化时代，随着城市化和工业化的快速发展，如何协调城市化、工业化和生态保护的关系，实现可持续发展便成为一个重要的研究课题。随着我国“美丽中国”发展战略的实施，城市发展尤其是资源型城市的发展愈加成为社会关注的焦点。官方数据显示，截至2020年，我国共有资源或者矿业城市100余个，根据资源开发情况可以分为新建资源型、成熟资源型和资源枯竭型三类，其中2008年、2009年、2011年国家公布确定了69个资源枯竭型城市。由于这些城市基本是按照“先有资源、后有城市”的发展路径，经过一段时间的资源开发之后，普遍面临资源枯竭、环境污染等一系列自然资源和生态环境问题，这些都成为资源型城市可持续发展所面临的问题和挑战。在资源枯竭型城市中，生态足迹是指支撑此座城市社会经济发展所需要的生态生产性土地面积。由于城市自身具有生态容量有限性和明显的开放性，其与外界需要进行信息流、能量、物质等方面的交换，需要从其他方面汲取大量的能量与物质，所以无论从历史贡献还是从未来社会稳定发展来看，资源型城市都必须实施生态发展战略，实现城市生态转型。尤其是近年来，随着全球范围内可持续发展研究的深入，发现人类社会的可持续发展真正取决于生态系统及其服务的可持续性。因此，从经济学角度来说，对这类资源型城市尤其是资源枯竭型城市实施以生态补偿为核心的生态发展战略，能够有效调整参与主体行为，保护城市生态环境，避免损害城市区域范围内生态系统服务的短期经济行为，实现对城市及其生态系统的保护，协调经济发展中的效率和公平问题，从而实现这类城市的可持续发展。

高质量发展背景下，如何根据生态供需理论，使用生态供需评估方法，准确评估资源枯竭型城市的供需情况，并提出相应的生态供需调控与保障措施，不仅关系着资源枯竭型城市的生态平衡，更关系着资源枯竭型城市经济的可持续发展，以及居民生活水平的提高，这是资源枯竭型城市进行生态补偿的必然要求。

1.1.2 研究意义

1.1.2.1 有助于推进城市生态补偿体系的研究

生态补偿虽然在自然和农业生态经济学的研究中较常见且已经有所发展，但就人工的城市生态系统而言，合理界定其生态资源价值，矫正扭曲的资源价格机制，促进资源型城市健康可持续发展，相关内容还是较少涉及的。本书结合经济学与生态学、社会学、管理学的相关理论，梳理了城市生态补偿的理论和应用方法，以在一定程度上推进城市生态补偿相关理论的研究与发展。根据当前生态足迹和生态服务价值计算理论，结合城市生态补偿的特点，不断完善城市生态补偿体系理论，推动城市生态补偿体系及其运行机制的研究，将会帮助人们真正认知自然资源的价值所在，避免生态资源的过度消耗，实现城市与自然生态平衡。

1.1.2.2 有助于资源型城市绿色转型，实现可持续发展

从国内外相关资源型城市的发展路径来看，资源型城市都会面临生态转型问题。因此，只有通过资源枯竭型城市的生态补偿体系研究，明确城市多种类型的生态服务及其价值所在，掌握城市生态供给和需求的变化规律，才能真正促使各级决策者更多地考虑生态价值，从而做出生态补偿决策，为这类区域制定可持续发展战略创造条件和基础。同时，城市生态补偿体系的构建有助于提高全民生态保护意识，实现对生态环境的客观有效评价。生态补

偿是以货币的形式显示自然生态系统为人类提供服务的价值，同时通过电影、电视等媒体对这种价值进行宣传，可以有效地帮助人们了解生态价值，从而提高人们对生态环境及其服务的了解和认识，进而提高人们的环保意识；反过来，也会最大限度地降低生态补偿中的人为误差，为进一步客观评价生态环境创造良好的社会环境。

此外，生态补偿的实施有助于城市生态环境的建设与布局。首先，生态补偿的基准条件——生态供求关系的探析将会通过衡量生态系统的服务价值和生态足迹，准确计算环境投资和保护行为所创造的收益；其次，明确环境价值有助于合理规划项目投资领域和区域，合理定位生态功能分区，为城市可持续发展打下良好基础。

1.2 研究综述

1.2.1 资源枯竭型城市研究综述

1.2.1.1 国外资源枯竭型城市研究

资源枯竭型城市，也被称为“资源衰退型城市”，是指矿产资源开发进入后期、晚期或末期阶段，其累计采出储量已达到可采储量的70%或80%以上，或开采能力仅能维持开采时间在5年以内的城市或区域。最早对资源型城市进行研究的是20世纪30年代的加拿大学者哈罗德·伊尼斯（Harold Adams Innis），在其《加拿大的毛皮贸易》和《加拿大主要生产问题》著作中对资源型城市，尤其是矿产地区发展不稳定的原因及其引发的社会问题进行了深入研究，开创了学术界对资源型城市的研究先河。国外学术界对资源型城市的研究，与资源型城市发展历程密切相关。国外各类资源型城市是在19世纪工业化早期崛起的，随着人类工业化的发展，在20世纪中期逐渐走下坡路。为帮助和优化资源型城市发展，把资源型城市作为切入点成为学者关注的焦点，目前主要集中于两个研究领域。

第一，基于发展经济学和社会学理论，从经济发展角度定位资源型城市的经济发展轨迹并分析其城市转型。早期研究以Innis为代表，从社会学角度探析资源型城市或地区的转型问题，认为资源型城市的发展与人口特征或者劳动力密切相关。但是，早期研究基本属于个案分析和理论描述，缺乏案例和实证研究。20 世纪中期，随着资源型城市资源枯竭问题的不断加剧，国外开始从社会学和经济学角度探析资源枯竭型城市发展阶段问题：加拿大学者 J. L. Robinson 基于理论研究分析评估了资源型区域的社会稳定问题。20 世纪 70 年代以后，学者对资源型城市研究从个体研究发展到对洛林、休斯敦、鲁尔区等地区群体进行实证与规范研究，发现欧洲基本通过政府干预来实现资源型城市的转型，而美国基本依靠市场力量来淘汰资源型城市或者实现其转型。C. O' Faircheallaigh 从社会福利最大化和效率与公平兼顾角度出发，分析发现社会平权给大型资源型区域的发展带来不平等的结果，使资源型区域承担更大的社会和环境成本。有的学者从劳动力、人口迁移等角度出发，探析资源枯竭型城市的发展阶段问题，如 J. H. Bradbury 提出了依附理论，解释了资源型城市的兴起、快速发展与衰退，以及在此过程中表现出来的社会经济特点。R. Hayter 和 T. J. Barnes 等对资源型城市发展阶段进行了划分和界定，认为该类地区的发展与城市劳动力市场密切相关。此外，在这个阶段还出现了全球经济一体化对资源型城市的影响研究。

第二，基于生态学的环境保护理论，探析资源型城市转型的生态环境与可持续发展研究。在上一阶段，多数学者从社会稳定、劳动力变化等角度对资源型城市的转型问题进行了研究。基于此，20 世纪末以来，随着全球环境的恶化与可持续发展理论的提出，并结合欧美发达国家对资源型城市的产业转型实践进行总结分析，关于资源型城市发展的研究转向了探寻资源开发、经济发展与环境保护相协调的可持续发展路径。在此阶段，学者的研究理论主要集中在环境保护与经济发展相协调方面，包括环境经济学、可持续发展理论、制度经济学等。不同学者从环境保护角度提出了资源型城镇可持续转型与发展路径。如 C. R. Bartone 提出，第三世界的城市如果想实现可持续发展，就必须克服贫困、资源衰减和环境恶化等困难；M. Sean 等认为竞争优势对于区域经济的转型有重要作用，资源型城市的产业转型应该从原有的资源比较优势向该城市的竞争优势转变。

目前，对资源型城市的研究基本以经济转型、产业转型以及提升竞争力为主，虽然自20世纪末以来也有部分学者开始重视资源型城市的生态环境问题，但是在具体的研究分析中，相关领域研究中理论分析过多，实证研究较少，定量分析资源枯竭型城市的生态转型和可持续发展的环境经济学研究相对缺乏。

1.2.1.2 国内资源枯竭型城市研究

我国学者在新中国成立初期，主要进行资源型城市的建设与规划研究，基本不涉及资源的可持续利用问题。但从20世纪80年代开始，随着资源枯竭问题日益突出，国内学者开始对资源枯竭型城市或区域进行研究分析。目前的研究主要集中在以下两个方面。

第一，资源枯竭型城市的概念属性及分类研究。目前，国内虽然已经初步形成对资源型城市的概念界定，但是对资源枯竭型城市如何界定和测度尚未达成共识，不过很多学者认为资源枯竭是资源型城市发展过程中必然会经历的过程和阶段。如钱勇认为，资源枯竭型城市应该包括两个条件：资源储量可开采时间不能超过工作设计年限的1/4，资源年产量已下降到开采高峰年份的80%以下。而有的学者只是把矿产开采作为资源行业，并据此认为如果仅将采掘业定义为资源产业，那么矿业产值占到工业产值的10%～20%才是资源型城市，并且在此基础上对资源型城市进行了分类研究。张萌利用社会、经济和环境指标结合遥感技术，提出可以按照可持续性指数、协调性指数等对资源型城市进行分类研究。

第二，资源型城市的转型，即资源型城市经济发展研究。当前，国内对资源型城市转型的研究虽主要是理论分析和实证探析，但基本属于理论基础上的产业、经济转型研究，缺乏完整意义上的转型生态路径分析。国内学者对资源型城市的经济转型、可持续发展、接续产业等研究，丰富了资源型城市转型的经济理论体系。对资源型城市转型的定性分析较多，如许信胜和牛妍提出资源型城市的转型措施应是发展循环经济，加大环境治理力度；张生玲等研究发现，路径依赖效应是通过技术与制度“双重锁定”，在经济快速增长的掩饰下“侵蚀”资源型城市产业结构升级的内生动力；在资源枯竭时期，路径依赖效应会导致城市丧失快速发展资源替代性产业的能力，严重的结构性失业、生态环境破坏以及基础设施落后使城市陷入转型“困境”。关于资源型城市转型案例分析方面的研究，具有代表性的有，宋冬林提出在东北资源型城市转型的过程中应充分发挥政府和市场在接替产业选择与培育中的作用，通过接续产业发展促进城市转型。此外，周民良提出实现政府扶持与市场机制有效结合，不断完善对东北地区资源型城市转型发展的政策支持。关于资源型城市转型综合问题的研究，具有代表性的有，张复明指出资源型城市产业结构单一化，致使经济发展陷入困境并面临严重的环境问题，所以应该对城市原有结构及发展态势进行改造升级，提升城市可持续发展能力。王春杨和李青淼提出资源型城市的经济转型应以经济持续发展、公共服务均等化、生态环境与社会经济协调发展为目标，最后结合枣庄市的资源特征、区位条件、发展阶段以及当前所面临的困境，提出了发展对策。曾坚和张彤彤认为在经济新常态下，转型中一些历史遗留问题、路径依赖以及创新乏力等问题的解决迫在眉睫。要利用经济新常态的大环境，构建多元融资渠道；依托资源优势拉长产业链条，发展资源替代产业；重视科技创新，推进产业升级，最终实现新的发展路径，促进资源型城市经济更平稳地转型。

从研究内容和方法来看，虽然近年来国内学者加大了对资源型城市转型的定量分析和指标体系的构建，但是存在指标体系缺乏通用性的弊端，缺乏对资源型城市转型所需的路径创新、可持续发展能力方面的深度定量分析。

1.2.1.3 国内外研究对比分析

国外学者早在20世纪30年代便开始了对资源枯竭型城市的研究，但是对资源枯竭型城市的系统研究起于60年代。近年来，美国学者、澳大利亚学者、加拿大学者在研究资源枯竭型城市的过程中，取得了显著的研究成果，相比较而言，欧洲学者的研究成果较少，其中以英国的研究成果为代表。从国外学者的研究现状来看，资源枯竭型城市主要分布在澳大利亚、美国、加拿大等国家，受此影响，在国外的现有研究中，资源枯竭型城市还包括资源枯竭的社区或城镇。20世纪六七十年代，国外学者对资源枯竭型城市的研究主要体现在矿产资源、社会学方面，涉及城市人口、城市社会学，以及与之相对应的生命周期理论等。对此，国外学者普遍认为在资源型城市的兴盛时期，其就业岗位多，因此也会随之产生大量劳动人口不断迁入城市的现象；而随着资源型城市转入枯竭阶段，大量人口为了寻找其他的工作机会选择迁出资源枯竭型城市。同时，如果城市中缺乏充足的劳动力供给，资源枯竭型城市的采矿业也无法实现正常运转。

我国学者对资源枯竭型城市的研究起步相对较晚，且对此进行研究的背景也与新中国成立后实施发展重工业的政策有关，在优先发展重工业的过程中，不仅带动了当时整个工业化的发展，也为实现经济发展建设目标奠定了基础。正是在大规模推动工业化进程的过程中，加大了资源开采力度，催生了一批资源型城市。同时，因为工业化发展对资源的需求比较紧迫，在此阶段我国也将资源型城市视为重要的资源采掘地，并未从城市的属性角度、城市的持续发展角度开展研究，所以学者也多从工业布局、区域分工、基础建设的角度，从区域资源评价、建设时序、建设规模、选址、布局等方面开展研究。在我国实施改革开放政策之后，随着我国由计划经济转向市场经济，资源型城市在发展中也出现了许多问题，诸如企业效益下降、城市经济增长速度慢。在此背景下，国内许多学者开始加大对此类问题的研究力度，以资源枯竭型城市，特别是煤炭资源枯竭型城市的专题研究为主。

20 世纪 90 年代后，我国资源枯竭型城市面临的发展问题越来越严重，体现在社会、环境、资源、经济等方面。因此，如何解决资源枯竭型城市面临的这些问题，带动资源枯竭型城市逐步走可持续发展的道路，成为学者的研究重点。国内学者对资源枯竭型城市的研究多以基本理论研究为主，包括资源枯竭型城市的运行机制、主要特点、目前状况、鉴定标准、划分依据等，但是在资源枯竭型城市的划分、界定方面仍未有较大进展。

在资源枯竭型城市研究领域内，国内学者还针对资源枯竭型城市经济转型提出自己的观点，具有代表性的观点包括：加大规划资源开采时间、规划产业链布局的力度；在发展城市时规避发展套路，坚持因地制宜的原则，有效改变依赖城市资源的理论；推动发展第三产业；大力推进资源枯竭型城市转型。

对比分析国内学者针对资源枯竭型城市的研究，可发现国内学者注重对国外资源枯竭型城市转型政策与经验的研究，且大部分集中于欧洲国家的研究成果，尤其是以德国资源枯竭型城市的研究经验为重点。其主要原因是我国当前的资源枯竭型城市的发展现状类似欧盟国家之前的城市发展现状，欧盟国家当时对资源枯竭型城市的管理措施，主要由政府部门进行有效控制与管理；与之相比，澳大利亚或美国倾向于采取比较开放、自由的管理。针对国外比较成熟的资源枯竭型城市管理与发展经验，国内学者普遍认为我国资源枯竭型城市应建立一个能够有效管理城市的领导机构，其目标在于借助于技术优势推动传统工业优化升级，调整产业结构比例，同时进一步推进环境保护工作，积极应用先进的技术，通过技术优势推动企业健康发展。

1.2.2 资源枯竭型城市生态供需研究综述

1.2.2.1 国外资源枯竭型城市生态供需研究

国外学者对生态供需的研究起步较早，相关研究可追溯到20世纪中叶。伴随着生态环境问题日益严峻，生态问题已成为各国学者的研究热点。20世纪90年代，生态系统研究进入高峰阶段，许多学者将生态的供应与需求相结合，研究供需间的关系与矛盾，而生态供需研究作为生态系统研究的重要部分，也逐渐得到重视。国外学者对资源枯竭型城市生态供需的研究，是与资源枯竭型城市生态问题的影响紧密相关的，为了帮助资源枯竭型城市解决生态问题，国外学者注重以资源枯竭型城市生态供需为研究关注点。目前，关于国外资源枯竭型城市生态供需的理论研究、方法研究现状如下。

(1) 国外资源枯竭型城市生态供需理论研究

国外学者对资源枯竭型城市生态供需理论的研究，多从经济量化、空间结构等角度出发，具有典型意义的研究如下。Costanza是较早以经济量化角度为出发点分析生态供需关系的学者，从调节、支持、供给三个方面分解生态供给指标，并依据经济学供需SD曲线分析生态供需平衡关系。Costanza所得结论为之后学者研究资源枯竭型城市生态供需提供了理论支撑。Ferrara从空间结构上分析了资源枯竭型城市生态供需关系，将空间结构分为连接区、受益区域供给区。Mirza 等在整合前人研究成果的基础上提出生态供给空间与需求空间出现关联特征的根本原因，即消费空间、需求空间、供给空间存在差异，且在资源枯竭型城市生态服务流动中，供给空间与需求空间的距离有所减弱。Serna－Chavez 等不仅在研究中考虑到生态供需空间特征，还分析了资源枯竭型城市生态供给区域与需求区域间的生态服务流动，由此将生态供需理论框架扩展为供给、需求、流动三个部分，旨在强调生态服务流动对平衡生态供需关系的价值。

（2）国外资源枯竭型城市生态供需方法研究

随着资源枯竭型城市生态供需理论研究的逐渐深入，国外学者开始对生态供需关系进行量化研究，构建不同的生态供需研究模型。Boithias 在对城市生态供需关系进行研究时，构建了 InVEST 模型，通过生态供需促进资源枯竭型城市与生态系统相联系。Géraldine 应用碳足迹、生态足迹计算方法，对 Biscay 地区的生态供需关系进行了分析，定量评价资源枯竭型城市的生态供需水平，论证最近 10 年的生态足迹演变规律，将该论证结果融入生态供需框架中，证明生态供需不平衡会导致资源枯竭型城市面临更严重的可持续发展问题。Alexandridis 等利用水文模型与 GIS 技术，结合资源枯竭型城市经济、地形、人口、土壤等方面的数据，研究城市生态供需关系，并绘制对应的生态供需关系平衡图。

国外学者对资源枯竭型城市生态供需的研究较早，研究内容涉及多个方面，并针对不同研究对象、研究区域提出多种研究方法，构建新的研究模型。

1.2.2.2 国内资源枯竭型城市生态供需研究

相较于国外学者，国内学者对资源枯竭型城市生态供需的研究起步较晚，但是随着我国资源枯竭型城市数量逐渐增加，以及该类城市面临的生态问题越来越严重，更多的学者开始将该类城市的生态供需平衡现状作为研究课题，由此也得到了一定的研究成果。目前，国内资源枯竭型城市生态供需的理论研究、方法研究现状如下。

（1）国内资源枯竭型城市生态供需理论研究

在研究资源枯竭型城市生态供需的初期阶段，国内学者围绕生态供需理论开展研究，并在研究中对资源枯竭型城市生态供需理论的内容、含义进行界定。例如，陶晓燕对国内外生态供需理论进行梳理，整理总结出资源枯竭型城市生态供需理论的基本内容，并提出需求、供给实际供给、潜在供给、总量需求、现实需求的概念，建立生态供需关系分析框架。刘焱序等以生态供需理论进展为依据，总结出生态供给的特点为区域性、复杂性、多样性，生态需求的特点为地域性、多维性、差异性等，分析了生态供需间的多尺度关联特征与不确定性关系，指出资源枯竭型城市对生态供需平衡的迫切需求。张磊等在对资源枯竭型城市生态供需进行研究时，结合国内资源枯竭型城市发展状况，从人类对生态需求的角度，结合生态功能属性分析结果，指出生态系统自身状况决定生态供给量，社会经济发展水平决定生态需求。邓煌炜和廖振良在研究中对生态供需概念进行了分析界定，指出生态系统是生态供给方，社会经济系统是生态需求方。

（2）国内资源枯竭型城市生态供需方法研究

对于资源枯竭型城市生态供需方法的研究，国内学者在国外学者研究的基础上进行了新的探索。例如，蔡春苗和尚金城以城市生态承载力模型、生态足迹分析模型为支撑，定量测算城市的生态供需水平，对生态供给、生态需求相关系数、发展能力模型、生态足迹多样性指数进行分析，得出城市人均生态足迹需求高于人均生态承载力供给的结论。陈新生利用间接市场法推算出资源枯竭型城市的生态供应与需求，估算生态供应量与需求量，预测研究区域生态供需平衡关系。吴晓和周忠学通过实地走访获取资料，采用生态足迹法、能值分析法、价值量法、物质量法对资源枯竭型城市生态供需进行研究，在计算生态供给量时融入负荷能力系数概念，修正数据并得到生态供给与生态需求的平衡关系。白玉梅等从资源枯竭型城市生态供需角度，以基本供需平衡作为分析生态供需的衡量标准，研究生态供需的时空差异特征。

总的来看，国内学者关于资源枯竭型城市生态供需的研究，多是关注生态供需理论的内容，侧重于对生态供需理论的研究，而对于资源枯竭型城市生态供需的案例研究相对较少。

1.2.3 生态补偿研究综述

1.2.3.1 国外生态补偿的研究

为实现生态系统的健康可持续发展，现阶段大家关注的是如何利用社会经济手段实现社会、经济和环境的协调发展。目前，常见的方法主要是具有强制性的传统社会经济手段和生态补偿手段，两种方法相较生态补偿手段更合理和有效。生态补偿的核心是通过对保护生态环境的利益相关者进行经济补偿来实现生态环境改善。但是，我国现行生态补偿体系往往仅从产出和价值等经济利益角度确定，使得具有正外部性的生态服务，尤其是在维持生命的支持系统和环境平衡方面的生态服务得不到体现，其生态价值得不到政府和公众的认可，从而导致环境领域的投入远滞后于自然资源的贡献率，恶化了我国生态环境质量，对资源型城市的转型发展更是一种制约，限制了这类城市以及我国经济发展的能力。

国外生态补偿理论与实践的互动活动始于20世纪中期。20世纪60年代，美国的“土壤银行”计划主张对土壤保护给予补助。1997年，美国纽约在流域水资源保护规划中首次使用生态补偿的概念，该项管理方法逐渐引起了世界的关注。当前，部分发达国家已初步建立了生态服务付费的政策框架，形成了直接的一对一交易、公共补偿、限额交易市场和产品生态认证等生态补偿框架体系。目前，国外对生态补偿的概念、原理、运行机制、政策建议等领域都有研究和分析阐述。①生态补偿概念的研究。基于经济学、社会学、生态学的不同学科背景，学者提出了不同的概念。如S. Wunder认为生态补偿就是环境服务购买者向提供者购买服务的自愿交易行为。但是其表述过于理论化，生态服务的外部性和公共物品特性使得该定义难以为补偿体系的定量分析界定提供可操作性的条件和前提。②补偿主客体的研究。如R. Sierra和E. Russman等认为高效的生态补偿应面向需要补偿的地区而不是人。但是，就补偿主客体的界定是受益和受损个体，还是受益和受损地区存在多重意见，不论是单一的地区还是参与主体都会造成补偿政策执行效果的偏差。总之，在补偿主客体的研究领域，多数学者认为应该对具有生态服务价值的区域提供资助和保护，因为不同生态服务的价值尺度存在不同的利益相关者，所以分析生态补偿要考虑空间概念。③生态补偿体系的影响因素研究。如 J. Morris 等认为生态补偿要协调生产和生态目标，必须充分考虑地域特征和利益相关者的利益偏好以及补偿可行性。还有学者认为补偿体系会受到政府投入成本、土地信息、市场因素的影响，如果补偿体系不合理，就会产生信用风险、土地资源过度利用等问题，使其政策实施效果不佳。因此，多数学者认为固定不变的生态补偿体系难以实现环境和社会、经济协调发展的目标。④定量分析方法研究。有些学者从定性的角度分析了生态补偿体系不同的计算方法和评估方法，如 Rega 认为应该建立强调生态补偿效率的动态评估方法，P. J. Ferraro 分析了各种估计机会成本方法的优缺点。有些学者利用公众对生态系统非市场服务的偏好程度、意愿调查（CVM）等方法衡量评估了生态价值。这些研究充分表明，生态补偿体系计算模型存在多种不确定的复杂因素，导致定量分析结果难以被公众和政府认可。

我国生态补偿政策萌生于 20 世纪 80 年代，比较成熟的是森林生态补偿政策。目前，我国主要对生态补偿概念、理论基础、定量分析方法和具体的森林、流域等生态补偿案例进行了研究。如毛锋和曾香根据生态系统的自身运行机制，探析了生态补偿的基本原则和补偿临界值。谢高地等虽将生态要素补偿划分为森林、草地、湿地等类型，却忽略了对耕地这种重要生态要素的补偿，同时认为生态补偿机制必须根据生态服务价值、生态保护成本、发展机会成本，运用政府和市场手段构建和完善调节生态保护利益相关者之间利益关系的公共制度。赵雪雁等从科斯定理出发，探析了生态补偿面临的挑战。俞海和任勇分析了中国生态补偿的核心问题，提出了生态补偿的政策路径选择、政策设计和实施的总体思路。这些研究虽然从不同角度探析了生态补偿的原理，但是也表明目前生态补偿仍缺乏一个科学、统一的概念表述，从而导致生态补偿的实践和理论研究存在较大差异。同时，一些学者提出了确定生态补偿标准的依据，如按照生态保护者的直接投入和机会成本计算，按照生态受益者的获利计算，按照生态破坏的恢复成本计算，按照生态系统服务的价值计算，从市场理论和半市场理论分析生态补偿的方法。而且，目前我国生态补偿的案例研究，基本依照生态服务供给的机会成本进行定量标准计算和分析，也有部分学者初步对以生态服务价值为基础的生态补偿体系进行衡量。当前生态补偿的方法可谓多种多样，各有优缺点，而其中亟待深入研究的是利用客观的生态系统服务价值计算生态补偿标准的方法，但由于生态系统服务价值评估体系不标准，总量计算模型不合理，导致实际案例应用不多。

1.2.3.2 城市生态补偿的研究

基于生态学理论，城市生态系统既是城市居民与生存环境相互作用的网络结构，也是人类对自然环境进行改造和适应的体系，相对于自然生态系统而言，它属于一种人工生态系统。因此，其内部要素不仅与自然生态系统一样包括生物与非生物要素，还包括人类及其衍生的社会经济要素。这些内部要素通过人类行为实现系统内外的能量与物质的循环交换，形成一个有机整体。城市生态系统具有下列特征：①人类是最重要的核心要素，是在整个生态系统中起着支配作用的管理者和消费者双重身份的合体。②非独立的生态系统，需要其他自然生态服务的大力支持，才能维持自身系统的健康发展。如食物、能源等，都需要其他生态系统的配合和支持。

但是众所周知，城市区域范围的生态系统具有多元化特征，即在城市人工生态系统的基础上，拥有多样的自然生态系统，如森林、湿地、农业等。因此，研究城市生态补偿首先必须明确城市生态系统的概念和特征。

目前，就城市生态补偿而言，基本的研究方法也是沿用上述生态补偿的研究方法。第一，对城市生态补偿的权利和概念进行研究，为城市生态补偿提供理论基础。如吴璟和王义保提出城市生态权利来自城市生态系统，而城市生态系统是人、自然、社会之间利益关系的确认与优化。第二，对城市生态补偿的对象研究。目前，较多学者从城市范围内的生态补偿入手研究城市系统对自然生态系统的反哺，如对城市水源地、土地利用、森林系统、绿地资源、湿地资源进行生态补偿的研究。第三，对城市生态补偿的阶段性研究。从社会发展阶段探析城市生态补偿体系建设，如李智等对南京市的生态—社会经济系统耦合度的研究，提出应该根据生态—社会经济系统耦合度与协调度的变化对区域范围内的自然生态系统进行补偿。第四，城市生态补偿的空间性研究。从空间区位角度探析城市生态补偿机制的构建。如杨欣等利用生态账户的构建，提出对农田的生态补偿应该从武汉都市圈进行补偿机制的构建。郝志敏对环首都经济圈生态补偿机制进行研究，提出受益地区需要从横向空间角度开展生态经济援助。何筠和罗红燕运用水足迹计算方法对赣江上下游城市进行生态补偿研究，以求实现整个流域的可持续发展。

在上述国内外研究不断取得进展的同时，国内很多学者也从不同角度对城市和资源型城市生态系统及其补偿进行了定量研究。第一，当前，多数学者利用生态足迹的方法对资源型城市的生态情况进行了研究和定量分析，如徐琳瑜等对城市生态承载力理论和评价方法进行了综合论述，并通过构建城市生态承载力模型分析了广州市的生态承载力。吕萍和陈欢欢运用生态足迹模型对黑龙江省煤炭资源型城市生态承载力进行评价。黄晓英等从经济效率、资源利用和社会公平角度初步评价了大同市 1999—2012 年的可持续发展能力。邓晓军等运用水足迹计算方法，通过构建城市水足迹计算模型，对比分析了上海和重庆两个城市的水足迹。第二，有些学者从生态服务角度研究城市生态系统及其补偿问题。如董方圆研究了资源型城市的环境改善所带来的生态服务价值的增加，认为环境改善可以为资源型城市带来巨大的环境效益，但没有涉及生态补偿问题。冯思静等根据生态服务概念对阜新市生态服务价值进行计算，并以此为依据构建了煤炭资源型城市生态补偿体系。第三，还有很多研究是从定性角度探析资源型城市的生态补偿路径或者体系建设，如从法律体系的建设角度研究资源枯竭型城市的生态补偿对象、方式等问题和制度建设框架、目标与保障体系。此外，还有学者从生态补偿机制的政府作用、制度规划等角度探析了资源型城市生态补偿机制的构建。

综上所述，目前国内外对资源型城市的研究，基本属于探析资源型城市转型和发展阶段的问题；同时，为实现资源型城市健康发展，也初步探析了这类城市的可持续发展能力，即如何实现这类城市的综合转型和可持续发展成为当前研究的热点之一。近年来，相关领域的研究虽然开始涉及生态环境与经济学交叉的生态补偿研究，但是这些补偿研究基本参照其他领域的生态补偿研究成果，直接探讨城市社会经济生态发展问题，对生态补偿的研究角度比较单一，如只是从生态承载力的角度，运用生态足迹的方法进行研究，或者只是从生态服务的角度探析生态补偿；虽然有些学者也尝试从生态足迹和生态服务价值两个角度综合分析城市生态补偿，但是因缺乏经济学理论的支持，导致研究结论流于形式。

1.2.3.3 城市生态补偿机制的研究

国内外学者对城市生态补偿机制的研究，主要以生态环境发展现状与发展需求为出发点，各个国家在发展经济的过程中，面临不同程度的生态污染问题，而且生态污染问题也基本成为经济发展中的伴生问题。与西方发达国家相比，我国市场经济发展速度较慢、发展时间较晚。国外学者对城市生态补偿机制的研究早于我国，分析国外学者在城市生态补偿机制方面的学术研究成果，选择适合我国城市发展现状的道路，有利于优化生态补偿机制，为高效解决我国生态治理问题提供保障与支撑。城市生态补偿机制是我国利用经济手段解决、治理生态问题的一种制度安排，国外通常将之表述为“环境服务付费”，最早提出该观点的国家为哥斯达黎加，其在 1997 年针对“环境服务付费”制订了一项国家支付计划，从而提升了林业部门服务水平。尽管城市生态补偿机制与“环境服务付费”不同，但是两者都强调支付提供的生态服务费用，以“谁污染谁付费，谁受益谁补偿”作为城市生态补偿原则。

现阶段，国外学者对城市生态补偿机制的研究多从实践、理论两个角度出发，且其中的理论研究也主要集中在对定义、概念的研究，以及城市生态补偿制度的建立与完善，即以理论基础研究为主。与国外研究相比，国内学者对城市生态补偿机制的研究虽起步较晚，但是国内学者在此方面开展的研究却比较广泛，这是因为我国东西部地区环境条件差异明显，而且其面临的生态环境问题也不相同，在城市生态补偿制度的设计以及实践上存在明显的差异。

通过分析国外学者在城市生态补偿机制方面进行的理论与实践研究，发现城市生态补偿至少涵盖以下含义，这也是国外学者在此方面进行研究的重点，具体为：在明确生态资源产权的前提条件下，生态服务消费者需要向生态服务提供者支付相应的费用，以对人进行补偿为主，并非直接补偿给生态系统，即两者之间并不是传统意义上的一一对应的关系。另外，以改善与恢复城市生态系统功能为目标，在修复城市生态系统时需要进行公共投入。由此可见，无论是自然本身所引起，还是非自然引起的生态系统破坏，都是宏观层面的破坏，监管部门针对破坏环境的行为给予经济处罚，以减缓自然人或法人对生态系统的破坏，但是这些处罚收入也并不局限于修复生态系统。

国外学者从经济的角度探讨城市生态补偿问题，主要涉及“生态环境服务价值衡量”与“生态环境服务机会成本”两个概念。从逻辑上，国外学者提出城市生态补偿标准的制定依据在于生态系统服务价值的大小。经过 20 余年的演变后，城市生态系统服务价值的概念也更加丰富，包括环境服务涉及的具体内容。国内关于城市生态补偿机制的研究起步较晚，尤其缺乏对城市生态补偿效率的研究。但是，国内部分学者深入分析了实施城市生态补偿及之后的效果。国内部分学者指出城市生态补偿机制产生的效应包括城市生态补偿效率分析、社会经济效应分析、城市生态补偿对资源环境的影响等。

对于城市生态补偿机制相关政策的实施，国内外学者的研究表明，实现城市生态补偿效率目标十分重要。在此方面，国外学者指出预测效率与成本有效性是衡量城市生态补偿效率的重要标准与基础；同时，城市生态补偿效率的测度与解决复杂性问题之间密切相关，而且城市生态补偿问题的复杂性、现实性也增加了城市生态补偿效率的复杂度、运算工作的难度。因此，在实际应用中，更多的是在已经计算范围内找到城市生态补偿效率的计算方法。合适的城市生态补偿工具的选择与应用虽然能够完善城市生态补偿机制，纠正城市生态补偿交易中存在的不合理竞争因素，但是现有研究中缺乏对城市生态补偿效率的研究。

本书结合资源枯竭型城市的特征，并根据市场供求理论，对城市生态补偿进行界定和分析，明晰生态服务供求之间的耦合关系，确保城市生态补偿体系的科学性与合理性，从而推动城市生态补偿的可行性研究，为生态补偿研究提供理论基础。

1.2.4 国内外研究文献评述

通过梳理与分析国内外学者针对资源枯竭型城市、城市生态补偿的研究，对国内外研究文献进行评述，具体内容如下。

1.2.4.1 资源枯竭型城市研究文献评述

从资源枯竭型城市研究现状来看，近年来，无论是参与研究资源枯竭型城市的学者人数，还是研究成果，都呈现不断增长的趋势。同时，资源枯竭型城市研究领域也逐渐从刚开始的专题研究转向综合研究。但是，目前在此方面的研究中也存在一定的不足之处：首先，我国部分资源枯竭型城市的发展与转型存在一定的盲目性，致使转型成本增加。其次，在资源枯竭型城市研究方法上，大部分学者利用经济地理学的分析方法，对资源枯竭型城市的发展现状进行了研究，而忽视了对经济学方法的应用。最后，在现有研究中，对具体的资源枯竭型城市的研究较少，尤其是对资源枯竭型城市可持续发展、生态补偿的研究更少。在仅有的研究中，也多以定性研究为主，而缺乏定量研究。本书完善了资源枯竭型城市理论研究体系，并以焦作市为案例，优化了实践研究成果。

1.2.4.2 资源枯竭型城市生态供需研究文献评述

国外关于资源枯竭型城市生态供需关系的研究起步较早，研究内容涉及多个方面。国外学者针对不同研究对象、研究区域提出了多种生态供需评价方法，并构建了新的研究模型，虽然现有的研究模型与研究方法具有较强的针对性，但是适用性有限，很难被直接应用于对国内资源枯竭型城市生态供需的研究中。近年来，国内学者开始结合我国资源枯竭型城市现状进行生态供需理论研究。

与国外研究相比，国内学者对资源枯竭型城市生态供需的研究起步虽较晚，但是近年来，由于资源枯竭型城市面临的生态问题越来越严重，因此生态供需问题成为国内学者研究的热点。同时，国内学者对于生态供需的研究也逐渐从理论研究转向应用研究，研究范围也不断从生态供给单方面扩展到生态供给与生态需求双方面，运用的学科知识包括经济学、生态学、地理学、社会学等多个方面。目前，很多学者虽利用多种研究方法探索资源枯竭型城市生态供需现状，并取得了一定的研究成果，但是仍旧存在不足，如现有的资源枯竭型城市的生态供需研究仍缺乏实证研究，尤其是缺乏以生态供需分析结果为基础的生态补偿机制的研究。

在城市高质量发展背景下，如何根据生态供需理论，使用生态供需评估方法，准确评估资源枯竭型城市的供需情况，并提出相应的生态供需调控与保障措施，不仅关系着资源枯竭型城市的生态平衡，还关系着经济的可持续发展，以及人们生活水平的提高。以此为切入点，本书结合国内外资源枯竭型城市生态供需研究现状，在充分考虑资源枯竭型城市生态供需指标可量化等因素后，计算焦作市生态供给量、需求量，总结该市生态供给能力变化规律，为构建焦作市生态补偿体系提供依据。

1.2.4.3 城市生态补偿研究文献评述

综合国内外学者关于城市生态补偿机制的研究成果发现，无论是在实践研究上，还是在理论研究上，国内外学者均做出了比较深入、全面的研究。例如，从城市生态补偿的概念上，强调坚持“谁保护、谁受益，谁污染、谁付费，谁损害、谁补偿”的基本原则；为了能够推动发展城市生态补偿机制，要综合考虑多方面利益，从而达到最大化城市生态补偿效用的效果；为了解决影响城市发展的外部性因素，应构建环境资产置换体系；通过案例分析现实中存在的城市生态补偿问题，论证应用城市生态补偿机制的重要性。上述研究成果虽对我国发展城市生态补偿提供了借鉴，但是根据国内外实际情况制定的城市生态补偿机制存在差异，即国外学者提出的城市生态补偿机制或是补偿体系，并不完全适用于我国的城市发展需求。与西方资本主义国家相比，我国政府部门承担着更多社会责任，因此不能照搬西方发达国家的城市生态补偿经验，而应在总结与借鉴成熟经验的基础上，制定符合我国发展需求的城市生态补偿机制。

为了提高城市生态补偿效率，本书将城市生态补偿范围缩小至城市范围内，综合考虑资源枯竭型城市的发展现状，构建以生态供需关系为基础的资源枯竭型城市生态补偿体系。本书根据国内外学者对资源枯竭型城市、城市生态补偿机制的研究，以焦作市为研究对象，评价该资源枯竭型城市的生态供需现状，构建基于生态供需关系的生态补偿体系。

1.3 研究区概况、研究内容与研究方法

1.3.1 研究区概况

焦作市是中原经济区核心区六城市之一，产业基础较为完整并且发展前景光明，经济发展水平较高，能够为城市生态补偿创造良好的社会经济基础和前提。焦作市也属于国家认定的第一批资源枯竭型城市，20 世纪 90 年代，焦作市开始向生态城市转型，远早于国内其他资源型城市，在其保护、恢复、重建城市与自然协调发展的关键时期，对已被破坏的城市生态系统从动态和静态两个角度进行全面评价，以便对城市生态系统前后的恢复或再造进行比较。有关焦作市生态转型的研究还不够深入和全面，选取其为研究对象，一方面可以利用现有的研究基础和焦作市 20 余年的生态转型实证资料，为进行城市生态补偿提供丰富的数据资料；另一方面，城市具有多元化生态环境，其研究成果具有较强的实用性和现实意义。为更好地研究生态补偿情况，需要从焦作市资源环境现状、国土空间现状、城市建设、经济发展现状等多角度出发，对焦作市生态概况与建设概况进行分析，具体分析结果如下。

焦作市位于河南省西北部，处在太行山脉与豫北平原的过渡带，地貌由平原和山区构成，整体地势西北高、东南低。北面紧依太行山，与山西晋城接壤；南面邻接黄河，与郑州、洛阳相毗邻，隔河相望；东邻新乡，西接济源，东西狭长。焦作市自古以来就是交通要道，四通八达，是联系南北东西的咽喉重地。现辖沁阳、孟州 2 个市，温县、博爱、修武、武陟 4 个县，解放、山阳、中站、马村 4 个区和 1 个省级城乡一体化示范区，58 个乡镇，44 个办事处，1814 个行政村。截至 2012 年底，焦作市总面积为 4071 平方千米，总人口为 352 万，其中城镇人口为 179 万，农村人口为 173 万。

随着煤炭资源逐渐枯竭，焦作市提出了“工业强市”“旅游兴市”的发展目标，按照融合发展、项目带动、产业为本的原则，打造有特色的产业园区，发展节能环保、新能源、新材料、生物等新兴产业，推动全市的经济发

展、城市转型。近年来，焦作市发生了显著变化，无论是城市环境还是城市面貌都发生了改变。截止到2019年底，焦作市的城镇化覆盖率已经超过了60.0%，城区建设日益完善，城市防洪、景观、生态等方面的功能日益显现。与河南省的平均人口密度相比，焦作市的人口密度较大，是河南省内人口比较稠密的城市。焦作市还实现了南水北调的总干渠道全面通水，各项基础设施建设也更加完善，并进一步提高了城市供暖普及率。在城市建设中，焦作市不断完善交通建设。截止到2019年底，焦作市的高速公路通车里程增加至300千米，已经全线开通郑焦高速公路，验收通过郑焦城际铁路，全年能够承载的公路货物周转量达到了510万吨，与2018年相比，公路货物周转量增加了8.2%。另外，焦作市公路旅客的周转量也有所增加，截止到2019年，公路旅客周转量约为1.8万人/千米，较上年增长11.2%。

在城市建设发展中，焦作市开始意识到城市绿化的重要性。2019年，全市完成了约20.1万亩[①]的营造林，森林覆盖率提高到28.9%。受能源结构、产业结构的影响，焦作市大气环境中的烟（粉）尘、氮氧化合物、二氧化硫的含量较高。近几年，焦作市对大气环境进行了综合治理，使得大气环境水平有所提高，控制质量处于优良状态的天数也延长至310天以上，达标率有所上升。

焦作市属于典型的资源型城市，区域范围内地貌类型相对齐全，自北向南，山地、丘岗、平原、滩涂皆备。目前，全市已开发利用的土地资源分为耕地、林地、草地、工交建筑用地四大类，其中耕地面积为171934.20万平方米，市内约有500平方千米的山前岗地和砾石倾斜平地，其地质坚硬稳固，地层耐力巨大，工程地质和区域定性好，且邻近矿点、水源、交通干线与城镇，是极为理想的工业用地。同时，区域范围内自然资源比较丰富，除了丰富的矿产资源以外，还拥有丰富的动植物资源，焦作市属华北植物落叶植被区，不仅有木本植物143科875种，草本植物69科469种，还有香獐、狐、青羊等野生动物190多种，其中属国家保护珍稀动物的有20多种。另外，焦作市流域面积在100平方千米以上的河流有23条，不仅有引沁渠、广利渠两

① 1亩=0.000667平方千米。

大人工渠，还有群英水库、青天河水库、白墙水库、顺涧水库等较大水库，地表水资源充裕；焦作市还是天然的地下水汇集盆地，已探明地下水储量达35.4亿立方米。此外，已经建成的南水北调中线工程从焦作市通过。这样丰富的水资源在中西部地区是不可多得的。也就是说，焦作市内拥有山地、湿地、农业等生态自然环境，对此进行城市生态系统及其补偿研究具有较强的现实意义和理论意义。

焦作市自深入开发资源以来，经过不懈努力，虽带动了经济的发展，但由于对资源的开发力度超过生态系统的承受能力，不仅影响了生态环境，还进入了资源枯竭状态，这也是该市成为资源枯竭型城市的主要原因。近年来，焦作市的生产总值有所增长，地方财政收入的增长率由之前的11.5%增长至16.4%。在经济增长中，社会消费品零售总额的增长幅度也比较明显，增长率约为18.0%；固定资产投资总额超过了千亿元，增长率约为21.0%。焦作市建设用地面积约为680平方千米，农用地面积约为2700平方千米，尚未得到利用的土地面积约为620平方千米。另外，焦作市具有利用价值的土地面积约为440平方千米，其可利用土地人均占有率低于河南省平均水平。目前，焦作市的国土开发强度达到了17%，与河南省的国土开发强度平均值相比，该值较高。同时，在每平方千米的单位内，焦作市的建设用地非农业产出值明显高于河南省的平均值，约为平均值的3.4倍，即焦作市的国土开发效率明显较高。由此可见，焦作市现有的国土空间利用率较高。另外，焦作市的矿产种类为26种，资源储量已经被探明的矿产种类约为15种，通过分析2019年全市矿产资源需求量，可知保证生产服务时间在15年以上的矿产资源为建筑石料灰岩、溶剂灰岩、原料灰岩等，而钛矿、磷矿、铁矿、铝土矿的缺口较大。因为焦作市所处地理位置比较特殊，地质条件、水文条件比较独特，岩溶地下水比较丰富，总量超过了2.3亿立方米，所以该岩溶地下水基本能够满足市区内生活用水、工业用水需求。

1.3.2 研究内容

本书研究内容如下。

第1章为绪论。本章指出选题的研究背景和研究意义，确定研究内容、研究方法和技术路线，介绍研究区概况，系统梳理国内外资源枯竭型城市及其生态供需研究进展，指出资源枯竭型城市生态补偿研究现状及存在的问题。

第 2 章为资源枯竭型城市生态补偿的理论基础。本章界定资源枯竭型城市、城市生态系统等相关概念，梳理生态补偿和城市生态补偿的理论与体系，为后续研究提供理论基础。

第 3 章为基于生态足迹的资源枯竭型城市生态需求分析。本章分析生态需求的内涵及其产生的源泉，改进与优化生态足迹方法，构建资源枯竭型城市生态足迹需求模型，以焦作市为例，对其生态需求进行计算。

第 4 章为基于生态承载力的资源枯竭型城市生态供给分析。本章分析生态供给的内涵与源泉，构建资源枯竭型城市的生态承载力评估模型，对焦作市的生态供给能力进行计算、评价。

第 5 章为基于生态供需视角的资源枯竭型城市生态补偿体系构建。本章提出资源枯竭型城市生态补偿原则并进行补偿计算，构建资源枯竭型城市生态补偿体系，对焦作市生态补偿进行实证研究，计算补偿成本，建立该市生态补偿体系并提出实施对策。

第 6 章为研究总结、创新点与展望。本章归纳本书的主要内容和创新点，指出研究的不足，展望未来的研究方向与趋势。

1.3.3 研究方法

本书包括理论研究和实证研究，所采用的方法如下。

1.3.3.1 理论方面

收集、整理相关文献资料，对数据进行定性对比分析和整理。在此基础上，针对相关理论假设和背景研究，提出研究思路。使用的研究方法主要包括文献分析、归纳分析、演绎分析等逻辑推理与演化方法。

1.3.3.2 实证方面

第一，选点。通过对某一具体的城市生态系统进行试点研究，从实践基础上研究我国城市生态系统的特殊性并对其进行生态补偿的探析。河南省焦作市是煤炭资源型城市，是国家确定的第一批资源枯竭型城市。当前焦作市面临环境约束大、资源开发成本高、生态建设任务重等突出问题。为此，本书选取焦作市作为研究对象。

第二，数据收集和整理。首先，进行实地调查收集资料，以保证最后定量分析的结果尤其是生态补偿体系计算结果的科学性和合理性。其次，在上述资料分析的基础上，利用统计学、计量经济学等方法和模型对数据进行分析。

第三，计量方法。主要有三个：一是基于改进生态足迹方法的生态系统服务需求当量价值计算。生态足迹计算方法是加拿大学者 William Rees 在 20 世纪 90 年代提出的一种测度区域可持续发展的方法。传统的生态足迹模型主要基于林地系统中碳吸收替代原理，常常会忽略其他用地的储碳。因此，为更准确地测度生态足迹，本书在分析城市生态系统的特殊性基础上，结合生态足迹的基本原理，设计更为全面的路径方法，从生产力角度对资源枯竭型城市进行生态足迹模型的改进并进行实证数据的静态和动态测度。基于生态足迹理论，构建生态系统服务需求指标体系，并基于改进的生态足迹方法计算得出焦作市生态需求结构，给出该市单位面积生态系统服务当量价值，进而定量测算该市生态系统服务需求当量价值，为合理界定生态补偿提供定量分析基础。二是基于生态系统服务价值的生态供给计算。对于具体的生态系统来说，其包含的价值类型不同，经济评价的方法也不同，因此要根据具体情况进行评价方法的选择。本书采用监督分类中的支持向量机分类法作为遥感影像的解译方法，以遥感影像辐射亮度值和反射率作为解译依据，提取不同土地利用类型信息，分别研究不同年份焦作市土地利用变化情况；运用遥感技术建立基于生态系统服务价值的生态供给测算方法，得出焦作市生态供给结构，为该市生态补偿提供数据支持和技术支撑。三是生态补偿体系的定量分析。结合生态足迹和生态服务价值的研究结果，运用合理的数理统计方法，并根据实证研究对象——河南省焦作市的社会经济发展状况，利用资源枯竭型城市生态供需测度方法，计算该市生态供需缺口；建立涵盖资源损耗成本、土地破坏成本、大气污染成本、环境恢复治理成本和其他污染治理成本的生态补偿成本计算模型，对资源枯竭型城市的生态补偿体系进行科学分析与合理界定。

1.4 技术路线

本书的技术路线如图 1－1 所示。

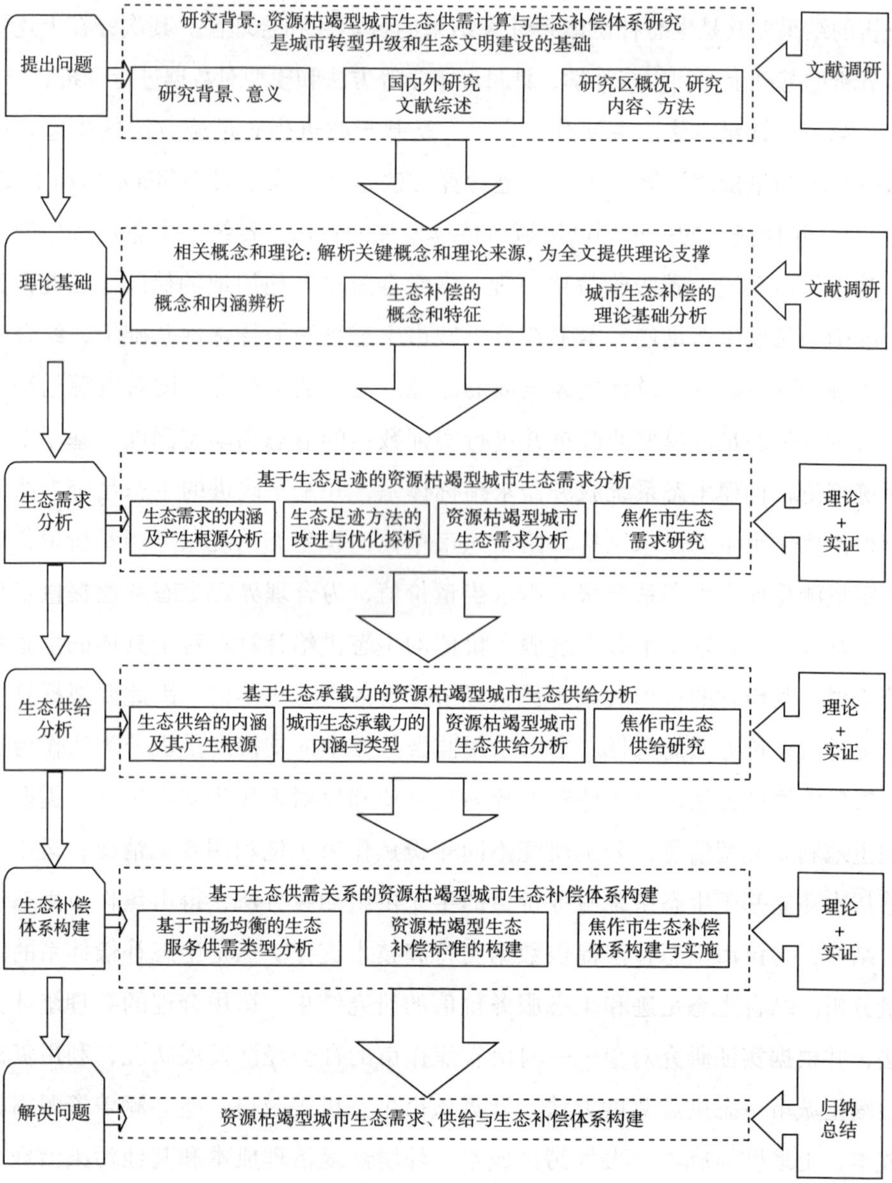

图 1－1　本书的技术路线

2 资源枯竭型城市生态补偿的理论基础

本章对资源枯竭型城市、城市生态系统和煤炭资源型城市生态系统等资源枯竭型城市的相关概念进行界定，梳理归纳生态补偿和城市生态补偿的理论，为后续研究提供理论基础。

2.1 概念和内涵辨析

2.1.1 资源枯竭型城市相关概念

2.1.1.1 资源型城市的概念

狭义上，资源型城市中的资源一般被认为是自然资源。学术界认为，资源型城市中的资源主要是指对城市的形成发展起主导作用，并具有耗竭性的以森林和矿产为代表的自然资源。从发生学的角度来看，资源型城市是工业化的产物，是与资源赋存开发和城市形成发展相伴生的结果，是一定历史阶段的产物，是一个历史范畴。资源型城市存在“先矿后城”和“先城后矿”两种形态，具有资源依赖和人工复杂系统的双重特性。综上，本书认为资源型城市是指具有丰富独特的自然资源禀赋，以矿产、森林等自然资源开发、加工为主要产业，接续建设发展的城市。

目前，关于资源型城市的认识尚未统一。《全国资源型城市可持续发展规划（2013—2020 年）》指出：“资源型城市是以本地区矿产、森林等自然资源开采、加工为主导产业的城市（包括地级市、地区等地级行政区和县级市、县等县级行政区）。”这是国内官方第一次对资源型城市概念的界定。根据报告提出的概念，资源型城市分为成长型城市、成熟型城市、衰退型城市、再生型城市四类，全国 262 个城市被界定为不同类型的资源型城市。具体如表 2－1 所示。

表 2-1 资源型城市综合分类

类型	城市级别	城市
成长型城市（31 个）	地级行政区 20 个	朔州市、呼伦贝尔市、鄂尔多斯市、松原市、贺州市、南充市、六盘水市、毕节市、黔南布依族苗族自治州、黔西南布依族苗族自治州、昭通市、楚雄彝族自治州、延安市、咸阳市、榆林市、武威市、庆阳市、陇南市、海西蒙古族藏族自治州、阿勒泰地区
	县级市 7 个	霍林郭勒市、锡林浩特市、永城市、禹州市、灵武市、哈密市、阜康市
	县 4 个	颍上县、东山县、昌乐县、鄯善县
成熟型城市（141 个）	地级行政区 66 个	张家口市、承德市、邢台市、邯郸市、大同市、阳泉市、长治市、晋城市、忻州市、晋中市、临汾市、运城市、吕梁市、赤峰市、本溪市、吉林市、延边朝鲜族自治州、黑河市、大庆市、鸡西市、牡丹江市、湖州市、宿州市、亳州市、淮南市、滁州市、池州市、宣城市、南平市、三明市、龙岩市、赣州市、宜春市、东营市、济宁市、泰安市、莱芜市、三门峡市、鹤壁市、平顶山市、鄂州市、衡阳市、郴州市、邵阳市、娄底市、云浮市、百色市、河池市、广元市、广安市、自贡市、攀枝花市、达州市、雅安市、凉山彝族自治州、安顺市、曲靖市、保山市、普洱市、临沧市、渭南市、宝鸡市、金昌市、平凉市、克拉玛依市、巴音郭楞蒙古自治州
	县级市 29 个	鹿泉市、任丘市、古交市、调兵山市、凤城市、尚志市、巢湖市、龙海市、瑞昌市、贵溪市、德兴市、招远市、平度市、登封市、新密市、巩义市、荥阳市、应城市、宜都市、浏阳市、临湘市、高要区、岑溪市、东方市、绵竹市、清镇市、安宁市、开远市、和田市
	县（自治县、林区）46 个	青龙满族自治县、易县、涞源县、曲阳县、宽甸满族自治县、义县、武义县、青田县、平潭县、庐山市、万年县、保康县、神农架林区、宁乡市、桃江县、花垣县、连平县、隆安县、龙胜各族自治县、藤县、象州县、琼中黎族苗族自治县、陵水黎族自治县、乐东黎族自治县、铜梁区、荣昌区、垫江县、城口县、奉节县、秀山土家族苗族自治县、兴文县、开阳县、修文县、遵义市播州区、松桃苗族自治县、晋宁区、新平彝族傣族自治县、兰坪白族普米族自治县、马关县、曲松县、略阳县、洛南县、玛曲县、大通回族土族自治县、中宁县、拜城县
衰退型城市（67 个）	地级行政区 24 个	乌海市、阜新市、抚顺市、辽源市、白山市、伊春市、鹤岗市、双鸭山市、七台河市、大兴安岭地区、淮北市、铜陵市、景德镇市、新余市、萍乡市、枣庄市、焦作市、濮阳市、黄石市、韶关市、泸州市、铜川市、白银市、石嘴山市

续表

<table>
<tr><th>类型</th><th>城市级别</th><th>城市</th></tr>
<tr><td rowspan="2">衰退型城市（67 个）</td><td>县级市 22 个</td><td>霍州市、阿尔山市、北票市、九台区、舒兰市、敦化市、五大连池市、新泰市、灵宝市、钟祥市、大冶市、松滋市、潜江市、常宁市、耒阳市、资兴市、冷水江市、涟源市、合山市、华蓥市、个旧市、玉门市</td></tr>
<tr><td>县（自治县）、市辖区（开发区、管理区）21 个</td><td>汪清县、大余县、昌江黎族自治县、易门县、潼关县、井陉矿区、下花园区、鹰手营子矿区、石拐区、弓长岭区、南票区、杨家杖子经济开发区、二道江区、贾汪区、淄川区、平桂管理区、南川区、万盛经济开发区、万山区、东川区、红古区</td></tr>
<tr><td rowspan="3">再生型城市（23 个）</td><td>地级行政区 16 个</td><td>唐山市、包头市、鞍山市、盘锦市、葫芦岛市、通化市、徐州市、宿迁市、马鞍山市、淄博市、临沂市、洛阳市、南阳市、阿坝藏族羌族自治州、丽江市、张掖市</td></tr>
<tr><td>县级市 4 个</td><td>孝义市、大石桥市、龙口市、莱州市</td></tr>
<tr><td>县 3 个</td><td>安阳县、云阳县、香格里拉市</td></tr>
</table>

2.1.1.2 资源枯竭型城市的概念

以本地区的自然资源，诸如森林资源、矿产资源等的开采与加工为主导产业，该种城市即为资源枯竭型城市。资源枯竭型城市是指其资源已经无可用，或是其资源快要被开采完成的城市。因此，资源枯竭型城市的形成是一种动态过程，并非静态的概念。

目前，对于资源枯竭型城市的定义，不同学者给出了不同的解释。例如，张亲培和孙悦在研究中指出，资源枯竭型城市是指因能源矿产资源兴起，自然资源虽处于锐减状态，甚至已经枯竭，但尚未实现转型目标的城市。学术界从学术、理论角度出发，将资源枯竭型城市划分为两类：从理论上看，资源枯竭型城市是指过度开采导致能源矿产资源枯竭的城市；从学术上看，资源枯竭型城市是指主体资源的采掘与开发进入后期或是末期阶段，在资源可储量中，资源采出量已经超过 70% 的城市。本书中资源枯竭型城市是指，所依赖的能源产业、自然资源即将枯竭，且此状态不可被逆转的城市。

本书认为：资源枯竭型城市是指资源型城市的累计产出储量已经达到可采储量的 70% 以上，其主体资源开发进入后期、资源到了衰退或枯竭阶段，城市面临经济发展迟缓、产业结构不合理、产业升级问题突出、民生问题压力大、生态环境约束强等系列难题。综上所述，资源枯竭型城市可解释为处于资源型城市生命周期的衰退期，自然资源开发进入后期、晚期或者末期，其资源累计开采量已达到资源可采储量的70%以上。国家分别在2008年、2009年、2011年分三批确定了75个资源枯竭型城市，如表2-2所示。

表2-2　全国资源枯竭型城市名单

省(区、市)	首批11个	第二批31个	第三批24个	大小兴安岭林区9个
黑龙江	伊春市、大兴安岭地区	七台河市、五大连池市	鹤岗市、双鸭山市	逊克县、爱辉区、嘉荫县、铁力市
吉林	辽源市、白山市	舒兰市、九台区、敦化市	二道江区、汪清县	
辽宁	阜新市、盘锦市	抚顺市、北票市、弓长岭区、杨家杖子经济开发区、南票区		
内蒙古		阿尔山市	乌海市、石拐区	牙克石市、额尔古纳市、根河市、鄂伦春旗、扎兰屯市
陕西		铜川市	潼关县	
甘肃	白银市	玉门市	红古区	
宁夏	石嘴山市			
山西		孝义市	霍州市	
河北		下花园区、鹰手营子矿区	井陉矿区	
河南	焦作市	灵宝市	濮阳市	
山东		枣庄市	新泰市、淄川区	
江苏			贾汪区	
安徽		淮北市、铜陵市		
湖北	大冶市	黄石市、潜江市、钟祥市	松滋市	
湖南		资兴市、冷水江市、耒阳市	涟源市、常宁市	
江西	萍乡市	景德镇市	新余市、大余县	
广东			韶关市	
广西		合山市	平桂管理区	
海南			昌江县	
重庆		万盛经济技术开发区	南川区	

续表

省(区、市)	首批 11 个	第二批 31 个	第三批 24 个	大小兴安岭林区 9 个
四川		华蓥市	泸州市	
贵州		万山区		

2.1.1.3 资源枯竭型城市的特征

资源枯竭型城市的主要特征包括：资源型城市的矿产产业类型简单，市场主体单一，随着资源逐渐枯竭，将影响整个城市的经济发展水平；对于大部分资源型城市而言，其开发的产品多为初级产品，或是对产品进行初加工，容易忽视深加工产品，此类初级产品需要被送到其他地区进行深加工，由此也造成产品的价值、效益被转移，不能带动资源型城市产业自身的整体发展；资源型城市的自然资源被长期开采，容易破坏其原有的生态环境。随着自然资源的不断枯竭，该类城市的企业发展潜力下降，使得城市面临较大的就业压力，下岗人员数量增加，受此影响，人们的生活水平也会逐渐降低，加重社会保障负担。

2.1.2 城市生态系统的概念

2.1.2.1 城市生态系统的内涵

城市生态系统的内涵建立在生态系统概念的基础上，因不同学科的关注点而存在差异，各学科学者对城市生态系统的理解也不同，由此出现了不同的定义。比较具有代表性的有：马世俊认为城市生态系统是指一个以生产与生活为中心，由城市环境、居民组成的生态系统，包括自然、经济、社会等因素。另外，王发曾认为城市生态系统是指以各种设施与地域空间为环境，以城市居民为主体，以自然生态系统为基础，通过一系列活动营建或改造的人工生态系统。方如康指出，城市生态系统是指人为改造了物质循环，改造了结构，长期受人类活动影响，以人为中心改变能量转化的陆地生态系统。本书中城市生态系统是指一个以生产与生活为中心，由自然、经济、社会组成的复杂的生态系统。

2.1.2.2 城市生态系统的特征

城市生态系统的主要特征包括：城市生态系统属于人工生态系统，与其他生态系统之间最明显的区别在于以人为主体，在城市生态系统中，其他物种的数量与种类较少，人口却高度密集，所占比例较大；城市生态系统的形态结构受到土地利用状况、物质输送系统、人工建筑物的布局等方面因素的影响；城市生态系统的生态流特点在于信息、能量、物质等方面的流动总量明显超过自然生态系统，且价值流与人口流明显增加，在城市发展改变能量流动、物质流动数量与方向的前提下，导致原有的生态系统失去平衡，为城市环境污染埋下隐患；城市生态系统的生态关系特点在于人与环境、经济、自然等因素之间相互制约、相互依赖，形成有机组合的系统。因此，城市生态系统中的环境、经济、资源、人口等因素之间的协调性，决定着该城市生态系统是否能够处于良性循环状态；城市生态系统具有依赖性与开放性，由其他系统输入能源、资源，以及通过应用其他系统，对排出废物进行异地分解与处理。与自然生态系统相比，城市生态系统内部的消费者有机体、生产者有机体数量不足，需要利用其他生态系统，诸如海洋生态系统、湖泊生态系统、森林生态系统、农业生态系统等，实现人为地输送大量物质与能量。

2.1.3 煤炭资源型城市生态系统

2.1.3.1 煤炭资源型城市生态系统的概念

煤炭资源型城市是指在不断开采煤炭资源的前提下，逐渐发展起来的，或者因为在周边开采煤炭资源而带动发展的城市，因此在煤炭资源型城市中，煤炭开采加工业作为主要的经济支柱产业，在工业结构中占据重要地位，此类城市也可被称为煤炭矿业城市、煤炭城市等。煤炭资源型城市生态系统则是指随着煤炭资源型城市的发展逐渐形成的生态系统，在此生态系统中，煤炭属于不可再生资源。因此，煤炭资源型城市的煤炭产业会经历初步形成、不断发展、日益成熟、逐渐衰退的阶段。煤炭资源型城市发展生命周期如图2-1所示。

由图2-1可知，在开发煤炭资源的初期阶段，煤矿资源储量较大，对开采技术要求不高，且开采难度也较小，但是此阶段的煤炭产业并未形成完善的产业链，政府部门对煤炭产业发展未从制度上进行规范。之后，随着煤炭

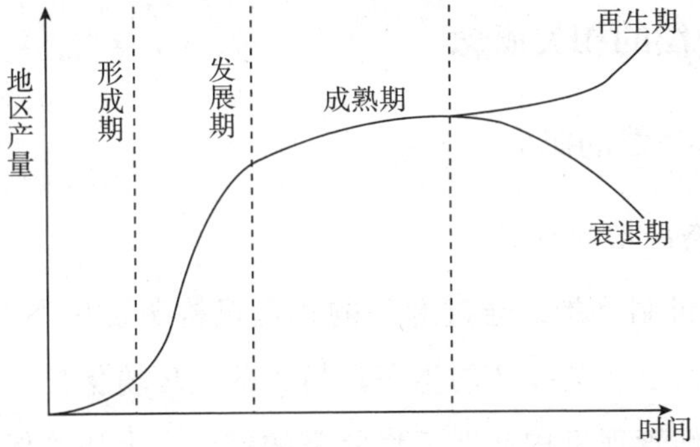

图 2-1 煤炭资源型城市发展生命周期

产业的发展，逐渐形成基于煤炭资源的产业链，提高了煤炭产品开发与销售效率。由于煤炭资源具有不可再生的特性，在发展与成熟阶段对煤炭资源进行大量开采之后，煤矿资源储量下降，并成为阻碍产业发展的关键，随之煤炭资源型城市生态系统也被破坏。

2.1.3.2 煤炭资源型城市生态系统的特征

煤炭资源型城市生态系统的主要特征体现在：煤炭资源型城市的兴起虽以煤炭资源的开发为基础，但是随着煤炭储量的不断减少，尤其是在临近开采年限时，会形成与其他城市不同的特点，如煤炭资源产业链延伸与经济结构多元化、城市生态系统布局分散、公共服务体系不规范等。其中，经济结构多元化的特征是指所有制结构、产业结构的多元化，以重工业为主，对煤炭资源进行开发与深加工。在煤炭资源型城市的产业链中，涉及下游产业与上游产业，大多数此类城市在开采资源的初期与中期均以原煤工业、煤炭工业等为主，即以上游产业为主，具有产品附加值低、资源消耗高的特点。煤炭资源型城市生态系统具有布局分散的特点，一般情况下，此类城市生态系统的形成是以商品经济的发展为前提，在大规模开发煤炭资源的基础上短时间形成。另外，由于煤炭资源型城市大多存在因矿而建、伴矿建城的情况，因此煤炭资源型城市生态系统的布局具有分散性。

2.2 生态补偿的相关概念

2.2.1 生态补偿的概念

2.2.1.1 生态补偿的内涵

生态补偿管理机制是指，通过专门的管理机构负责生态补偿管理工作，恢复资源枯竭型城市已经被破坏的生态环境，落实环境保护部门制定的生态补偿机制。生态补偿管理机构开展工作所需的资金，由环境保护部门对此部分资金进行预算与规划，在完成生态环境修复工程后，还需要向环境保护部门提交相关预算结果。生态补偿是指对由人类的活动对生态系统造成的破坏及对环境造成的污染的一种补偿，即生态补偿，是为了实现生态需求平衡而引申出的一种生态形式。目前，学术领域对生态补偿的概念尚未形成统一的认识，广义的生态补偿是指应用经济等补偿方式，恢复已经被破坏的生态系统与生态服务功能，从而将生产、生活活动控制在生态承载力范围内。因此，生态补偿主要涉及被破坏环境恢复、保护环境两个方面。狭义的生态补偿主要是指生态/环境服务付费机制，在使用生态服务产品时需要付费。在生态补偿机制中，人与地的关系如图 2 - 2 所示。

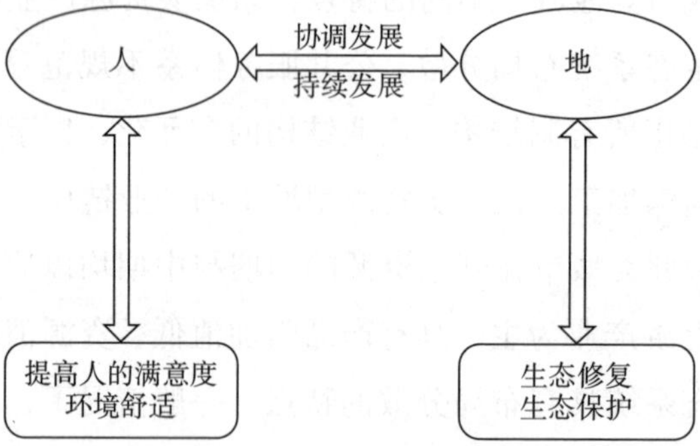

图 2 - 2 人与地的关系

2.2.1.2 生态补偿的特征

生态补偿的主要特征为：生态补偿涉及生态保护、生态修复、政策等方面，属于一种惩罚破坏生态环境、鼓励保护生态环境，从而确保可持续与合理开发资源环境的行为。因此，生态补偿有助于实现环境保护、经济利益的双赢，为实现可持续发展目标奠定基础。生态补偿具有双重促进效应，通过奖励保护生态环境的行为，提高人们保护生态的积极性与主观能动性；通过处罚制止破坏生态环境的行为，将破坏者转变为环境保护者。生态补偿的另一特征是指，由此可解决区域间发展失衡的问题。各地区在开发资源、生态环境保护等方面的程度虽不同，但是可以利用生态盈余、生态足迹计算结果进行分析，针对区域发展不足的地区采取生态补偿措施，能够解决生态环境保护问题，协调经济发展，避免出现环境不断恶化的情况。我国的生态补偿特征还体现在，以湿地、城市、森林、海洋、流域等为补偿对象，主要用于生态工程治理工作、专项资金补偿、碳权交易、水权交易、排污权交易等。

2.2.2 生态足迹的概念

2.2.2.1 生态足迹的内涵

生态足迹是指能够用于持续地为一定地域空间的人口提供资源和消纳废物的土地的总面积和水资源量。因此，又可将生态足迹称为生态占用。随着对生态足迹研究的深入，有学者提出了生态足迹分析法。该方法的应用能够对自然资源情况、资源相应分布情况、自然资源耗用情况等进行分析。自1996年以来，生态足迹理论得到不断完善，其具体应用意义在于，通过对比自然生态系统的承载力、生态足迹，能够对某一地区或某一个国家的可持续发展进行定量判断，从而科学地建议与规划社会经济发展方向。对比生态足迹与生态系统的承载力，其中，生态足迹主要由能源足迹与生物质足迹组成，代表人们对自然资源的各种需求；生态系统的承载力是指在一定区域内，能够提供给人们所用生物资源的能力。一般情况下，在表示生态系统的承载力与生态足迹的大小时，需要应用人均生态生产面积，如果生态系统的承载力小于生态足迹，那么会出现生态赤字，说明生态具有不可持续性；相反，则生态具有可持续的发展趋势。

2.2.2.2 生态足迹的特征

生态足迹的主要特征为：它是权衡人们对可再生自然资源需求的重要工

具。各个区域的生态足迹，均是此区域内人们消费的可再生自然资源，以及对所产生的废弃物进行吸纳所需要的生产性土地面积。决定人均生态足迹的主要因素为，人均使用服务、商品，以及提供这些服务、商品时各种自然资源的整体使用效率。根据生态足迹的概念与分析方法，在评估生态足迹的过程中需要从两个方面出发，并对一个区域自身的可持续发展情况进行评估。该两个方面分别为：一方面，以自然的供给为基础，对相应的生态承载力进行计算；另一方面，根据人们维持生存与发展所需的自然资源量测定结果，对人类活动对生态系统的影响进行评估。通过将上述两个方面进行对比，能够评价一个地区或是一个国家目前的可持续发展情况。

2.2.3 生态系统服务相关概念

2.2.3.1 生态系统服务概念

1974 年，Holdern 和 Ehrlich 提出了“生态系统服务”的概念，把生态学推向系统研究的新高度。生态系统为人类生存提供原料及产品，且具有调节气候、净化污染、涵养水源、保持水土、防风固沙、减轻灾害、保护生物多样性等功能，进而为人类的生存与发展提供良好的生态环境。这些对人类生存与生活质量有贡献的生态系统产品和服务被统称为生态系统服务。

2.2.3.2 生态系统服务功能及分类

生态系统服务功能是指生态系统和生态过程所形成及维持人类赖以生存的自然环境条件与效用，它不仅为人类提供了生产生活原料，而且维持了人类赖以生存和发展的生命保障系统。谢高地等对生态系统服务价值进行了研究与评估，并制定了中国生态系统服务价值当量因子表。谢高地等将生态系统服务功能划分为三类，第一类是生态系统为人类提供的直接商品或将来有可能形成商品的部分，如食物、木材等人类所必需的产品。第二类是支撑与维持人类生存和发展的生命保障系统的功能，如生物多样性、气候调节等。第三类是为人类提供娱乐休闲与美学享受的功能，如登山、渔猎等。董全认为，生态功益是这些由自然生物过程产生和维持的环境资源方面的条件和服务。包括自然生产，维持生物多样性，调节气象过程，气候变化和地球化学物质循环，调节水循环和减缓旱涝灾害，改善与保持土壤，净化环境，维护改善人的身心健康和激发人的精神文化追求等。欧阳志云和王如松将生态系统服务功能划分为有机质的生产与生态系统产品、生物多样性的产生与维持、调节气候、减轻洪涝与干旱灾害、土壤的生态服务功能、有害生物的控制、环境净化等。

2.2.3.3 生态系统服务价值概念

生态系统服务价值是指生态系统及其各组成部分在维持生态系统的结构和功能的完整及其作为生命维持系统和人类生存保障系统所具有的价值。生态系统服务价值评估是指以货币价值量对生态系统服务进行定量评价。价值量评价法的优点为：既能将不同生态系统的同一项生态系统服务进行比较，也能将某一生态系统的各单项服务综合起来；评价结果能引起人们对区域生态系统服务足够的重视，促进人们对生态系统服务的持续利用；该方法能促进环境核算，可将其纳入国民经济核算体系。

2.2.4 生态承载力的概念

2.2.4.1 生态承载力的内涵

生态承载力是指一定区域内的生态系统可以进行自我维护、自我调节的能力，以及一定区域内生产性土地与生态性土地所容纳的人们消费、生活、生产的能力，能够通过该生态承载力抵抗外力干扰因素。在早期，生态承载力计算以人口量为依据，但是随着社会的发展，诸如不同的消费体系、技术的发展、地区贸易的进步等，使得从单一方面衡量生态承载力并不准确，缺乏实际意义。对此，国内外学者也加强了对生态承载力概念的研究。其中，Hardin 在研究中提出，生态承载力是指在确保生态系统功能与生产力完整性的条件下，能够无限持续利用资源的概率，以及废物生产率。本书中对生态承载力的总结以生态足迹衡量生态承载力的概念与方法为基础，生态承载力是指在一定经济、社会、自然条件下，某个区域能够提供的生产性土地、生态性土地的极大值。由此可见，生态承载力概念的提出代表着承载力理论研究的进步，与单因素承载力比较，生态承载力更注重生态系统的协调性、持续性、整合性。

2.2.4.2 生态承载力的特征

生态承载力的主要特征可以概括为三个方面：一是具有客观性。生态承载力的客观承载性是生态系统重要的固有功能之一，此种固有功能不仅可以提高生态系统抵御外界干扰破坏的能力，还能够为生态系统向更深层次的发育奠定基础。二是具有可变性。对于生态系统而言，其稳定性是指相对的稳定，它能够被改变，即并非处于固定不变的状态。因此，生态承载力自身尽管是客观存在的，但也具有可变性，应按照对自己有利的方式去提高生态系统的承载力。三是具有层次性。生态环境具备的稳定性不仅体现在小单元生态系统层面上，还体现在生物圈、地区、区域、景观等不同层次的生态系统层面上。同样，生态系统的承载力还表现在不同层次水平上，而且不同层次水平的生态承载力也不同。

2.3 资源枯竭型城市生态供需的理论基础

2.3.1 资源生命周期理论

1996 年，美国哈佛大学教授雷蒙德·弗农（Raymond Vernon）首次提出了产品生命周期理论。该学者认为，市场的生命周期可分为形成阶段、成熟阶段、经济衰退阶段。之后，雷蒙德·弗农在产品生命周期理论的基础上分析资源生命周期，以资源型城市为研究对象，指出资源型城市的发展依赖于资源，而且资源的发展也有一个生命周期，即资源生命周期，其核心阶段为资源勘探、开采、高产、衰退等。美国地质学家胡贝特·察普夫在雷蒙德·弗农提出的生命周期理论基础上，针对资源枯竭型城市提出资源生命周期理论，认为资源生命周期包括开发阶段、建设阶段、繁荣阶段、衰退阶段，各阶段都对资源枯竭型城市的生命周期产生影响。

徐君对资源生命周期理论的研究与胡贝特·察普夫的资源生命周期理论异曲同工，她认为因为矿产资源不可再生，矿业经济会经历勘探、开发、高产、稳产、衰退、枯竭的生命周期，由此也造成以矿产产业为主导的矿业城市会经历该生命轨迹，最终会因资源枯竭而进入衰退阶段。潘树仁等将资源生命周期分为早期、成熟期、衰退期：在早期，与资源开采相关的行业会得到迅速发展，促使城市的发展速度也有所加快；在成熟期，面临着越来越大的资源开发难度，资源开发成本不断增加，与之相关的行业发展速度降低；在衰退期，能够开发的资源更少，生产成本持续增加，与之相关的行业逐渐萎缩。但是，如果在资源型城市的鼎盛时期能够发挥先进技术、优秀人才的作用，保证资源型企业的健康发展，则在资源枯竭后资源型企业也不会对其有过多依赖，甚至可以成为城市经济支撑点与增长点，仍旧能够推动城市经济稳定发展。这也是研究资源型城市资源生命周期理论、完善资源型城市发展规划的现实意义。

2.3.2 产业结构演进理论

产业结构是指各产业构成情况与各产业之间形成的比例关系，产业结构演进是指产业由低级转向高级发展的过程。随着需求结构的升级、技术水平的提高，新的主导产业会替代原有的主导产业，进而推动产业结构优化升级，提高资源利用效率。由此循环往复，产业结构不断优化。在佩蒂—克拉克定理中，随着人均国民收入的增长，就业人口会从第一产业逐渐转向第二产业，之后转向第三产业，这是因为产业结构的差异会导致收入的不同。因此，根据佩蒂—克拉克定理可知，在经济发展的背景下，劳动力会从第一产业转入第二产业与第三产业。罗斯托在进行经济成长理论研究时，针对主导产业提出扩散效应理论时指出，随着主导部门自身的扩大及其对其他部门扩散效应的增强，都会促使经济增长。

国内学者孙新雷在分析产业结构演进时指出，从三大结构来看，主导产业经历了由第一产业、第二产业到第三产业的变化。第一产业的产业结构由传统的粗放型向集约型演进，并开始向绿色生态农业方向发展；第二产业的演进按照从劳动到资本，再从资本到知识密集的方向演进；第三产业由传统服务业转向多元化服务业、现代服务业、知识产业。张明等指出资源枯竭型城市存在产业结构不科学的问题，而主导产业的衰退是导致资源枯竭型城市衰退的根本因素。因此，寻找新的替代产业，或优化现有主导产业，是资源枯竭型城市成功转型的关键；否则，如果将产业转移至不合理、低级的产业，尽管可能在短期内帮助资源枯竭型城市解决某些问题，但是会为城市发展埋下隐患。

2.3.3　城市可持续发展理论

20 世纪 80 年代，随着资源枯竭问题的日益严峻，环境问题的逐渐显现，更多学者加大对可持续发展理论的研究，并将之应用于城市发展研究领域。由此，城市可持续发展理论应运而生。可持续发展能力是指不仅可以满足当代人需求，还可以满足后代人发展需求的能力，主张公平分配当代与后代的利益需求。从经济学角度出发，人对资源的需求是无限的，而资源又是有限的，资源的稀缺性要求提高资源利用的有效性，加之部分资源为非可再生资源，由此在资源供需方面必然会出现当代人与后代人的利益冲突。对此，学者提出了城市可持续发展理论。城市可持续发展理论的提出表明，国家在发展中不再仅关注 GDP，而是在推动城市发展中综合考虑生态、环境、社会、经济等各方面因素，强调各因素的可持续性与协调性，以最终实现全面发展为目标。

城市可持续发展理论强调公平性，既涵盖同代人之间的横向公平，也包含代际的纵向公平，为了实现城市的稳定发展，需要协调好人与人、人与自然间的和谐关系。对于资源枯竭型城市而言，其发展依赖的资源多为非可再生资源，更应在发展中落实可持续发展理论，这是因为资源并不仅是当代人的财富，还应传给子孙后代。因此，需要充分协调资源与城市发展间的关系。目前，许多资源型城市面临资源枯竭的问题，对城市的可持续发展造成了威胁，这也是学者研究城市可持续发展理论，并以此为支撑解决资源枯竭型城市问题的主要原因。

2.4　城市生态补偿的理论基础分析

2.4.1　经济学理论

2.4.1.1　生态资源价值理论

生态资源价值理论的主要内容是，以生态系统提供的服务、产品作为生产要素、可利用的资源，可以产生生态价值与效益，进而对基于生态资源的服务、产品进行定价。生态资源价值包含两个方面：一是经过劳动改造形成的机制，诸如为了恢复自然环境、保护生态环境投入的价值；二是自然资源自身具有的价值，无论是否被劳动改造，自然资源固有的价值、稀缺程度与功效都决定着该部分价值的大小，诸如抵御灾害、维持生物多样性、调节气候等功能。

国家环保总局研究所王健民与中国科学院生态环境研究中心的王如松在《中国生态资产概论》中深入分析了生态资源价值与应用意义，并推动了该理论的发展和完善。之后，高德海在研究生态资源价值理论时，指出在传统的商品价值观念影响下会片面地认为环境资源与自然资源没有价值，即忽视了生态资源的价值，导致在生产中会仅重视眼前的经济效益而忽视长远、影响更大的生态效益。为了解决上述问题，便需要坚持应用生态资源价值理论，并在此基础上正确认识到生态资源价值问题的影响。该学者的观点不仅体现在生态资源价值理论的理论意义上，还体现在生态保护中的现实意义上。

2.4.1.2 外部性理论

外部性理论的主要内容是，虽对他人产生有害影响或有益作用，但是此类影响与作用并不需要他人进行补偿或付出报酬。在外部性理论中，外部性被分为负外部性与正外部性，其中负外部性是指主体活动虽导致另一主体的利益被损害，但是出现损害行为的主体并未针对自身的损害行为付出相应的费用；正外部性是指主体的活动虽为其他主体带来利益，但此类活动也未得到相对应的补偿。早在 18 世纪 90 年代，马歇尔在《经济学原理》中便首次提出了“外部经济”，且在分析该问题时直接使用外部经济概念，为研究外部性问题奠定了基础。自 20 世纪 50 年代以来，随着外部性问题的日益凸显，尤其是环境外部性问题越来越严重，西方经济学家加大了对外部性理论的研究力度，并从新的研究视角解释环境外部性。对此，奥尔森以“集体行动”为出发点，指出任何人都不可以在排他性的前提下消费公共产品，这是因为大部分自然资源与环境因子都具有公共物品性质，该学者提出的观点体现了外部性理论的新进展。由于生态环境所提供的资源与服务均具有明显的公共物品属性，所以在对资源进行开发利用时，必然会产生一定的外部性。

2.4.1.3 经济可持续增长理论

经济可持续增长理论的主要内容是，以经济增长理论为基础，考虑环境与资源承载力，在生态环境承载力与有限资源的范围内，实现经济的持续增长。Bansal 将可持续发展定义为在保护自然资源的质量和其所提供服务的前提下，使经济发展的净利益增大到最大限度。皮尔斯在研究经济可持续增长时，指出可持续发展是指在不减少未来实际收入的条件下使用当下的资源，即在保持当代人的福利增加时，也不会使后代的福利减少。根据经济可持续增长理论的内容，与之相关的研究主要包括内生增长研究，即以新古典增长理论为基础，认为人力资本、知识资本作为生产投入要素，受外溢等因素的影响，收益主要体现为递增的发展趋势；环境与资源因素的增长研究，提出约束增长的因素包括约束再生资源数量、可耗竭资源数量、环境污染等。

2.4.2 管理学理论

本书所涉及的管理学理论主要有以下两个。

2.4.2.1 可持续发展理论

可持续发展理论的主要内容是，既满足当代人的需求，又不会危及后代人满足其需求的发展，其以共同性、持续性、公平性作为基本原则。可持续发展理论的最终应用目标在于实现多维、高效、公平、协调、共同的发展。在可持续发展理论的概念中，“需要”与对需要的“限制”是两个关键部分，满足需要是指满足人们的基本需要，对需要进行限制是指对危害未来环境的发展进行限制。根据可持续发展理论的基本内容可知，其主要涉及社会、经济、生态、资源等方面的可持续发展，其中可持续发展的内容涉及可持续与发展两个层面，二者相辅相成、互为前提。可持续占据核心地位，为发展提供支撑；发展是重要的前提条件，如果没有发展作为前提，则可持续也失去了必要性。可持续发展的基础在于提高资源利用的可持续性，营造质量更高的生态环境，且人是可持续发展的中心，以实现社会的整体进步作为最终目标。

2.4.2.2 公共物品理论

公共物品理论的主要内容是，某主体对物品的消费不会影响其他主体对此物品的消费，此类物品一般具有明显的非竞争性与非排他性的特征，而且正是在此特征的作用下，公共物品容易出现“公地悲剧”“搭便车”的现象。在公共物品理论研究中，Samuelson 和 Paula 首次提出了纯公共产品的概念，并在此基础上形成了萨缪尔森规则。假设存在个人并不拥有处置权的纯公共产品，即公共机构提供的产品数量与所有家庭消费的产品数量之和相等。之后，Lindahl 扩展了公共物品理论分析框架，在公共物品评价模型中引入个性化价格，假设每个消费者都能够为公共产品支付个性化价格。在生态环境系统中，其所提供的服务与产品属于公共类，该类公共产品与公共服务的使用，也容易出现“公地悲剧”“搭便车”的现象。为了避免此现象，则需要从公共服务角度出发，通过政府管制、付费补偿等方式进行管理，以便合理利用生态服务。通过制定政策、合理引导、实施规则，能够对生态服务提供调控与指导，有助于合理地利用、开发生态资源，为实现此方面的可持续发展奠定基础。由此可见，公共物品理论的应用对于生态环境补偿中利益相关者、各主体之间的补偿方式、义务与权利关系、补偿原则等方面具有明显的指导意义。

2.4.3 生态经济学理论

生态经济学的主要内容是，在一定的区域内以经济内在发展规律与生态发展原理为基础，以环境与经济的协调发展为指导，以社会经济发展与生态环境建设为核心，正确处理生态环境、社会经济等的关系，从而实现环境、经济、社会等各方面的可持续发展。由此可见，生态经济学理论主要用于研究人们对于生态系统产品、生态要素的需求与供给，以生态经济系统作为研究对象，其本质在于将经济学与生态学有机结合，以生态学作为基础理论，并以经济学作为主导原理，这些都决定了生态经济学理论的内容并非经济学与生态学理论的简单叠加。通过协调资源、环境与经济发展之间的关系，形成生态经济系统，为经济实践提供指导，促进社会的整体发展。

经济学家Robert指出，生态经济学是一门全面研究经济系统与生态系统之间关系的科学，强调人类的经济活动与自然生态环境的相互关系，强调生态学与经济学的相互作用。随着生态问题越来越受到人们的重视，国内也有许多学者分析了生态经济学的概念。王松霈指出生态经济系统是由经济系统和生态系统相互作用、相互交织、相互渗透而形成的具有一定结构与功能的复合系统。季昆森（2001）认为，生态经济学是从经济学角度研究由自然生态系统与社会经济系统复合而成的生态经济社会系统运动规律的一门科学。王东杰等（1999）在研究中进一步推动发展了生态经济学理论，重点分析了生态经济系统中经济系统与生态系统之间的关系，以及两者的发展规律。张明军等（2006）认为，生态经济学包括三个方面的内容，即实现生态系统和经济系统协调发展的最理想模式；基于复杂系统的角度研究生态经济问题；确保生态环境与经济增长的可持续性。

通过梳理学者对生态经济学理论的研究，可总结出生态经济学理论体系的核心是，通过阐述生态环境与经济主体之间的辩证关系，为解决经济问题提供依据，并在研究生态再造、优化、保护问题的过程中解决发展问题，由此也体现了建立城市生态补偿体系的实质意义。另外，通过生态经济学理论的研究成果可知，该理论的主要特征体现在长远战略性，不仅要考虑短期经济效益，更应强调长远的自然环境代际公平性与资源配置的优化性，研究污染治理、资源节约、生态保护具有长远战略意义；区域差异性，经济发展离不开生态条件、自然环境，生态环境与区域资源的异质性，导致生态经济与经济发展的差异，这就需要根据具体情况具体分析生态保护与经济发展间的关系；内在联系互动性，突出生态经济学包含生态系统研究，尤其强调生态系统中事物之间各种联系的多元化特点。

生态经济学是研究经济系统与生态系统的学科，以复合系统的运动规律、功能、结构为研究对象；同时，生态经济学的研究重点是社会经济系统的运行方式及其与生态系统相协调的方法，以维护生态系统的健康可持续发展为目标，进而为实现社会经济的稳定发展提供保证。因此，在此生态经济发展中发展生态经济，有助于促进自然与人类活动的和谐发展，协调经济与生态的平衡发展，推动经济社会可持续发展。在本书中应用生态经济学理论的意义在于，该理论的本质是将社会发展建立在资源枯竭型城市生态环境的可承受范围内，确保在尊重经济发展的内在规律、生态保护的前提下开展工作，从而满足经济发展需求，形成经济实力不断增强、环境承载能力有所提高、资源得到合理利用、经济结构得到优化的生态经济发展系统。

2.4.4 生态系统理论

生态系统理论的主要内容是，在一定的时间与空间范围内，各种生物群落、各种生物与无机环境之间，通过物质循环、能量流动的相互作用，形成一个整体。因此，生态系统是环境与生物之间进行物质循环与能量转换的基本功能单位，且物质循环与能量流动是生态系统的主要功能。1971 年，贝塔朗菲提出了生态系统理论，强调以整体的视角看待社会与人之间的关系，而对于该生态系统理论的应用则以赫恩的研究为代表。之后，平克斯以生态系统的观点介绍整合的社会工作实务模式和方法。生态系统理论是具有综融性与折衷性的理论，早在 20 世纪初期，玛丽·埃伦·里士满在慈善组织会中所选取的理论倾向，成为生态系统理论的先导，其推行“人在情境中”的观点。20 世纪 80 年代，杰曼等学者提出了综合生态系统理论的观点，并在此基础上构建了“生态模型”。1977 年，布朗芬布雷纳在研究中针对生态系统理论提出了能够被社会工作者所利用的系统，包括宏观系统、外观系统、中观系统与微观系统，在很大程度上发展了生态系统理论。对此，布朗芬布雷纳指出，人的发展离不开自然环境，且自然生态或环境是一组嵌套式的结构，其中上一组嵌套在下一组中。由此可见，发展的个体处于从直接环境到间接环境的状态中，且各系统都与其他个体或系统相互作用，产生多方面的影响。

生态系统的明显特征在于其具备自我调节能力，物种数目越多，结构越复杂，生态系统的自我调节能力就越强，因此在生态系统中，生产者、非生物环境、分解者、消费者等缺一不可。同时，生态系统的发展与变化还受到社会作用力、自然作用力的驱动，各子系统之间通过信息传递、能量流动、物质循环等，协同共生、相互依存，并以各类正反馈、负反馈的形式协调各个子系统的关系。

生态系统属于动态系统，具有复杂性，但是在资源枯竭型城市的发展中，存在将生态系统片面地视为植树种草，即未能全面地认识生态系统。生态系统主要由生产者、非生物环境、分解者与消费者组成，它们之间相互作用与相互影响，通过实现四大要素之间的物质循环、能量流动，构建更加完善的生态体系，确保生态系统持续向好。只有增强全民生态意识，才能增强人们对生态环境行为的自律性。

2.5 城市生态补偿体系

2.5.1 生态补偿体系构建必要性

资源开发虽可以满足国民经济建设的需要，但同时也带来了一系列的环境问题。20 世纪 80 年代以来，对资源掠夺式开发必然导致资源的枯竭和对生态环境的破坏。虽然部分矿产资源开采结束，但是生态系统没有得到及时恢复，导致当地生态系统功能衰减甚至丧失。近年来，地方政府虽然采取了一系列加强生态文明建设的措施来改善矿区的生态状况，但与构建生态文明、推进绿色发展尚有很大差距。生态补偿是一种保护生态环境的激励措施，它可以调整生态效益和经济效益的分配关系。生态补偿机制建设虽然取得了积极进展，但由于涉及的利益关系复杂，在实践中还存在一些问题。因此需要进一步规范补偿机制，为生态补偿实践工作提供政策指引，推动生态文明建设再上新台阶。

2.5.2 生态补偿体系构建内容

矿产资源开发生态补偿应建立长期的环保投入机制，这依赖于生态补偿应建立长期目标和社会监督评价机制，在产权明晰的前提下合理评价生态价值等。

2.5.2.1 明确指导思想和原则

“有偿使用、有偿受益”原则是基于利益相关者之间权利、义务和责任重新平衡的制度安排。然而，目前我国有关生态保护和生态建设的法律、法规对补偿对象没有明确规定，生态环境中的具体权利、义务也仅限于原则性规范，利益相关者在生态环境保护中的责、权、利关系无法通过法律界定，按照奖惩机制难以实现生态补偿由强制向自愿转变的目标。因此，要改变自然资源所有权“虚”和产权不清的现状，界定自然环境和生态领域的产权，进一步完善产权制度，严格界定所有权、经营权和开发使用权。所有权必须在足够长的时间内有效，因此，所有权人要关心自然资源的保护和可持续开发利用，关心生态效益。

2.5.2.2 生态补偿的主体与方法

生态补偿是指为了防止生态环境遭到破坏，向从事对生态环境产生或可能产生不利影响活动的生产者、经营者和开发商征收环境损害与恢复费用的环境管理制度。其主要内容是生态环境修复与恢复，具有经济调节和法律保护的双重功能。西方发达国家早就开始征收生态补偿费，为生态环境保护提供法律保护。例如，美国通过制定专门的《环境保护法》，对生态补偿制度和生态补偿的具体措施进行了专门规定，明确了生态补偿的原则、范围和方法。不仅通过资金补偿（退养补偿）与实物补偿（退耕还林给予土地）为保护环境提供了保障，还通过政策补偿（如税收补偿）更加注重生态补偿和生态税的完善特许权、优惠贷款和智力补偿（如培训专业技术或管理人员）。因此，我国可以借鉴西方发达国家征收生态补偿费的成功经验，明确征收主体和补偿主体，以法律的形式制定标准和方法。我国自然资源保护法应明确规定生态补偿费，对如何确定生态系统是否遭到破坏以及赔偿标准应当予以明确。同时，要明确地划分主要责任方的责任，争取社会各界的认可和支持。由于机会成本不仅与区域生态环境有关，而且随着经济发展而变化，即机会成本具有动态性。为解决生态系统中个体理性与集体理性的矛盾，应在生态补偿奖惩机制建设中引入奖惩制度。如何科学界定生态补偿体系和奖惩数额，是生态补偿体系能否有效实施的核心。以生态系统服务价值确定补偿机制，注重公平性和科学性。然而，由于受现有生态系统服务价值成果可得性等因素的影响，很难在短期内为生态补偿体系的制定提供依据，所以，利用机会成本制定生态补偿体系仍是近期的首选。因此，加强基于价值的生态系统服务研究的关键是克服技术难题，提高生态补偿体系制定的科学性和合理性。

2.5.2.3 实施生态补偿措施

(1) 资源监督管理

长期以来，我国生态环境建设实行上级主管部门对下级主管部门的工作进行监督评价，缺乏独立的第三方监督评价机构对生态环境建设进行有效的监督评价。因此，监督评价结果与实际情况存在差异，导致奖惩机制失去现实意义。其主要缺陷是从部门角度造成的目标扭曲、评价和监督标准不准确、忽视异质性等问题。为保证生态补偿政策的公平合理和奖惩机制的有效实施，有必要建立一支社会化的生态补偿政策监督评价机构队伍。可以把一些科研机构、非营利性的环保组织改制成监督评价机构，其基本要求是成员必须是多学科的专业人员，这样才能对生态环境效益、经济效益进行全方位的评价。同时，制定相关政策，规范生态环境建设项目的验收、日常维护等工作均由第三方独立监督机构进行。第三方独立监督机构不能作为项目建设的行政隶属执行者和维护者，以保证监督评价的公正性及奖惩机制的有效实施。

(2) 生态补偿

建立以行政主管部门为主体的补偿管理体制和规章制度。要明确层级、报告机制和信息沟通机制，确保生态环境管理主体到位，如建立统一领导的生态补偿管理委员会和生态补偿管理机构。同时，通过将环境法与其他法律、法规相结合，明确各级政府的监管责任，确保监管到位。生态补偿基金制度是以政府投资为主体，多渠道筹集生态补偿资金的基金管理制度，包括生态建设基金、生态补偿基金、环境整治基金、补偿基金等各种资金体系。我国可以借鉴西方发达国家的经验，探索建立生态补偿基金制度，采取统一规划、统一分配的管理体制，确保生态补偿基金得到科学合理的管理和使用，统一管理、统一组织实施生态补偿资金。为确保生态补偿资金的公平合理分配，可在申请生态补偿资金前建立评估论证制度，进行可行性研究，确保相关利益主体的合法权益。地方各级生态补偿部门还可以通过建立生态补偿基金信息管理系统，确保生态补偿资金得到有效的监督管理。为更好地履行生态补偿管理职责，行使自身行政职责，地方各级生态补偿部门可以根据实际工作需要，建立各级基层生态补偿管理机构。从而形成由生态补偿管理机构、各级政府生态补偿管理机构、基层生态补偿管理机构组成的统一管理体系。

(3) 采取恢复治理措施

当前，我国生态环境管理需要将生态文明理念与生态补偿机制相结合，才能确保管理真正落到实处。通过对生态文明协调的核心理念的分析，我们在处理经济发展与生态环境保护的关系时可以保持客观的立场，避免走极端。同时，生态补偿机制的引入将促进我国生态环境保护市场机制、行政机制和法律机制的整合。因此，生态环境的保护和管理可以以环境成本为基础，促进环境污染和破坏等外部成本内化为经济发展，最终实现经济与生态环境的协调管理和可持续发展。根据生态环境资源的开发利用、污染破坏与保护程度，政府还需要对开发、保护和利用生态环境资源的公司及个人实行一定范围的税收征免。我国可以借鉴发达国家实施生态税的经验，尽快修订和优化现有税制结构，完善生态税制。一方面，通过开征生态环境保护专项税，筹集生态环境保护专项资金；另一方面，通过开征生态环境污染税，筹集污染治理资金。

(4) 推进城市发展转型

在我国现有的资源枯竭型城市中，大部分城市在发展中长期依赖于对自然资源的开发。但是由于对自然资源进行长时间的过度开发，加之缺乏现代化资源节约理念，生产技术水平比较低，自然资源越来越枯竭、匮乏，增加资源开发成本。在此背景下，资源枯竭型城市的主导产业也面临着逐渐衰落的趋势，尤其在持续产业发展力度不足的情况下，资源枯竭型城市的经济发展速度也会放缓，甚至进入萎靡的阶段，生态环境、经济环境、社会环境均面临着较大考验。同时，在资源枯竭型城市经济水平低的前提下，失业人口数量也有所增加，随之人口流动性不断增大，对人们的生活水平产生影响，社会也会朝着不稳定的方向发展。在对自然资源进行长期开采之后，生态系统遭到严重破坏，生态承载力不断降低，环境污染问题成为影响生态承载力的关键，尤其是资源开发中排放的废水、废气，会对生态环境造成破坏。因此，资源枯竭型城市生态承载力的变化规律体现在，影响生态承载力的因素越来越多，导致资源枯竭型城市发展面临多方困境，资源枯竭型城市转型迫在眉睫。

（5）完善法律体系

在生态补偿机制下，生态环境管理应以生态文明为基础。补偿机制应融入法律、税收管理、经济管理、行政管理等管理体制。因此，应建立合理的生态管理体系。生态补偿制度的法制化是保障生态补偿制度实施和运行的前提。我国生态补偿法律制度还不健全，有必要建立有效的生态补偿法律机制，使生态补偿的各个方面都有规律可循。首先，要率先制定生态补偿法作为生态补偿的基本法，确保生态补偿机制下的生态环境管理有一个统一的、基本的指导原则。生态补偿是影响我国经济、社会和环境可持续发展的关键因素，因此有必要用国家基本法对生态补偿进行规范，以保证生态补偿的重要性和法律地位。其次，在生态补偿法尚未完善之前，可以通过明确和完善生态补偿制度在环境保护法中的地位来指导现阶段的生态补偿实践。待生态补偿法完善后，应将生态补偿法确立的基本原则和指导方针纳入环境保护法。对现行环境保护法进行必要的修改，使之成为生态环境保护的基本法。最后，在此基础上，制定生态补偿专项法律、法规。结合民法、刑法等一系列法律，加快构建生态补偿机制的法律保护体系。

2.6 本章小结

本章重点梳理了资源型城市、资源枯竭型城市、城市生态补偿等概念及其特征，介绍了生态足迹理论及构成要素，系统阐释了资源枯竭型城市生态供需理论。本书基于相关经济学理论、管理学理论、生态经济学理论和生态系统理论，指出了开展生态补偿的必要性，从明确指导思想与原则、梳理生态补偿主体与方法、实施生态补偿措施等方面提出了构建生态补偿体系的思路。

3 基于生态足迹的资源枯竭型城市生态需求分析

生态足迹为人类衡量生态可持续提供了有效评价方法。基于生态足迹视角的资源枯竭型城市生态需求评估，是决定一个城市是否需要进行生态补偿的基础。本章对基于生态足迹视角的资源枯竭型城市生态需求进行深入分析，通过生态足迹方法的改进与优化，构建资源枯竭型城市生态需求计算方法，对焦作市生态需求状况进行实证研究，定量测算焦作市生态系统服务当量价值。

3.1 生态需求的内涵

3.1.1 生态需求的概念

生态需求是指人们在经济活动中，对自然生态系统中各资源的需要，即对地球生态利益、后代利益、生存环境的关注。因此，生态需求体现了对环境所有需求的总和，包括开采环境中各类资源的需要，以及将不同废弃物返回生态环境的需要。生态需求的形态分别为：享受与体验优美生态环境而产生的知识性生态需求或精神性生态需求；消耗生态系统自组织能力、自修复能力、自净化能力的需求；通过消耗自然资源来满足对生产物质产品的具体需求。其中，前两种生态需求是指狭义的生态需求。生态需求具体表现为无噪声、无污染的生活空间，无污染的食物，洁净的空气与水，优良的自然植被环境与人工植被环境，生态景观，环境资源等。

3.1.2 生态需求的产生根源

早在20世纪30年代，美国生态学家阿瑟·乔治·斯坦利就首次在研究中提出了生态系统的概念，指出生态系统是处于系统状态、整体状态的系统，该生态系统不仅涵盖有机复合体，还包括环境中各物理因子的复合体。在地球表面，生态系统为自然界领域的基本单位，可被划分为不同的种类与大小。根据生态学理论知识，可确定生态系统是一种动态平衡系统，组成要素包括生物群落，以及生物群落所在的生存环境。同时，生态系统还包含动植物群落互相作用形成的动态集合，以及与之紧密相连的非生物环境。由此可见，生态系统的范围并不固定，可大可小。例如，无论是一个小池塘，还是一个大森林，都可以成为一个生态系统，生物圈是最大的生态系统。随着生态系统的发展，人们的生态需求也更加丰富、复杂。作为一种基本需求，直到20世纪70年代学者才明确提出了“生态需求”的概念。

随着人们从环境中获得资源总量，以及返回至环境中废渣、废水、废气等废弃物数量的急剧增加，加之人们对能量、物质的更大需求，都导致自然环境承受了越来越大的负荷压力。在此背景下，1971年在“紧急环境问题研究”研讨会中，参会的科学家对如何创建具有可持续性的社会进行了分析，并提出在计算从环境中获得资源及废弃物污染环境情况时，可采用定量方法。由此，国外学者提出了“生态需求”的概念。“生态需求”概念最早出现在我国的《论生态需求》一书中，纪艳彬将其作为经济发展过程中出现的社会现象。之后，越来越多的学者对“生态需求”的概念进行了分析，如刘思华从广义与狭义的角度分析生态需求，其中广义角度的生态需求是指人们在经济活动中，对自然生态系统内环境资源的需要；狭义角度的生态需求是指人自身存在的生态需要。

从人类在生态系统中所扮演角色的角度出发，分析生态需求的产生源泉。在生态系统中，人类的角色包括生态系统的改变者、生态系统的演替产物、生态系统的重要部分。第一种角色决定人类的生态需求具有社会属性，在社会生产力、科学技术的作用下逐渐得到强化，后两种角色决定人类在生态系统中的需求具有自然属性，该种属性不会因社会形态的变化而发生变化。另外，根据满足生产需求所需要的时间，可将生态需求划分为历史性生态需求、短期性生态需求、长期性生态需求。其中，历史性生态需求是指人们所提出的良好生态环境需求，需要长时间、宽地域地维持良好的生态环境，这也可被视为能否保护生态环境的标准，能否限制生态恶化、自然资源枯竭风险的标准；短期性生态需求是指对良好的环境服务与环境质量的需求，通过满足此阶段的生态需求，可以有效地抑制生态环境不断恶化的情况，能够以此作为判断环境总量、环境质量、地区环境质量差别的标准；长期性生态需求是指对稳定、可持续发展的生态系统的需求，要求对生态系统进行修复与保护，以此作为判断自然生态区质量、数量的标准，以及资源枯竭型城市可承受开发程度的标准等。

3.2 生态足迹方法的改进

3.2.1 生态足迹方法的内涵

3.2.1.1 生态足迹方法的概念

生态足迹是指一种地域空间，具有生物生产能力，能够持续地消纳废物、提供资源。以生物物理量为出发点，对自然资本消费空间进行分析，将资源枯竭型城市能够提供给居民的生产性土地面积、生态性土地面积的总和定义为资源枯竭型城市生态承载力。对资源枯竭型城市的资源消费、能源消费进行计算，将其转变为提供物质流需要的生物生产性土地面积，将之与城市自身可以提供的同类型生物生产土地面积相比较，从而判断出资源枯竭型城市的生产消费活动与城市生态承载力范围之间的差距，为计算资源枯竭型城市的自然资本总量提供依据。资源枯竭型城市的发展不仅依赖于自身的生态生产性土地，还需要得到外部的供给。因此，城市所需的生态生产性土地供给也会大于生态足迹生产性土地供给。但是，通过引入生态足迹理论，对于分析资源枯竭型城市生态需求，建立、健全资源枯竭型城市生态补偿体系具有指导意义，为制定合理的生态城市可持续发展决策提供科学依据。根据生态足迹理论，具有可持续发展优势的生态城市是指，在确保正常运行城市各项功能，且矿区内居民能够拥有较高生活质量的基础上，控制、减少人均生态足迹，缩小城市生态足迹产生的范围。因此，通过计算与分析城市生态足迹、对人类活动给生态系统带来的压力进行定量测度，为构建资源枯竭型城市生态补偿体系提供依据。

3.2.1.2 生态足迹计算方法的主要内容

生态足迹计算主要考虑的因素包括化石能源土地，该种土地用于消纳燃烧化石燃料后产生的废物，以二氧化碳为主；耕地是指提供经济作物、农作物（油料作物、粮食作物）的土地；林地是指天然林、次生林和人工林覆盖的土地；草地是指适合发展畜牧业生产的土地；水域是指提供水产品的区域；建设用地是指水电站、道路、住宅等区域的占用地。生态足迹理论的基本假设是上述六类生态生产性土地在空间上相互排斥。例如，如果一块土地被用于修建房屋，那么其不可被用于耕地或是林地。受该种空间互斥性特点的影响，可通过生态足迹加总各类生产性土地、生态性土地等，并从宏观角度认识人们对自然系统的整体需求、自然系统的总供给量，以及城市生态系统的生态容量。正因为生产性土地的生态生产力在不同地区之间存在差异，所以需要通过计量的方法将该类型的土地合计，并计算得到城市生态承载力、生态足迹，利用均衡因子，将城市承载力、生态足迹等转变成具有同等价值生产力的土地面积。因此，均衡因子是指生产性土地生物产量与国际规定的平均生产性土地生物产量之间的比值。在计算城市生态承载力的过程中，因为资源产能存在差异，所以单位面积内不同类型的土地生产力之间存在差异，且单位面积内相同类型的土地生产力也不同。由此，不可直接比较城市同类型或不同类型生物生产性土地对应的实际面积，而是需要对其进行适当的调整，通过产量因子表示某类型生态生产性土地面积的世界产量与局地产量的比值。同时，产量因子还是某种类型土地生产力的国际平均值与固定城市该类型土地生产力之间的比例，将现有水域、建设用地、林地、草地、耕地等物理空间对应的面积，与产量因子、均衡因子相乘，则可计算得出城市生态承载力。另外，有效生态承载力是指，去除保护生物多样性所需的承载力之后剩余的承载力，一般情况下，有效生态承载力应扣除比例约为12%。

3.2.1.3 生态足迹方法特征

生态足迹方法所具有的特点主要体现在可重复性与可操作性强、可比性广泛、为决策者制定政策提供辅助等，具体特点如表3-1所示。

表3-1　生态足迹计算特点

特征	内容
可重复性与可操作性强	用生态足迹评价城市生态承载力，应用生物生产性土地面积计算方法，使之能够被重复研究，也容易被理解，且生态足迹分析过程所需的资料较易得到，增加了所需资料应用范围
可比性强	与其他的可持续发展评价指标相比，利用生态足迹进行评价可以获得具有全球范围内的标准面积指标，从而确定对具体自然资源可持续发展的统一描述，增强评价结果的区域可比性
为决策者制定政策提供辅助	对比自然资产生态服务能力与生态足迹计算结果，能够体现出在一定技术条件下，在对应的社会发展阶段中生态供给力与社会活动影响程度之间的差距，也能够根据需求面积，在预算承载生活质量标准下，提升人们所需的生态空间等

通过两者之间的比较，确定某区域处于生态盈余状态还是生态赤字状态，便于决策者依据自然资源实际情况科学寻求减少生态足迹的方法，完善可持续发展计划与对策。根据生态足迹理论，其建立基础着眼于构建人类活动的限制因素。因此，可通过生态足迹评价生态系统的可持续性，与之相关的评价过程要涉及人类对生态系统可再生能力的作用程度与影响程度，这就需要综合考虑不可再生资源，诸如矿物资源、石油资源等的消费过程，对城市生态系统造成的不良影响。但是，由于现有的评价过程大多忽视了污染物对自然生态系统环境的影响，尤其忽视毒性物质，诸如DDT、水银等的非线性变化、生物累积变化的影响，因此仍需要通过完善生态足迹计算方法，提高评价结果的科学性与合理性。

3.2.2　改进的生态足迹方法

本书以生态足迹理论的主要内容与基本原理为依据，利用自下而上的方法，提出适用于资源枯竭型城市评价改进之后的生态足迹计算方法。对生态足迹计算方法的设计，从横向与纵向两个维度综合评价资源枯竭型城市生态需求，其计算方法如下。

3.2.2.1　计算资源枯竭型城市生态足迹

收集、查询、汇总资源枯竭型城市生态足迹相关资料，得到资源枯竭型城市具体年份中生成的消费量数据，诸如酒类、水产品、蔬菜、禽类、肉类、油脂、粮食等。之后，以当年人口数量为依据，对该城市的人均年消费量值进行计算。其中，生态足迹的各项组分用 A_i 表示，该生态足迹计算公式为

$$A_i = C_i / P_i \tag{3-1}$$

在式（3-1）中，A_i 表示在第 i 项消费项目中，人均占用的生态生产性土地的实际面积；C_i 表示在第 i 项消费项目中，人均年消费量；P_i 表示在第 i 项消费项目中，生产该消费项目所需的生物生产性土地产生的平均常量，即城市当年的平均生产力。

通过分析城市工业技术指标、经济指标，在生态足迹计算中，将家具、纸张等转变为所需的木材等原材料，之后以能量强度指标为依据，对生活用品中体现的能量值进行固化计算，从而得到消纳废物、生产原料需要的生态空间类型、生态空间规模等。一般情况下，资源枯竭型城市的生活用能是指液化石油气、电力、煤炭等，在计算具体能源的消耗量过程中，将其折算成对应的统一能量单位，由此得到所需要的化石能用地规模。另外，住区内的生态足迹计算是指对建筑的生态足迹进行计算，由于居民不仅消费定量的住宅用地，还会消费其他交通用地、商业用地等，所以需要对建成区的生态足迹进行整体计算。

资源枯竭型城市人均生态足迹计算公式为

$$EF = \sum \gamma_i A_i \tag{3-2}$$

在式（3-2）中，EF 为资源枯竭型城市的人均生态足迹；γ_i 为均衡因子；A_i 为在第 i 项消费项目中，人均占用的生态生产性土地面积。

3.2.2.2 生态足迹计算结果分析

通过生态足迹计算，测量在一定消费水平下所需要的生态系统内的生态生产性土地面积，将之与具体城市内能够切实提供的生态生产性土地面积进行对比，从而判断该城市的生态承载力范围与实际生产消费活动之间的差距，由此为确定基于生态足迹的资源枯竭型城市生态需求提供依据。分析资源枯竭型城市生态足迹计算结果，可以从生态足迹的横向与纵向对比分析、生态足迹的需求与供应结果分析、生态足迹的需求与供应平衡状况分析等角度出

发。对此，通过应用改进后的生态足迹计算方法，可以从横向、纵向两个维度综合评价资源枯竭型城市生态补偿体系建设效果，在解决综合评价权重问题的过程中还可以应用判断矩阵法。

3.3　资源枯竭型城市生态足迹需求分析

3.3.1　资源枯竭型城市生态足迹需求变化因素分析

影响资源枯竭型城市生态足迹的因素与其资源供给存在诸多的联系，就其城市而言，生态足迹变化的核心主要有两个部分，即生态足迹和生态承载力。生态足迹是表征生态需求的方式，主要内容包括区域内的人口、生活标准、生产能力等，且一种生态生产性土地不能被另一种经济所用，所以生态足迹不可重复；而生态承载力则是区域内为人类提供生产性土地面积的总和。因此，基于生态足迹的基本假设有两个：其一，人类所消费的绝大多数资源和产生的废弃物可以计算；其二，消费的资源和产生的废弃物可以转换为需要的生产性土地面积。假设所涉及的因素就是影响资源枯竭型城市生态足迹的因素。

3.3.1.1　生态足迹与资源消费

资源枯竭型城市内居民需要对各种资源进行消费，以能源物质与生物性物质为主，以便保证自身的实际需求。其中，土地是提供各种服务、资源的根本资源，几乎所有能源、生物性物质均来自土地，且社会在发展过程中产生的废弃物的容纳、吸收与降解也依靠土地。因此，各项物质消费均可追溯至提供能量与原始物质的土地，并可以此为依据估算消费量对应的土地所需面积。同时，能源消费中排放的二氧化碳，破坏了生态环境。生态足迹的基本思想即联系支持消费所需的土地，通过将物质消费转变为生态生产性土地，估算出资源消费对生态环境的影响程度、对生态资源的占用情况。

3.3.1.2　生态生产性土地

从自然资本角度出发，生态生产是自然资本产生自然收入的原因，自然资本产生自然收入的能力由生态生产力衡量。随着生态生产力的提高，自然资本具有更强的生命支持能力。因为地球表面积与自然资本之间具有一定的联系，所以可以用生态生产性土地代表资源枯竭型城市的自然资本，且其包含的所有指标的确定也以生态生产性土地为依据，以生产力大小为基础，可将生态生产性土地划分为耕地、草地、林地、水域、建设用地、化石能源用地。其中，耕地为生态生产性土地的主要部分，聚集最多的生物量；草地生产力低于耕地，主要原因为植物能量转化率低，生化能量减少，在不合理开发的作用下，草地质量与数量呈不断下降的趋势；林地中的大部分不具备较高的生态生产力，尤其是森林面积的不断减少；就水域而言，尽管人均海洋面积为6公顷，但是95%以上的渔业发展依靠仅占6%的近海域；在城市化发展的进程中，建设用地面积不断增加，导致耕地不断减少；化石能源用地，为了控制自然资本总量的减少，需要通过储备土地补偿因消耗化石能源而减少的自然资本，但是因为缺乏相关资料数据，所以部分直接消费体现在直接消费自然资源上。

3.3.1.3 全球生态标杆

通过分析不同生态生产性土地，可知对应的生态生产性土地拥有量分别为化石能源地0公顷、建设用地0.03公顷、水域面积0.50公顷、林地0.60公顷、草地0.60公顷、耕地0.25公顷。另外，需要被保存的生态容量所占比例为12%，为了维护生物的多样性，应扣除0.20公顷的土地，从而满足其他生物所需。结合不同土地的生产力存在差异明显，对其赋予权重，得到权重之和，去掉生态生产性土地后的人均拥有量约为1.80公顷。由此可见，全球生态标杆代表着全球范围内的人均生态承载力，可对全球总生态容量进行权衡。

3.3.1.4 均衡因子

“均衡因子”概念的引入，能够体现生物生产性土地不同的生产力，因此均衡因子为将生态生产性土地转变成生物生产力的对应系数。均衡因子计算公式为

$$r_k = Y_k / Y \ (k = 1, 2, 3\cdots, 6) \tag{3-3}$$

在式（3-3）中，r_k 为均衡因子；Y_k 为具体生态生产性土地面积所具备的平均生态生产能力；Y 为全球范围内所有类型生态生产性土地所具备的生态生

产力的平均值。本书采用的均衡因子为国内外大多数研究使用的通用标准均衡因子，即化石能源用地 1.1、建设用地 2.8、水域 0.2、林地 1.1、草地 0.5、耕地 2.8。均衡因子汇总如表 3－2 所示。

表 3－2　均衡因子汇总

生态生产性土地类型	均衡因子
化石能源用地	1.1
建设用地	2.8
水域	0.2
林地	1.1
草地	0.5
耕地	2.8

3.3.2　资源枯竭型城市生态足迹需求变化规律

就资源枯竭型城市而言，其变化的核心因素就是资源的逐渐枯竭，且该类核心因素也能够体现某方面的平均数、相对数、绝对数的定量化信息。同时，影响资源枯竭型城市生态足迹指标，不仅需要将信息定量化，提高相关信息的科学性，还需要对复杂信息进行简化，使表征信息具有更明显的代表性。资源枯竭型城市生态足迹变化规律主要体现在以下四个方面。

3.3.2.1　基于生态容量与生态承载力的生态足迹变化规律

生态足迹对环境的影响程度不仅与人口规模相关，还与人均消费水平有联系，因此如果仅从一个方面对生态容量进行衡量并不准确。根据 Hardin 对生态容量的定义，生态容量是指在对相关生态系统功能、生产力不产生损害的前提下，可持续利用的最大资源量和废物产生率。另外，生态足迹研究领域的学者也比较认可 Hardin 的思想，提出生态承载力是指在具体区域内能够为人们提供所用的生态生产性土地面积之和。因此，生态承载力也代表了该地区内的生态容量。

3.3.2.2　人类负荷与生态足迹体现的生态足迹变化规律

人类负荷用于评价人类活动对周边环境产生的影响，决定因素在于人均消费水平与人口规模，通过应用生态足迹分析方法，能够对人类负荷进行衡量。在生态足迹分析方法中，从理论角度出发，人们的所有消费能够被折算为与之对应的生态生产性土地面积。因此，生态足迹表现在维持该物质消费水平前提下，人们为满足生存所必需的生态生产性土地面积。

3.3.2.3 生态赤字与生态盈余体现的生态足迹变化规律

对于资源枯竭型城市而言，如果其生态足迹大于生态承载力，则表明该城市处于生态赤字状态，生态赤字的大小为生态承载力与生态足迹之间的差值；如果其生态足迹小于生态承载力，则表明该城市处于生态盈余状态，且生态盈余的大小为生态承载力减去生态足迹之后得到的余值。由此可见，生态赤字的出现，体现了资源枯竭型城市的人类负荷明显大于生态容量，该状态无法满足人们的消费需求。为扭转该状态，资源枯竭型城市可选择从其他国家或地区进口所需的资源，从而对生态足迹进行平衡，或利用自然资本消耗方法，增加供给量。同时，这两种情况表明，资源枯竭型城市的发展体现了不可持续的情况，可通过生态赤字衡量该城市不可持续的具体程度。相反，生态盈余状态反映资源枯竭型城市的生态容量，能够满足人类负荷，其人口消费需求流量小于自然资本收入流量，这种状态可能增加资源枯竭型城市的自然资本总量，存在扩大该地区生态容量的可能性，体现出该资源枯竭型城市的消费体系具有可持续性，即可通过生态盈余对可持续进行衡量。

3.3.2.4 全球赤字与全球盈余体现的生态足迹变化规律

全球生态标杆与各地区人口的乘积，是指在每个人均有利用资源的同等权利前提下，各地区能够利用的生态容量。与全球生态标杆相比较，如果资源枯竭型城市的人均生态足迹较高，则说明此类型城市的发展对环境产生的影响已经明显超过了根据公平原则分摊至城市人口可利用的生态容量，这也是产生生态赤字的主要原因，且这种赤字也是该资源枯竭型城市的全球生态赤字。反之，如果资源枯竭型城市的人均生态足迹相对低于全球生态标杆，则说明该类型城市的发展对环境的影响在一定程度上低于根据公平原则分摊至城市人口可利用的生态容量。由此可见，资源枯竭型城市会产生盈余，该盈余也可被称为全球盈余。在影响资源枯竭型城市生态足迹中，既可通过全球赤字对资源枯竭型城市的不可持续发展程度进行测度，也可通过全球盈余对资源枯竭型城市的可持续发展程度进行衡量。

3.3.3 资源枯竭型城市生态足迹需求计算模型

资源枯竭型城市生态足迹计算的构建目标，在于定量评价资源枯竭型城市的可持续发展状况，并以计算生态足迹作为核心内容。根据生态足迹模型理论的基本内容与相关评价指标体系可知，通过对资源枯竭型城市消费项目指标的划分和生态足迹计算，探明生态足迹变化规律。资源枯竭型城市生态足迹计算流程如下。

3.3.3.1 划分消费项目指标

与各类型生态生产性土地相对应的消费项目指标分别为：建设用地的具体消费项目指标主要体现在电力、热力等方面；化石能源用地的具体消费项目指标主要体现在燃料油、柴油、焦炭、原煤等方面；水域用地的具体消费项目指标主要体现在水产品等方面；林地的具体消费项目指标主要体现在林产品方面，诸如各种水果；草地的具体消费项目指标主要体现在畜产品方面，诸如禽蛋、羊肉、牛肉、猪肉等；耕地的具体消费项目指标主要体现在农产品方面，诸如蔬菜、薯类、油料等。

在资源枯竭型城市生态足迹计算中，以人类活动对资源的占用与消费作为核心内容，因此需要将主要的消费项目列入资源枯竭型城市生态足迹计算中，以保证生态足迹计算结果与现实相符。生态足迹计算消费项目与相关生物生产性土地类型汇总如表 3 -3 所示。

表 3 -3 生态足迹计算消费项目与相关生物生产性土地类型汇总

生物生产性土地类型	消费项目	消费项目细类
化石能源用地	能源	柴油、液化石油气、燃料油、汽油、天然气、煤炭
建设用地	建筑设施	住房、桥梁、道路等人居设施与基础设施，以及此类设施内形成的电力消费等
水域	水产品	海鱼、淡水鱼等水产品
林地	林产品	桃子、生梨、葡萄、枇杷、柑橘、木材等林产品

续表

生物生产性土地类型	消费项目	消费项目细类
草地	畜肉与相关制品	奶制品、鲜肉、羊肉、牛肉、蛋类、家禽肉、猪肉
耕地	农产品	草莓、甜瓜、西瓜、蚕豆、油菜籽、小麦、大麦、稻谷等

3.3.3.2 计算生态足迹实际需求

对资源枯竭型城市核心消费项目的消费总量进行计算，其计算公式为

$$C_i = P_i + I_i - E_i \ (i = 1, 2, \cdots, n) \tag{3-4}$$

在式（3-4）中，i 表示资源枯竭型城市具体的消费项目；C_i 表示与该消费项目相关的消费总量，其为一年内的消费量总值；P_i 表示与该消费项目相关的生产量总值，其为一年内的生产量总值；I_i 表示与该消费项目相关的进口量，其为一年内的进口量总值；E_i 表示与该消费项目相关的出口量，其为一年内的出口量总值。

通过资源枯竭型城市生态足迹计算，计算对应的人均年消费量，单位为千克，该计算公式为

$$c_i = \frac{P_i + I_i - E_i}{N} \tag{3-5}$$

在式（3-5）中，i 表示资源枯竭型城市具体的消费项目；c_i 表示与该消费项目相关的人均消费量，其为一年内的人均消费量总值；N 表示资源枯竭型城市的人口总量。

在计算生态足迹实际需求时，需要汇总不同类型消费项目中相关的各类生态生产性土地，实现资源枯竭型城市的生态足迹分组。例如，需要加和汇总与家禽肉、猪肉、蔬菜等消费项目对应的人均生态足迹。对与资源枯竭型城市消费项目相关的人均生态生产性土地面积进行计算，以平均生产力数据为基础，统一折算各核心消费项目，将其折算的生态生产性土地面积用 A_i 表示，其计算公式为

$$A_i = c_i / Y_i \ (i = 1, 2, \cdots, N) \tag{3-6}$$

在式（3-6）中，i 为资源枯竭型城市具体的消费项目；A_i 为生态生产性土地

面积，与人均实际占用面积相对应；Y_i 与该生态生产性土地相对应的世界年平均产量，与资源枯竭型城市具体消费项目相关。

以资源枯竭型城市生态足迹计算为基础，对资源枯竭型城市内的人均生态足迹总值进行计算，其计算公式为

$$ef = \sum \gamma_j A_i \tag{3-7}$$

在式（3-7）中，ef 为资源枯竭型城市人均生态足迹总值；γ_j 为与之相关的均衡因子；A_i 为生态生产性土地面积。在对资源枯竭型城市生态补偿体系进行研究的过程中，主要应用均衡因子，且结合国际标准均衡因子，即化石燃料用地的均衡因子为1.1；草地为0.5；建设用地为2.8；水域为0.2；林地为1.1；耕地为2.8。

对资源枯竭型城市内的生态足迹总和进行计算，其计算公式为

$$EF = N \times ef \tag{3-8}$$

$$EF = N(\sum \gamma_j A_i) \tag{3-9}$$

在式（3-8）与式（3-9）中，EF 为资源枯竭型城市内的生态足迹总和。

3.3.3.3 计算生态承载力

资源枯竭型城市的资源禀赋存在差异，主要体现在：一方面，尽管单位面积类型相同，但是其生态生产力也存在明显的差异；另一方面，单位面积内相应的林地、水域、草地、建设用地、耕地等的生态生产力不同。因此，在对资源枯竭型城市生态承载力进行计算的过程中，为了便于提高可累加性与可比性，需要在资源枯竭型城市生态足迹计算中引入产量因子，用于计算资源枯竭型城市生态承载力。产量因子计算公式为

$$\lambda_j = y_j / Y_j \quad (j = 1, 2, \cdots, 6) \tag{3-10}$$

在式（3-10）中，j 为某种土地类型；y_j 为在资源枯竭型城市区域内某种土地类型的平均生产力；Y_j 为在全球标准内某种土地类型的平均生产力。

资源枯竭型城市生态承载力计算公式为

$$EC = N \times ec \tag{3-11}$$

$$EC = N \times \sum \alpha_i \times \gamma_i \times \lambda_i \tag{3-12}$$

在式（3－11）与式（3－12）中，i 为某生态生产性土地；ec 为资源枯竭型城市人均生态承载力；α_i 为某生态生产性土地面积；λ_i 为产量因子。

3.4 资源枯竭型城市生态需求计算——以焦作市为例

3.4.1 焦作市地区生产总值与资产投资关系

在地区经济增长过程中，资产投资是重要的推动力，地区生产总值总量与固定资产投资需求之间的关系比较密切，可根据两者之间的关系，通过应用计算模型计算焦作市生态需求。本书以焦作市地区生产总值历史数据为依据，以 Hodrick－Prescott 滤波方法为支撑对焦作市潜在经济增长率进行了测算，由该方面的数据结构预测生态需求。同时，针对焦作市生态需求计算构建资产投资资金、潜在经济产出之间的对数线性回归方程，提高焦作市生态需求计算结果的合理性。焦作市地区生产总值与固定资产投资对数散点图如图 3－1 所示。

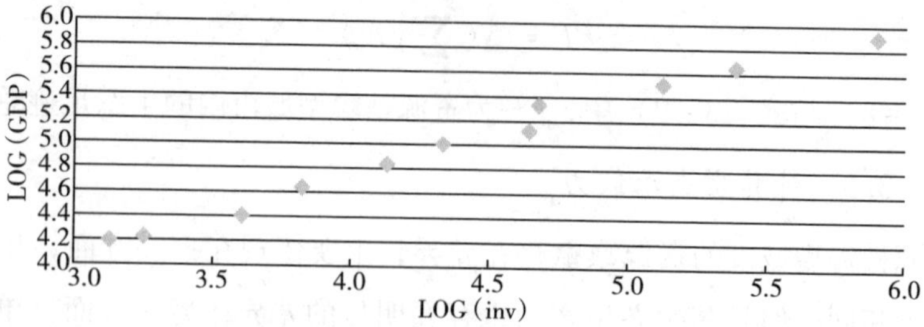

图 3－1 焦作市地区生产总值与固定资产投资对数散点图

根据图 3－1 中的信息可知，两者之间的线性相关关系比较明显。另外，焦作市地区生产总值与固定资产投资相关系数如表3－4 所示。

表 3－4 焦作市地区生产总值与固定资产投资相关系数

对比	地区生产总值	固定资产投资
地区生产总值	1.0000	0.9717
资产投资	0.9717	1.0000

根据表 3－4 中的数据可知，在同期内，两者之间的相关系数为 0.9717，表明 GDP 与固定资产投资的相关性较为明显。对此，本书利用 GDP 与固定资产投资的线性关系，对焦作市生态需求进行预测，测算出生态补偿对固定资

产投资的实际需求。

本书结合 GDP 与固定资产投资之间的关系，构建线性回归方程，得到焦作市生态需求计算值，利用资产投资与潜在产出之间的回归关系，以及广义差分迭代法对线性回归模型的自相关进行调整。根据 Eviews 6.0 软件的拟合结果，可知 GDP 与固定资产投资的结合结果计算如式（3－13）所示。

$$\ln INV_t = -4.629 + 1.712 \times \ln GDPT_t + 0.577 \times u_{t-1} - 0.260 \times u_{t-2} + 0.191 \times u_{t-3} \tag{3-13}$$

根据式（3－13），得到焦作市地区生产总值与固定资产投资的拟合结果如表 3－5 所示。

表 3－5　焦作市地区生产总值与固定资产投资的拟合结果

Variable	Std. Error	Coefficient	Prob	T－Statistic
LOG（*GDPT*）	1.501583	1.712075	0.0069	1.140161
C	8.972938	－4.628901	0.1405	－0.515862
AR（1）	0.895403	0.577482	0.1638	0.644933
AR（2）	1.001925	－0.259804	0.1111	－0.259302
AR（3）	0.467347	0.191188	0.2088	0.409104
Prob（F－statistic）	0.018866	Durbin－Watson stat		1.967683
F－statistic	18.43037	Hannan－Quinn criter		－0.455903
Log likelihood	5.484140	Schwarz criterion		－0.071376
Sum squared resid	0.118900	Akaike info criterion		－0.121027
S. E. of regression	0.199070	S. D. dependent var		0.659073
Adjusted R－squared	0.908750	Mean dependent var		4.700566
R－squared	0.960887			
Inverted AR Roots	.64	－.03－.55i		－0.3＋.55i

表 3－5 中的数据表明，两者之间的关系为正相关关系，T 统计量为 1.139，系数为 1.701，符合显著性检验结果。同时，焦作市潜在地区生产总值与固定资产投资的拟合优度值为 0.9608。由此可见，线性回归模型的拟合效果较好。焦作市的地区生产总值变化情况能够体现出固定资产投资的变化规律，因此可以通过线性回归模型实现生态需求静态预测。焦作市 2015—2019 年生态投资需求预测结果如图 3－2 所示。

图 3 -2 的结果表明，焦作市的潜在产出所占比例不断增加，固定资产投资的增长速度也逐渐加快，生态投资需求达到 4320 亿元。近年来，焦作市在生态补偿方面逐渐增加了固定资产投资总额，该部分的比率也由之前的 33.53% 上升至 92.56%。尤其进入转型阶段后，受经济建设与经济发展需求的影响增加了固定资产投资，表明焦作市的经济发展体系以投资拉动为特点，这与资源型城市的发展特征相吻合。焦作市为资源枯竭型城市，其在转型中面临巨大的资金需求。

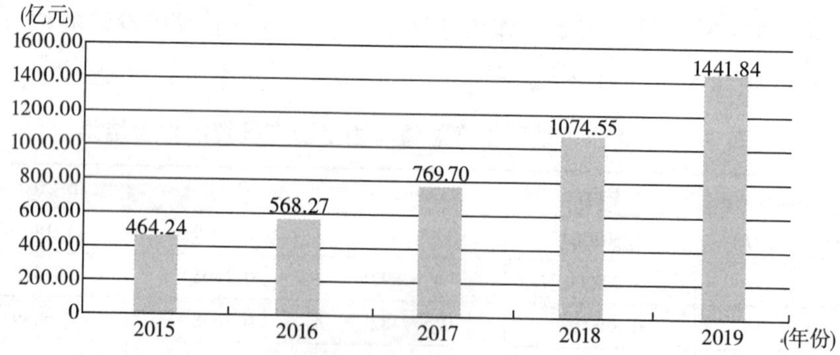

图 3 -2　2015—2019 年焦作市生态投资需求预测结果

根据焦作市地区生产总值与固定资产投资计算结果，计算焦作市万元地区生产总值生态需求，即将焦作市区域内的生态需求除以地区生产总值，从而得到该资源枯竭型城市的万元地区生产总值生态需求，并利用该指标将焦作市经济指标与生态足迹相结合，体现了焦作市生态生产性土地面积的整体利用率。其中，万元地区生产总值计算结果数值越大，表明足迹需求越大，而对当地资源的整体利用率却较低。2013—2019 年，焦作市生态足迹与经济发展关系变化趋势如图 3 -3 所示。

根据图 3 -3 可知，2013—2019 年，焦作市万元地区生产总值生态需求变化明显，尤其可将 2015 年作为转折点，并将其分为两个阶段。在 2015 年之前，焦作市万元地区生产总值的生态需求降速较慢，由 8.03gha 降低至 7.23 gha，与上年相比，平均每年的生态需求降幅较小。2015—2019 年，焦作市万元地区生产总值生态需求从 7.23 gha 降低至 2.00 gha，与上年相比，平均每年的生态需求降低 5.21%。焦作市万元地区生产总值生态需求的降低趋势体

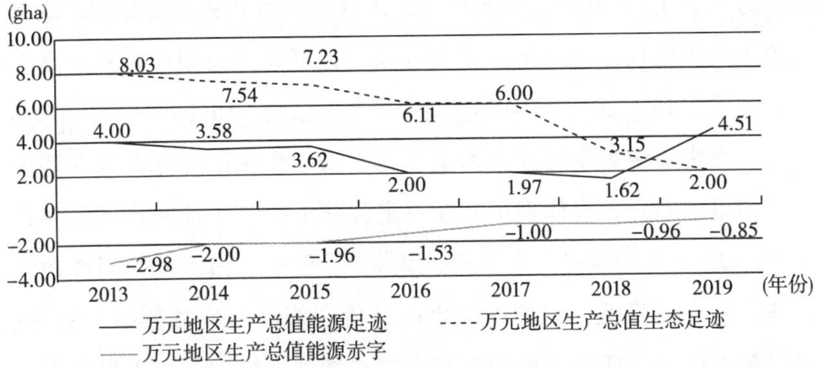

图 3－3　2013—2019 年焦作市生态足迹与经济发展关系变化趋势

现出其已逐渐进入资源枯竭状态，社会资源利用效率也持续降低。尽管在个别年份资源利用效率有一定程度的提高，但是速度较慢，这体现出在焦作市发展的两个阶段内，前一阶段资源利用收到一定效果；而到了后期，提高资源利用效率的重点在于改进技术。在 2015 年之后的发展中，焦作市万元地区生产总值生态需求有所降低，同时能源生态需求也降低了 2.14%。通过对比生态需求绝对量，与 2013 年相比，2019 年的能源生态总需求增加了约 123.24%。由此可见，在近五年的发展中，万元地区生产总值生态需求的降低主要体现在生物资源生态需求方面，且随着能源使用量的增加，地区生产总值增长速度也随之加快，这就明显体现出，地区生产总值的快速增长以焦作市能源使用量的增加为基础。2013—2019 年焦作市万元地区生产总值能源生态需求与能源生态需求总量对比如图 3－4 所示。

图 3－4　2013—2019 年焦作市万元地区生产总值

能源生态需求与能源生态需求总量对比

通过分析图3－4可知，从2013—2019年，焦作市的能源生态需求与地区生产总值虽同步增长，但是在2015年之前，地区生产总值的增长速度会高于能源生态需求，到了2015年中期，能源生态需求与GDP同步增加。作为依赖矿产资源、煤炭资源等发展起来的工业化城市，焦作市的能源生态需求与地区生产总值增速差异，也体现了其在一定程度上提高了能源利用效率，尤其是在2013—2015年明显提高了能源利用效率。但是，2015年之后能源利用效率提高速度则有所降低，尽管地区生产总值与能源足迹总量呈大幅度增长，但是其对焦作市生态环境产生的破坏也同步增加。因此，如果焦作市仍采用当前的发展模式，将会加剧污染，这就需要及时采取措施，缓解焦作市面临的资源枯竭问题。

3.4.2 焦作市生态系统服务需求当量价值

从居民需求的角度，对焦作市1999—2019年生态系统服务需求进行量化评估，进而对生态系统服务供需关系进行对比分析。基本思路：首先，基于居民生态系统服务需求，结合焦作市统计年鉴数据，构建生态系统服务需求指标体系；其次，基于生态足迹改进模型，测算焦作市生态系统服务需求；最后，借鉴生态系统服务当量价值核算方法，量化该区域生态系统服务需求当量价值。

3.4.2.1 指标选取

经济的快速发展导致人地关系紧张，越来越多的研究人员聚焦并致力于解决生态系统服务供需关系矛盾。从居民需求角度，结合生态系统服务支持体系，一般将居民需求分为物质需求、安全需求和精神需求等层面。有研究将与上述需求对应的各类用地面积转换为对应的功能当量价值，这从本质上与基于生态足迹核算的各类生态需求结构进而测算出生态系统服务需求当量价值是一致的。

在焦作市生态足迹核算过程中，着重建立生物资源消费账户。生物资源消费账户包括农产品、动物产品、林产品和水产品四部分，包括耕地、林地、草地和水域。耕地类型的主要消费项目包括农产品（稻谷、小麦、玉米、大豆、油料）；草地类型的主要消费项目包括畜产品（猪肉、牛羊肉、禽肉、禽蛋）；林地类型的主要消费项目包括林产品（水果）；水域类型的主要消费项目包括水产品（鱼、虾等）。在生物资源生产面积的折算中，平均单产数据借鉴《焦作市统计年鉴》计算的焦作市主要农产品全市平均产量结果。

在焦作市相关年份生物资源消费账户统计中，各类生物资源生产量、农民家庭人均主要消费品消费量、城镇居民家庭人均全年购买的主要商品数量等数据均来源于1999—2019年的《焦作市统计年鉴》。

3.4.2.2 焦作市生态系统服务需求测算

对于国家层面的区域生态需求计算中，根据产量和进出口贸易统计数据能够比较准确地估算出实际消费量，而对于国家层面以下的区域生态需求计算，由于国内贸易的统计数据贫乏，难以准确核算实际消费量，大多数文献在计算中把生产量数据近似为消费量数据使用，造成计算结果的较大失真。

本书在生态需求计算中采用生产量数据和消费量数据相结合的方法。焦作市每年为国家提供大量的商品粮，相应地，向全国各地输出的肉类、禽蛋类等农业产品数量也巨大。本书对粮食（主要是小麦、玉米、稻谷等）、蔬菜、肉类、水产品等主要消费品的消费量数据统计，根据农民家庭人均年消费量和城镇居民家庭年均购买量数据计算。这些项目的生态需求在总生物资源生态需求中占较大比重，用这样的处理方法更接近真实情况。同时，将用该方法处理的结果与用生产量计算的结果相比，分析生物资源生态盈余。对于其他消费项目，则仍采用生产量数据。

焦作市区域生态足迹计算方法如下。

①计算焦作市区域内各主要消费项目的消费总量，计算公式如下：

$$C_i = P_i + I_i - E_i(i = 1,2,\cdots,n) \tag{3-14}$$

式（3-14）中，C_i 表示第 i 项消费项目的年消费总量；P_i 表示第 i 项消费项目的年生产量；I_i 表示第 i 项消费项目的年进口量；E_i 表示第 i 项消费项目的年出口量。

②计算焦作市区域内人均年消费量（c_i,kg），计算公式如下：

$$c_i = \frac{P_i + I_i - E_i}{N} \tag{3-15}$$

式（3-15）中，c_i 表示第 i 项消费项目人均年消费量；N 表示人口数量。

③计算焦作市区域内各主要消费项目人均生态生产性土地面积。

利用焦作市相应年份平均产量数据，将各项消费项目的消费折算为实际的生态生产性土地面积即 A_i(hm²/人)，计算公式如下：

$$A_i = c_i / Y_i (i = 1,2,\cdots,n) \tag{3-16}$$

式（3-16）中，A_i 为第 i 项消费项目人均占用的实际生态生产性土地面积；Y_i 为生态生产性土地第 i 项消费项目的焦作市年平均产量（kg/hm^2）。

④计算焦作市区域内人均生态足迹总和，计算公式如下：

$$ef = \sum \gamma_i A_i \tag{3-17}$$

式（3-17）中，ef 表示人均生态足迹总和；γ_i 表示均衡因子。本书采用国际标准均衡因子，即耕地 2.8、林地 1.1、草地 0.5、水域 0.2、建设用地 2.8。

⑤计算焦作市区域内总生态足迹，计算公式如下：

$$EF = N \times ef = N(\sum \gamma_i A_i) \tag{3-18}$$

由此计算得到 1999—2019 年焦作市的生态需求结构值，如表 3-6 和图 3-5所示。

表 3-6　1999—2019 年焦作市的生态需求结构值

年份	建设用地	草地	林地	耕地	水域
1999	0.01686	0.0943	0.0007	0.1095	0.0033
2000	0.01884	0.0933	0.0008	0.1160	0.0023
2001	0.02038	0.0923	0.0008	0.1197	0.0014
2002	0.02038	0.1170	0.0007	0.1145	0.0016
2003	0.02681	0.0951	0.0038	0.1096	0.0019
2004	0.03230	0.0826	0.0004	0.1012	0.0016
2005	0.04020	0.0780	0.0004	0.1073	0.0024
2006	0.04024	0.0837	0.0004	0.0974	0.0026
2007	0.05011	0.0831	0.0004	0.1001	0.0035
2008	0.05307	0.0847	0.0050	0.1226	0.0032
2009	0.05189	0.0930	0.0007	0.0921	0.0035
2010	0.05099	0.1188	0.0006	0.0913	0.0037

续表

年份	建设用地	草地	林地	耕地	水域
2011	0.05548	0.0978	0.0007	0.0767	0.0034
2012	0.05025	0.1048	0.0008	0.0705	0.0048
2013	0.05189	0.1227	0.0015	0.0795	0.0058
2014	0.05317	0.1260	0.0015	0.0666	0.0094
2015	0.05188	0.1756	0.0022	0.0928	0.0158
2016	0.04979	0.1700	0.0025	0.0973	0.0172
2017	0.05266	0.1805	0.0024	0.0997	0.0171
2018	0.05071	0.1906	0.0021	0.0878	0.0139
2019	0.04802	0.1895	0.0024	0.0804	0.0142

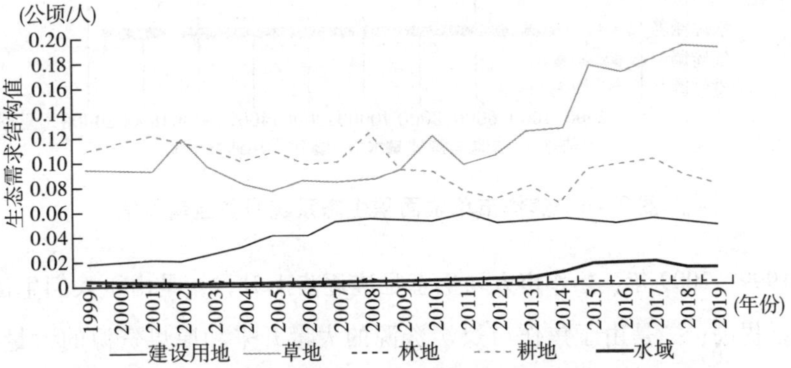

图3－5　1999—2019年焦作市的生态需求结构值

生态系统服务需求当量价值具有有机物生产功能、土壤保持功能、营养物质循环功能、气候调节功能、水源涵养功能等。研究方法借鉴本书中生态系统服务当量价值计算方法，结果如表3－7和图3－6所示。

表3－7　焦作市单位面积生态系统服务当量价值　单位：元/公顷

项目	耕地	林地	裸地	水域	建设用地	草地
空气调节	390.3	2732.5	0.0	0.0	—	624.6
气候调节	694.8	2107.9	0.0	359.1	—	702.7
水源涵养	468.4	2498.3	23.4	15910.9	—	624.6
土壤形成与保护	1139.9	3044.8	15.6	7.8	—	1522.4
废物处理	1280.4	1022.8	7.8	14193.4	—	1022.8

续表

项目	耕地	林地	裸地	水域	建设用地	草地
生物多样性保护	554.3	2545.1	265.4	1944.0	—	851.0
食物生产	780.8	78.1	7.8	78.1	—	234.3
原材料	78.1	2029.8	0.0	7.8	—	39.0
娱乐文化	7.8	999.3	7.8	3388.2	—	31.2
合计	5394.8	17058.6	327.8	35889.3	—	5652.6

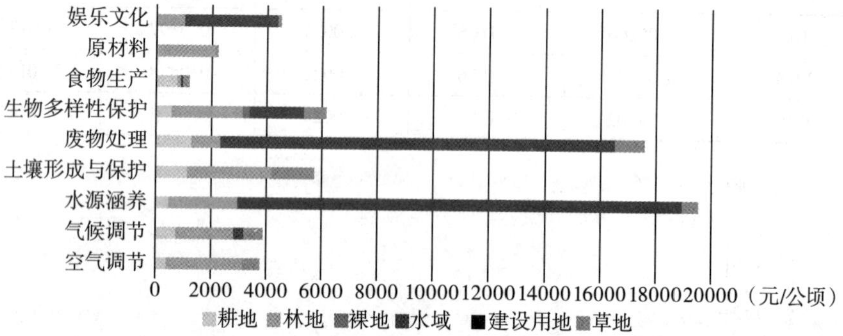

图 3-6　焦作市单位面积生态系统服务当量价值

1999—2009 年，焦作市人均生态足迹逐步上升，一是由于人们生活水平的日益提高；二是由于焦作市煤炭资源的大量开采和原煤资源的大量使用。在这几年间，人们在粮食（主要是小麦、玉米、稻谷等）、蔬菜、肉类、水产品等主要消费品的消耗量上逐渐增加，导致人们在草地、林地、耕地和水域方面的人均生态足迹略微上升，而原煤、焦炭等的大量使用不仅对环境造成了破坏，也使人均生态足迹呈现明显的上升趋势。

表 3-8 显示了 1999—2019 年焦作市生态系统服务需求当量价值情况，结果表明，1999—2019 年焦作市生态系统服务需求当量价值呈不断波动上升的趋势，综合生态系统服务需求当量价值介于 303681.8 万 ~ 856191.5 万元。其中，林地、草地和水域的生态系统服务需求当量价值也呈不断波动上升的趋势，分别介于 2184.9 万 ~ 15394.4 万元、69241.0 万 ~ 386861.5 万元、16520.4 万 ~ 221219.4 万元。耕地的生态系统服务需求价值当量变化较小，介于 126638.4 万 ~ 277737.8万元。

表 3－8 1999—2019 年焦作市生态系统服务需求当量价值 单位：万元

年份	建设用地	草地	林地	耕地	水域	总计
1999	—	69241.0	4118.4	191861.6	38460.8	303681.8
2000	—	73008.2	4284.6	207378.3	30712.6	315383.7
2001	—	69575.6	4450.8	215325.7	16520.4	305872.5
2002	—	89015.6	3930.2	207965.7	19088.6	320000.1
2003	—	73111.8	2193.2	201062.9	23441.6	299809.5
2004	—	161314.0	2592.7	188608.0	19591.2	372105.9
2005	—	149748.0	2366.9	191695.1	29498.2	373308.2
2006	—	160696.0	2184.9	173874.2	31205.6	367960.7
2007	—	159196.5	2343.6	178345.8	29256.0	369141.9
2008	—	163046.0	2922.9	222981.6	39622.4	428572.9
2009	—	179842.5	4041.4	178410.4	43219.8	405514.1
2010	—	237968.5	3711.1	174512.3	46483.2	462675.1
2011	—	195146.5	4357.5	146022.1	43580.6	389106.7
2012	—	208423.0	4924.4	133833.6	60890.8	408071.8
2013	—	243715.5	8985.3	150898.3	73529.4	477128.5
2014	—	250881.5	9253.2	126638.4	178611.2	565384.3
2015	—	350788.0	13079.9	176858.1	199889.4	740615.4
2016	—	345167.0	15394.4	188476.4	221219.4	770257.2
2017	—	366107.0	14937.3	193468.9	220048.0	794561.2
2018	—	386861.5	12981.0	277737.8	178611.2	856191.5
2019	—	384549.0	14523.3	155632.4	183212.6	737917.3

焦作市开始大面积禁止使用煤炭后，全市原煤用量大幅度减少，使用的原煤、焦炭等主要用于发电或者其他工业用途。这样一来，焦作市在化石能源用地的人均生态足迹就大大减少，2019 年甚至降低到了 1.472 公顷/人，从而减少了整体的人均生态足迹。

由图 3－7 可知，生态系统服务需求当量价值从 1999 年开始逐步升高，由 1999 年的 30.37 亿元升高到 2019 年的 73.79 亿元。焦作市耕地生态系统单项服务需求的当量价值贡献排序为：废物处理 > 土壤形成与保护 > 食物生产 > 气候调节 > 空气调节 > 生物多样性保护 > 水源涵养 > 原材料 > 娱乐文化；

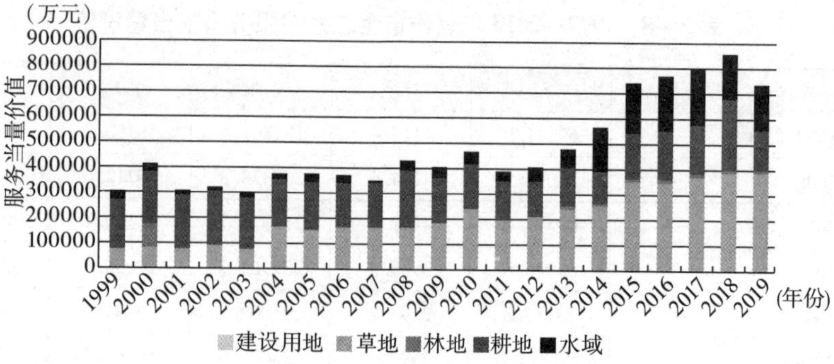

图 3-7　1999—2019 年焦作市生态系统服务当量价值

水域生态系统单项服务需求当量价值贡献排序为：水源涵养 > 废物处理 > 娱乐文化 > 生物多样性保护 > 气候调节 > 食物生产 > 原材料；生态系统服务需求当量价值整体贡献排序为：草地 > 耕地 > 水域 > 林地。

3.5　本章小结

本章通过对生态需求的内涵及其产生源泉进行分析，采用改进的生态足迹方法，构建了资源枯竭型城市生态系统服务需求计算模型，并以河南省焦作市为例进行了实证研究。对焦作市地区生产总值与生态资产投资关系进行了分析，定量测算了焦作市生态系统服务需求当量价值，得出生态系统服务需求当量价值从 1999 年开始逐步升高，由 1999 年的 30.37 亿元升高到 2019 年的 73.79 亿元。

4 基于生态承载力的资源枯竭型城市生态供给分析

基于对资源枯竭型城市生态需求的分析，本章对基于生态承载力的资源枯竭型城市生态供给进行分析，厘清生态供给的内涵及产生源泉和城市生态承载力的内涵与类型，运用资源枯竭型城市生态承载力评估方法对焦作市的生态供给状况进行实证研究。

4.1 生态供给的内涵

4.1.1 生态供给的概念

生态供给是指生态系统供给服务。在生态服务中，生态供给占据重要地位，是关键的组成部分，为生态系统提供支持服务、协调服务。同时，生态供给还是人们直接消耗生态服务的部分，因此目前在构建生态系统评估与计算生态承载力的过程中，需要测算生态服务的消耗与供给，这正是针对生态供给进行深入研究的主要原因。同时，在对生态供给的概念进行研究的过程中，本书还分析了生态服务功能。生态服务功能是指为生态系统提供的服务与产品，因此生态供给是生态服务的组成部分，与人们间接、直接从生态系统中获得的利益水平相关。以生态供给为基础，向人们提供多种类型的服务即为生态系统供给服务，包括支持服务、文化服务、调节服务等，具体如表4－1所示。

表4－1 生态供给服务内容

生态供给服务内容	内容介绍
支持服务	在生态系统供给服务中，支持服务是指为其他生态服务提供支持作用的服务，此类服务具有不可或缺的作用，诸如形成土壤、制造氧气、初级生产等

续表

生态供给服务内容	内容介绍
文化服务	在生态系统供给服务中，文化服务是指通过美学欣赏、消遣娱乐、丰富精神生活等方式，使人们在生态系统中能够获得非物质效益，这也是文化服务的特点与优势
调节服务	在生态系统供给服务中，调节服务是指人们从生态系统过程的调节作用中获得的效益，诸如净化水源、控制人类疾病、气候调节、维持空气质量等
其他服务	包括生物遗传资源、洁净水资源、纤维资源、燃料资源、食物资源等

由此可见，生态系统供给服务是指人们能够在生态系统中获得的各种类型的产品，诸如生物遗传资源、洁净水资源、纤维资源、燃料资源、食物资源等。生态系统供给服务为资源枯竭型城市的正常运转提供能量来源与物质来源。生态供给的本质在于保证人们通过健康、良好的生态系统获得效益，该种供给服务能够为人们提供生存与发展所需要的资源。对于资源枯竭型城市而言，生态供给不仅可以为人们提供医药、食物，以及其他相关的生活、生产原料，还能够创造后续的支持系统，形成更加健康的环境条件，为人们生活提供美学、娱乐、休闲方面的享受，其与我国落实的资源枯竭型城市转型策略目标相符合。目前，国内外生态学者在针对生态系统供给服务类型的研究中，对生态系统供给服务的类型进行了划分，并指出供给服务是与人们关系最为直接、最为密切的服务。因此，对生态系统供给服务进行研究具有必要性与重要性。

4.1.2 生态供给的产生根源

随着环境恶化、资源短缺、人口增长等问题的出现，促使国内外学者加强了对生态供给的研究，指出各种资源环境要素逐渐成为影响生态供给的因素。生态供给的概念被提出后，学者对生态系统供给服务产生影响的限制性因素进行了研究。通过分析国内外学者对生态供给的研究结论，发现生态供给的根源是生态系统。其中，生态系统是指由微生物群落、动物、植物等组成，并与周边无机环境相融合而形成的复杂、动态的功能单位，包括生态系统过程、生物学性质、生态环境等，涉及生态系统自身的动态演变过程、信息传递、能量流动、物质循环等。由此可见，生态系统为生态供给提供基本条件。生态系统供给服务的产生背景并不是人们从生态系统中获得效益，而是强调生态系统供给服务为人们提供效益的生态组成部分，即被社会所享受、消费、利用之后得到的自然部分，是自然环境中产生的最终产物，诸如湖泊、植被、鱼类等水质或物质，但是并不能将生态系统供给的产生源泉设定为单一的惠益。对生态系统供给服务进行描述的特点在于，指出生态系统供给服务的本质在于生态分组，属于自然环境、生态系统的最终产物。另外，生态系统功能、生态系统过程仅是产生生态系统供给服务的必需条件，而并非供给服务自身。通过分析生态系统供给服务的概念，了解到生态供给是指为人们提供的服务，且多种服务类型之间也有着相互联系，该种联系十分密切，正是生态供给得以产生与发展的重要基础。生态供给的产生根源受到多种限制因素的影响，在一定的消费水平与发展水平下，不同类型的生态系统供给服务之间具有不可替代的特点，如果出现一种生态系统供给服务短缺，则会对其他生态系统供给服务的正常供给产生影响。对此，可通过统一量抹平生态系统供给服务数量差异。在生态系统框架下，人们的生产、生活活动也是影响生态系统供给服务的重要因素，根据当前生态系统供给服务与资源枯竭型城市居民生存发展之间的关系，可知在消耗性、直接的服务中可选择固定容纳、废气吸收、污水净化、水资源供给、生物原材料供给等评估生态供给水平。针对不同生态服务类型，生态供给的产生源泉估算方法汇总如表 4 – 2 所示。

表 4 – 2　生态供给的产生根源估算方法汇总

生态供给服务类型	生态供给产生源泉估算方法
水资源供给	以水资源量为依据进行调查估算
生物原材料供给	对生态系统中的各种生物原材料产量进行调查，收集相关数据，并通过应用生态足迹分析方法将之转变为统一量
食物供给	对生态系统中的各种食物产量进行调查，收集相关数据，并通过应用生态足迹分析方法将之转变为统一量
污水净化	以污染水足迹为基础，对污水稀释所需要的水量进行估算，并将之作为生态系统供给服务的重要部分

续表

生态供给服务类型	生态供给产生源泉估算方法
固废容纳	对生态系统中垃圾场的规划规模进行调查，收集相关数据
废气吸收	通过应用当量法，对生态系统中的废气吸收量进行估算

4.2 城市生态承载力的内涵

4.2.1 城市生态承载力的概念

城市生态承载力的基本概念被分为两个层次：第一层概念是指，生态系统的自我调节与自我维持能力，代表生态系统的弹性，此为城市生态承载力中占据支持性的部分，涵盖环境子系统、资源子系统的供容能力，体现环境与资源的承载能力；第二层概念是指，生态系统中经济、社会子系统所具备的发展能力，这是城市生态承载力中具有的承压性。

随着城市生态承载力水平的提高，表明承压力较大，且拥有较多的选择机会，具备较大能力抵抗自然环境的负面压力，即该区域的发展空间大、发展难度小。城市生态承载力虽体现环境与资源单要素的影响力与重要性，但是更要求生态系统具有高水平的系统性、整体性。由此可见，城市生态承载力并不等同于资源承载力。另外，城市生态承载力的概念还表明，可以此为出发点与依据，将城市生态承载力划分为环境承载力、资源承载力、生态弹性力。城市生态承载力类型划分如表 4－3 所示。

表 4－3　城市生态承载力类型划分

城市生态承载力类型	内容
环境承载力	环境承载力是指在一定生活质量、生活水平的限定条件下所具备的城市生态承载力，该城市生态承载力反映在环境方面，即针对环境所提出的对应标准。环境承载力的内容包括环境能够容纳的污染物总数量，体现在环境方面，即对应的环境容量，在满足此条件的情况下，环境承载力还涉及环境支撑的人口数量、经济规模，受生产活动方式的影响与决定。因此，在很大程度上，环境承载力的高低取决于生产活动方式、环境容量、环境标准等因素的影响
资源承载力	资源承载力是指一定区域内，在特定时间，且在尚未超出生态弹性限制因素的条件下，资源环境所能承受的能力

续表

类型	内容
生态弹性力	生态弹性力是指生态系统抵抗各种压力的能力、自我调节能力、可自我维持能力等，体现了生态系统缓冲、承受外界作用的能力，包括受到干扰之后进行自我恢复的能力。在对生态系统的生态弹性力进行分析的过程中，需要从区域的植被、土壤、气候条件、地质地貌等因素出发，即综合考虑区域生态系统特征要素

目前，较多学者对土地资源承载能力、水资源承载能力进行了较多的研究。资源承载力不仅受资源存量的影响，还受到资源利用手段、利用方式的影响。不同的资源利用方式会产生不同的后果，多元化的资源利用方法，可以提高资源利用效率。为了实现生态系统的可持续发展，需要在整体上提高城市生态承载力，不要片面追求提高某种单一的要素承载能力。通过应用先进的资源利用技术，虽然能够在一定程度上提高资源承载力，但是此种提高需要在生态系统承受的范围内，否则将会对生态系统的城市生态承载力产生影响。由此可知，如果从生态系统中分离出资源，则没有考虑生态系统综合效应的不足，也会为出现严重的生态破坏、环境污染问题埋下隐患，降低生态弹性力与环境承载力。因此，要注重从整体角度分析生态系统内资源的承载力。

4.2.2 城市生态承载力与生态服务价值的关系

4.2.2.1 生态服务价值的概念

生态服务价值是指生态系统服务的功能价值，主要从生态系统结构、功能、过程等各个方面深入分析支撑生命的生态服务与产品的综合价值。生态服务价值计算方法可被分为两类：以单位服务功能价格为基础的计算方法，以单位面积价值均衡因子为基础的计算方法。同时，在对区域内的生态服务功能进行模拟的过程中，应以单位服务功能价格为基础，在计算总价值时应用单位价格、生态服务功能量，该计算方法及过程较复杂，对生态服务价值产生影响的因素也较多。尽管生态服务价值比较复杂，但是其与城市生态承载力之间具有线性关系，即随着城市生态承载力的不断提高，生态服务价值也会随之提高。生态服务价值属性如表4－4所示。

表4－4　生态服务价值属性

系统层面价值	使用层面价值	利用方式层面价值	与城市生态承载力关系
生态服务功能总价值	使用价值	直接使用价值	向提高城市生态承载力提供直接价值功能效益
		间接使用价值	向提高城市生态承载力提供间接价值功能效益
	非使用/使用价值	选择价值	为解决影响城市生态承载力的遗留问题，提供非使用价值、使用价值
	非使用价值	存在价值	城市生态承载力中包含的继续存在价值

4.2.2.2　生态服务价值与城市生态承载力的关系

根据城市生态承载力的概念可知，为保证生态系统的正常运转，需要不断提高城市生态承载力，这就要求量化生态服务的价值，而生态服务功能包含多层次的价值属性，因此权衡城市生态承载力与生态服务价值间的关系的基础，在于对生态服务价值的属性、种类进行合理、科学的量化分析。城市生态承载力与生态服务价值之间关系密切，只有通过应用生态环保措施，不断提高城市生态承载力水平，才能完善生态服务机制，提升生态服务功能。在我国针对资源枯竭型城市提出转型策略之后，更多的城市在转型期间开始考虑生态承载力与生态服务价值关系，如表4－5所示。

表4－5　城市生态承载力与生态服务价值关系

关系特点	关系内容
城市生态承载力是判断生态服务价值的关键依据	城市生态承载力是判断生态服务价值的关键依据，以保证生态服务价值为基础，在一定程度上，城市生态承载力反映了人们对生态系统、环境、资源的认识，在较短时间内，生态服务价值可被视为非时变常量，在此前提下，城市生态承载力的稳定性较为明显
不断提高城市生态承载力，是保证生态服务价值的条件	资源枯竭型城市的发展需要排放一定数量的污染物、消耗一定数量的资源，若城市生态承载力较高，则表明该城市拥有合适的人口数量、比较大的环境容量、比较丰富的资源、比较高的技术水平、比较好的经济环境。因此，只有提高城市生态承载力，才可以保证生态服务价值
城市生态承载力是生态服务价值水平的重要组成部分	生态服务价值水平是生态系统的关键要素，通过两者之间的相互作用，既为发挥生态服务价值提供保证，也为提高生态系统的整体能力奠定基础

4.2.3　资源枯竭型城市生态承载力类型界定

在我国经济发展与建设过程中，资源枯竭型城市所做出的贡献较为明显，同时也积累了许多问题与矛盾，破坏了当地的生态环境，产生了一系列环境问题，诸如地下水污染、尾矿废石污染、地形地貌破坏等，降低了资源枯竭型城市的整体生态承载力。通过对资源枯竭型城市生态承载力进行分析，对其进行分级，界定生态承载力类型，以资源枯竭型城市的资源开发程度、剩余可利用资源量为依据，将资源枯竭型城市生态承载力评价分值设定在0～100。生态承载力评价结果的值越高，表明现有的资源开发程度能够容纳的人口数量越多，剩余可利用资源量越高。其中，生态承载力类型界定标准为：50分以上，表明资源枯竭型城市生态承载力很高；40～50分，表明资源枯竭型城市生态承载力较高；30～40分，表明资源枯竭型城市生态承载力中等；20～30分，表明资源枯竭型城市生态承载力低；20分以下，表明资源枯竭型城市生态承载力较低。资源枯竭型城市生态承载力类型界定结果如表4－6所示。

表4－6　资源枯竭型城市生态承载力类型界定结果

承载力级别	分值区间	特征
很高	50分以上	区域经济水平与社会发展水平高，拥有比较完善的基础设施；资源开发方式比较合理，剩余资源利用水平高，具有完善的资源服务功能；生态环境保护意识强、环境持续优良
较高	40～50分	区域经济水平持续提高，拥有比较完善的基础设施，资源开发程度比较合理，剩余可利用资源量比较充足，资源服务功能比较完善
中等	30～40分	区域经济实力提高，产业结构不断优化，提高服务业所占比重，资源服务功能逐渐退化，但是通过应用生态保护措施，有助于缓解该问题；资源开发方式趋于合理，不断提高资源集约度；生态环境被轻微破坏与干扰，基本能够维持生态系统功能
低	20～30分	区域内综合实力增强，需要调整产业结构；有待优化资源开发方式，有待提高资源集约度；剩余可利用资源量较少，拥有较大的生产潜力空间；生态环境遭到严重破坏，生态修复能力、环境治理水平有待加强

续表

承载力级别	分值区间	特征
较低	20 分以下	区域经济发展水平低，产业结构与基础设施方面存在明显不足；资源开发程度低，生产力弱，开发方式不合理；生态环境被严重破坏，环境质量差、生态系统功能不足；生态保护力弱，环境治理效率低，有待提高环境保护意识

4.3 资源枯竭型城市生态承载力分析

4.3.1 资源枯竭型城市生态承载力变化的影响因素

4.3.1.1 生态服务预期供给

资源枯竭型城市潜在的生态服务提供者是否能够按照预期计划，对生态服务预期效果产生影响，这也关系着资源枯竭型城市生态服务是否具备长期、稳定的供给基础。生态服务预期供给对城市生态承载力产生的影响体现在以下五个方面。

（1）生态服务提供者履约情况

生态服务提供者履约情况影响着生态服务供给效果，严格要求生态服务提供者履约，并对不遵守合同的行为进行惩罚，能够在一定程度上保证生态服务供给效果，也能够为落实城市生态承载力机制奠定基础。目前，部分城市生态承载力项目的监测多采用样方抽样与遥感影像相结合的方法，而许多地区在受到经费限制的情况下，需要对实地进行监测，这样就降低了城市生态承载力效率。对于未能履约的生态服务提供者，对其进行严厉的惩罚，不仅能够减少城市生态承载力监测成本，还能够从实际操作角度保证城市生态承载力效果。

（2）生态服务与土地利用间的关系

在资源枯竭型城市转型中，土地利用方式和土地类型不仅会影响生态服务的预期价值，也关系着城市生态承载力的有效性，但是因为生态服务与土地利用间的物理关联比较复杂，如果对两者之间的关系不能进行全面评估与监测，就无法确定土地利用方式是否能够产生高质量的生态服务。受此影响，城市生态承载力项目也会因土地利用方式不科学，导致城市生态承载力项目的效率较低。

（3）项目持久性

资源枯竭型城市生态承载力项目的落实能够改善生态服务能力，而且该项目的长久性也对城市生态承载力效果产生影响，其中决定着项目长久性的因素包括长期缺乏资金、外部条件变化等。在实施城市生态承载力项目的过程中，资金持续流入虽能够保证顺利开展该项目，但是由于城市生态承载力项目自身具有特殊性，在一定程度上属于政府投资项目，所以政策周期支配、项目期限都容易导致缺乏长期资金，从而影响城市生态服务效果。

（4）不正当激励与泄露

以破坏环境为代价改善生态服务供给，将会产生效益泄露，在此情况下，资源枯竭型城市生态承载力项目的落实会导致高估生态服务的情况，仅仅出现高额外性，并不能实现城市生态承载力目标。城市生态承载力项目效益泄露问题的出现，不仅影响生态服务水平，还会进一步引发更加严重的生态环境问题。另外，如果在生态环境修复与治理中过分突出额外性，也会导致出现不正当激励。例如，在资源枯竭型城市转型中，针对重新造林项目，如果对其过于突出额外性，则容易导致潜在申请人为得到城市生态承载力而故意砍伐森林，由此影响城市生态承载力效果。

（5）额外性

额外性是指资源枯竭型城市在落实城市生态承载力项目后，增加的超出预期的生态服务量，尽管能够保证生态服务提供者可以履行合同，但是只有在落实城市生态承载力后，才会引发土地利用、资源开发变化，由此也会产生额外性，增加生态服务供给，导致生态服务供需失去均衡。在城市生态承载力实践中，如果产生额外性，则会造成资源枯竭型城市生态承载力体系失去效率，因此城市生态承载力项目需要依赖社会收益较高的投资。

4.3.1.2 预期生态服务成本

在设计与实施资源枯竭型城市生态承载力项目的过程中，需要得到低成本项目参与者的支持，此成本包括交易成本、机会成本、实施成本等。

（1）交易成本

交易成本是指非正常支付状态下的成本，在落实城市生态承载力项目时，生态服务与土地利用之间的关系、监测合同执行情况等都会产生信息，而为了获得上述信息需要付出一定成本，且城市生态承载力交易也会产生物流成本，诸如运行项目前所需支付的启动成本等，体现为协调成本、项目设计成本、信息采购成本等。由此可见，交易成本会对城市生态承载力体系的落实情况产生影响，低交易成本容易导致关键活动开支不足，而不能保证低成本项目的有效性。

（2）机会成本

机会成本是指为了实现生态服务的保质、保量供给，需要在此过程中放弃收益所产生的成本。如果参与者的机会成本高于其自身的支付水平，那么尽管落实城市生态承载力支付体系，也无法达到预期的生态环境保护效果。尤其对于资源枯竭型城市，其主要收入即资源开采，且资源开采地点多在农村。因此，如果无法弥补当地农民的收益，则不能引导农民积极参与城市生态承载力建设，将会支付超出预期的机会成本，并引发资金浪费问题，导致资源枯竭型城市生态承载力效率降低。

（3）实施成本

实施成本是指资源枯竭型城市在落实城市生态承载力项目时，一旦发生土地利用、资源开采变化，就需要确认这些变化所产生的费用，以及恢复与保护生态系统所支出的成本。例如，在资源枯竭型城市转型中，退耕还林项目实施成本包括森林管护费、造林费用、植被抚育费用、补植费用等。因此，如果实施成本高于城市生态承载力标准，则会降低城市生态承载力项目的吸引力，甚至还会出现城市生态承载力项目无效率的情况。

4.3.1.3 城市生态承载力各因素逻辑关系

基于生态供需关系的资源枯竭型城市生态补偿体系的构建与落实，需要满足三个基本条件，即生态环境对于污染物的容纳与消化能力明显大于污染物排放量；生态系统中的资源供给能力大于需求量；压力作用小于生态系统弹性度。

在影响资源枯竭型城市生态承载力的各类型因素中，经济因素是引发生态环境的主要原因，尤其在城市转型中，破坏生态环境、保护生态环境等不同行为之后所带有的环境利益，是资源开发中遇到困难与挑战的关键原因。以环境经济学角度为出发点，破坏生态环境的活动所引发的生态破坏、环境污染，是指负外部经济性还没有实现内部化。与之相比，生态保护活动所能产生的生态服务价值是指正外部经济性，在负外部经济性与正外部经济性的相互作用下，导致城市生态承载力中的私人成本与社会成本不同。因此在制定城市生态承载机制、调增城市生态承载对象时，需要对经济利益与资源开采中破坏生态环境的行为间的分配关系进行优化。由此可知，资源枯竭型城市生态承载力的本质还在于，制定与落实以经济激励为特点的环境经济政策，以及与之相关的制度。资源枯竭型城市生态承载力各因素逻辑关系架构如图4－1所示。

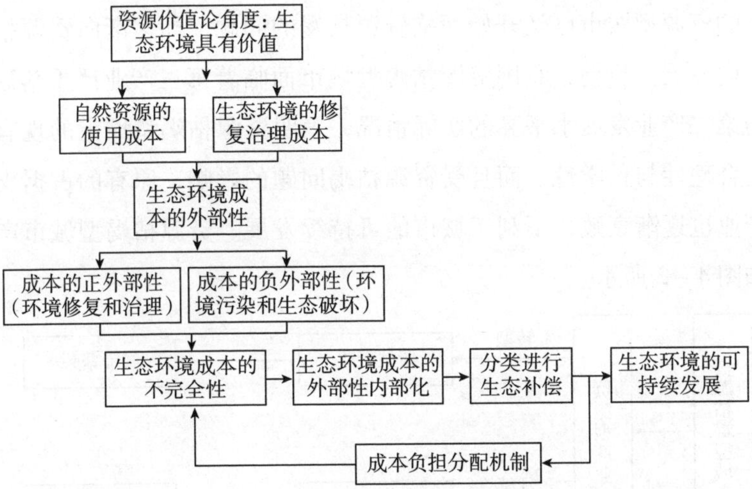

图4－1　资源枯竭型城市生态承载力各因素逻辑关系架构

资源枯竭型城市生态承载力效果不仅受到生态系统服务能否达到预期效果的影响，还受到提供生态服务所产生成本的影响。对此，本书在计算生态承载力的过程中，选择应用层次分析法，以一级评价指标作为客观评价生态系统弹性的准则，主要用于体现该资源枯竭型城市生态系统受干扰后的更新能力、自我恢复能力，以及该系统的自我抵抗能力。因此，该评价分值越高，表明生态系统具有的承载稳定性越高。以二级评价指标作为客观评价生态系统资源承载能力的准则，主要用于体现生态系统内资源的承载能力，代表生态系统承载力的高低。因此，随着生态系统资源承载能力分值的增加，代表着生态系统的承载能力越高。以三级评价指标作为客观评价生态系统环境承载能力的准则，主要用于体现生态系统内环境的承载能力，分值从高到低体现出生态系统所承受的压力大小，即分值越高，代表着生态系统能够承受的压力越大。

4.3.2 资源枯竭型城市生态承载力的变化规律

国务院于2013年12月正式发布实施了《全国资源型城市可持续发展规划（2013—2020年）》，通过分析该可持续发展规划的基本内容，可知国务院对资源枯竭型城市的界定标准与条件，且指出我国资源型城市数量为262个，其中1/4的资源型城市已经开始面临资源枯竭的问题，即逐渐向资源枯竭型城市的方向发展。目前，我国资源枯竭型城市面临着第三产业严重落后、第一产业与第二产业发展水平高的实际情况，表明资源枯竭型城市的现有经济结构缺乏合理性与科学性，而且受资源枯竭问题的影响，原有的占据支撑性地位的产业也逐渐衰败，不利于城市的可持续发展。资源枯竭型城市产业发展方向如图4-2所示。

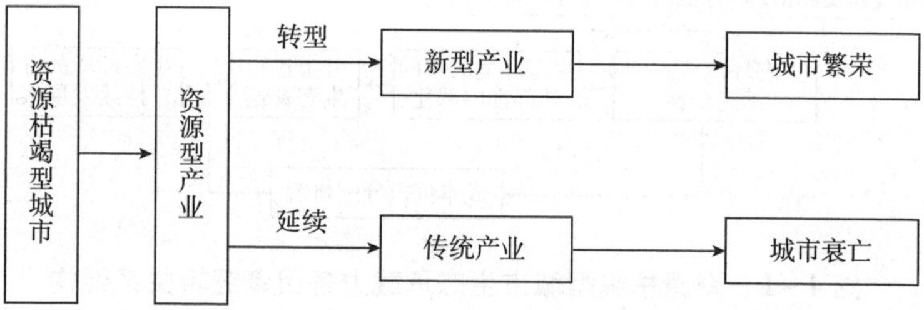

图4-2 资源枯竭型城市产业发展方向

通过归纳资源枯竭型城市生态承载力变化的影响因素可知，影响程度较高的因素包括社会影响因素、经济影响因素与环境影响因素。以此为依据，结合资源枯竭型城市产业发展方向，总结得出资源枯竭型城市生态承载力的变化规律。其变化规律还体现在，需要不断对产业结构进行调整与完善，推动经济的可持续发展。同时，根据资源枯竭型城市的发展历程，为了能够实现可持续发展，在提高生态承载力时，资源枯竭型城市还应注重保护生态系统与生态环境，对各项资源合理利用，降低第一产业与第二产业的比重，促进第三产业的发展。另外，在产业升级与转型期间，资源枯竭型城市还需要推动发展高新技术产业，该举措是资源枯竭型城市提高生态承载力的重点。只有在成功实现资源枯竭型城市转型目标后，才可以改变其生态承载力状况。

在我国现有的资源枯竭型城市范围内，因为部分城市对资源的利用与开发方式不合理，也会逐渐增加资源枯竭型城市的数量，影响生态系统的整体承载力。对于资源枯竭型城市生态承载力而言，与传统经济相比，循环经济更能够为资源枯竭型城市转型、生态承载力的提高提供保证。因此，生态承载力也是资源枯竭型城市关注的焦点之一。

4.3.3 生态承载力评估方法

4.3.3.1 生态承载力评估指标

通过分析生态承载力的概念，结合资源枯竭型城市生态承载力的变化规律，在选择生态承载力评估方法的过程中，选择通过应用承压度、压力指数、承载指数等对生态系统的承载力进行全面描述。由此，通过构建承载—压力平衡模型体现三者之间的关系，用 S 表示承载媒体，并假设其承载能力具有客观存在的性质，并用 CCS 表示承载力的大小。承载—压力平衡示意图如图 4 –3 所示。

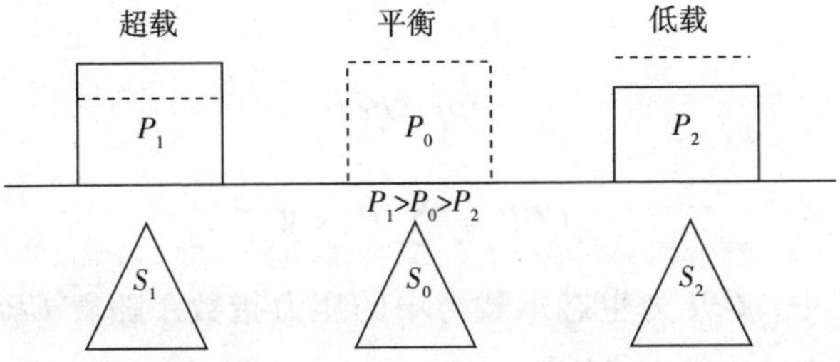

图 4 –3 承载—压力平衡示意图

根据图4－3，确定生态承载力评估判定指标主要是指承压度、压力指数、承载指数，其各方面的定义与包含的内容如下。

（1）承压度

承压度是指承载压力度，由此代表在资源枯竭型城市的生态系统中，生态媒体所具备的客观承载能力，主要通过承载媒体大小与承载对象表示。因此，承压度也可被称为承载负荷度或承载压力度。在图4－3中，用S代表生态系统生态承载力的承载媒体，用CCS代表该承载媒体的承载指数，用P代表承载对象，用CCP代表该承载对象的压力指数。承压度计算公式为

$$CCPS=\frac{CCP}{CCS} \tag{4-1}$$

在式（4－1）中，$CCPS$为承压度。计算得知，如果$CCPS$的值大于1，则表明生态承载力处于超负荷状态；如果$CCPS$的值小于1，则表明生态承载力处于低负荷状态；如果$CCPS$的值正好为1，则表明生态承载力处于平衡状态。

（2）压力指数

在生态承载力评估指标中，各个承载对象承担的压力也处于客观存在的状态，用P表示承载对象，其承担的客观存在的压力用CCP表示。压力指数的定义为：假设对承载对象所承担的压力有影响的因素包括y_1，y_2，y_3，…，y_n，即有n个因子对承载压力产生影响，那么在资源枯竭型城市生态承载力中，压力指数计算公式为

$$CCP=f\ (y_1,\ y_2,\ y_3,\ \cdots,\ y_n) \tag{4-2}$$

在式（4－2）中，假设与影响因素y_1，y_2，y_3，…，y_n相对应的承载分值或承载分量的值分别为P_1，P_2，P_3，…，P_n，其中各个影响因子的权重值计算公式为

$$CPI=CCP \tag{4-3}$$

$$CCP=\sum_{i=1}^{n}P_i\times W_i \tag{4-4}$$

在式（4－3）中，CPI为生态承载力中的压力指数，随着CPI的不断增加，代表资源枯竭型城市生态系统能够承受更大的压力。在式（4－4）中，W_i为各影响因子的权重；P_i为承载分值或承载分量的值。

（3）承载指数

承载指数是指在一定条件下，生态系统的承载媒体所具备的承载能力受到多方面因素的影响，用 S 代表承载媒体，影响承载能力大小的因素包括 X_1，X_2，X_3，…，X_n，即该影响因子的数量为 n 个，承载媒体 S 所承受的压力值用 P 表示。承载指数计算公式为

$$CCS = f\ (X_1,\ X_2,\ X_3,\ \cdots,\ X_n) \tag{4-5}$$

在式（4－5）中，X_1，X_2，X_3，…，X_n 为影响承载力的因素，与之相对应的承载分值或承载分量为 S_1，S_2，S_3，…，S_n，各因子所具备的权重值为

$$CSI = CCS \tag{4-6}$$

$$CCS = \sum_{i=1}^{n} S_i \times W_i \tag{4-7}$$

在式（4－6）中，CSI 为生态承载力中的承载指数，式（4－6）与式（4－7）表明，各承载权重值与承载分量决定着承载指数的大小，随着 CSI 的不断增大，表明生态系统的承载能力更高。

4.3.3.2　生态承载指数

生态承载力的类型表明，与资源枯竭型城市生态承载力所对应的支持能力大小的影响因素主要是指环境承载能力、资源承载能力与系统弹性能力，因此本书在分析、选择资源枯竭型城市生态承载力评估方法的过程中，从三方面确定生态承载指数，即对应的环境承载指数、资源承载指数与生态弹性力指数。

（1）环境承载指数

在资源枯竭型城市生态系统中，环境承载力是生态承载力的重要类型，包括土壤环境承载力、大气环境承载力、水环境承载力三部分。由此可知，环境承载指数的表达公式为

$$CSI^{env} = \sum_{i=1}^{n} S_i^{env} \times W_i^{env} \tag{4-8}$$

在式（4－8）中，CSI^{env} 为资源枯竭型城市生态系统中的环境承载指数；W_i^{env} 为与第 i 个生态系统环境承载组成要素 i 所对应的权重值；S_i^{env} 为生态系统环境承载组成要素。

（2）资源承载指数

在资源枯竭型城市的生态系统中，虽然资源所包括的内容比较丰富，且是一个较为广泛的概念，但是根据资源枯竭型城市的发展现状及其对生态补偿的需求，可知影响资源枯竭型城市发展的资源主要是指旅游资源、畜牧业资源、林业资源、水资源、耕地资源等。因此，在一般情况下，生态系统中的资源承载指数可以表示为

$$CSI^{res} = \sum_{i=1}^{n} S_i^{res} \times W_i^{res} \tag{4-9}$$

在式（4－9）中，CSI^{res}为资源枯竭型城市生态系统的资源承载指数；W_i^{res}为与生态系统资源承载组成要素 i 所对应的权重值；S_i^{res}为生态系统资源承载组成要素。

（3）生态弹性力指数

通过分析生态系统中承载指数的概念可知，为了能够确定承载指数，需要明确承载分量。对于生态弹性力指数而言，确定对生态系统弹性力产生影响的主要因素为关键环节。通过分析现有的研究成果，发现植被、水文、土壤、气象、地貌、地形等是影响生态弹性力的主要因素。生态弹性力指数表达公式为

$$CSI^{esn} = \sum_{i=1}^{n} S_i^{esn} \times W_i^{esn} \tag{4-10}$$

在式（4－10）中，CSI^{esn}为资源枯竭型城市生态系统的生态弹性力指数；W_i^{esn}为生态系统生态弹性力组成要素 i 所对应的权重值；S_i^{esn}为生态系统生态弹性力组成要素。

为提高生态承载力评估方法的合理性与可行性，还需要确定资源枯竭型城市生态系统中的压力指数，该指数在生态系统承载压力、承载对象处于不断变化的状态下，也会发生明显的变化。但是对于资源枯竭型城市而言，具有一定生活水平基础的人口为生态系统的最终，也是最为直接的承载对象。因此，可以通过生态系统承载的人口数量，以及与之相对应的人口生活质量体现生态承载力压力指数。随着人口数量的不断增加，生态系统承载压力的值也会有所增加。同样，随着资源枯竭型城市人口对生活质量要求的提高，生态承载力压

力指数也会增加。在此前提下，生态系统的压力指数表示为

$$CPI^{pop} = \sum_{i=1}^{n} S_i^{pop} \times W_i^{pop} \tag{4-11}$$

在式（4-11）中，CPI^{pop}为在生态系统中以人口数量为依据所表示的压力指数；W_i^{pop}为资源枯竭型城市生态系统中人口群体的生活质量所具备的权重值；P_i^{pop}为生态系统中人口数量。

根据对资源枯竭型城市生态承载力的特征、概念进行分析，发现资源枯竭型城市生态承载力是维护资源枯竭型城市稳定、健康发展的综合能力，也体现出该类城市的发展潜力。因此，在选择生态承载力评估方法的过程中，还需要计算承载压力度，以此为依据对资源枯竭型城市生态系统的健康性、稳定性进行判断，并确定资源枯竭型城市是否具备可持续发展的能力。在资源枯竭型城市生态承载力测量指数中，承载压力度的基本表达公式即承压度计算公式，通过资源枯竭型城市生态系统中承载力的压力要素、支持要素确定承载压力度，即需要预先确定压力要素的压力大小、支持要素的支持能力。

4.3.4 资源枯竭型城市生态承载力的评估模型

资源枯竭型城市生态承载力构建评估，是指通过集合具有评价、描述性质的参数体现生态承载力的大小，该评估中包含的参数具有可度量的特点。在研究资源枯竭型城市生态承载力的过程中，需要组合一系列能够体现生态承载力的指标体系，发挥各项指标间的相互作用，确保生态承载力评估层次结构的合理性。另外，以指标重要程度、相互关联为依据，逐层加权各参数的相对值与指标值，最终通过相对综合参数与目标层某一绝对参数，体现资源枯竭型城市生态承载力的实际情况。由此可见，资源枯竭型城市生态承载力评估的本质是具体化应用理论框架，由此进行生态承载力分析时，需要以数据结构为基础，即通过确定评估指标框架，为计算资源枯竭型城市生态承载力奠定基础。根据资源枯竭型城市生态承载力评估的基本概念，确定其包含的评估准则与评估程序，之后确定分级评估目的及分级评估基准。

4.3.4.1 生态承载力评估准则

在对资源枯竭型城市生态承载力进行评估时，需要综合考虑生态系统的

弹性度、环境与资源条件、承载压力度，与之相关的具体评估准则如表4－7所示。

表4－7　生态承载力评估准则

准则	准则内容
依据生态系统弹性度	在对资源枯竭型城市生态承载力进行评估的过程中，需要综合考虑生态系统的弹性力，尤其评估系统弹性力的支持条件，并将之作为生态承载力评估的第一层概念
依据环境与资源条件	在资源枯竭型城市生态系统中，环境的不断承纳、资源的不断供给，分别是资源枯竭型城市生态承载力评估的约束条件与基础条件，是保证实现生态系统能够持续承载的前提条件与基础保障。因此，可将之作为评估生态承载力的第二层概念
依据承载压力度	承载对象承受的压力体现了生态系统中承载媒体的承载饱和度，直接反映了生态系统的实际承载能力

4.3.4.2　生态承载力评估程序

为了保证资源枯竭型城市生态承载力评估结果具有可参考性，与生态承载力变化规律等相吻合，根据生态承载力概念与类型分析结果，进一步确定生态承载力的评估程序，其核心程序如表4－8所示。

表4－8　生态承载力评估程序

程序	措施	内容
第一步	调查区域现状	以资源枯竭型城市生态承载力评估目标为依据，调查区域内的社会经济条件与生态环境现状，且在调查区域现状的过程中，可采用的调查方法包括统计资料、收集历史数据、遥感监测、地面考察等
第二步	评估区域生态承载力状况	充分掌握区域内生态承载力的背景与现状，尤其是分析、总结其在生态承载力方面存在的问题，并了解生态承载力的组成要素，通过应用资源枯竭型城市生态承载力计算方法，正确评估区域生态系统各级承载力
第三步	综合评估生态承载力	以三级评估结果为依据，对资源枯竭型城市的生态承载力进行综合评估与深入分析

4.3.4.3　确定分级评估目的

如果汇集生态系统中的所有承载力评估指标，则因为指标太多、太复杂而无法保证生态承载力评估结果的准确性，不能精准判断资源枯竭型城市生态承载力。因此，对生态承载力进行分级评估，以评估指标性质为依据对其进行归类处理，能够更有效地判断、分析生态承载力评估结果。如果资源枯竭型城市生态承载力等级划分为“极不稳定高承载等级”，则说明此资源枯竭型城市生态系统的现有弹性度比较低，而其生态承载力较高的原因是经济基础、技术基础好，或自然资源比较丰富。在确定资源枯竭型城市生态承载力计算的主要环节中，明确生态承载力分级评估目标的意义占据重要地位，其包含的目标意义如表4－9所示。

表4－9　生态承载力评估目标意义及内容

目标意义	内容
提高评估结果针对性、准确性与明确性	将资源枯竭型城市生态承载力等级划分为“低稳定较高承载等级”，表明该资源枯竭型城市具有较高的生态承载力，但是由于该资源枯竭型城市生态系统的稳定性较低，所以需要着重保护该资源枯竭型城市的资源
针对生态承载力进行分区评估，准确判断生态承载力出现高低不同的原因	对于该资源枯竭型城市，因其具有较低的生态系统弹性，则该城市的生态系统容易被破坏，需要小心保护其现有的各项资源与生态系统
通过对资源枯竭型城市生态承载力评估进行等级划分	有助于更深入地了解该城市的生态承载力，提高所采取的对策与措施的针对性
归类管理资源枯竭型城市生态承载力计算指标	便于对生态承载力评估指标进行研究与计算，保证生态承载力评估结果的准确性，使其与资源枯竭型城市生态系统的实际情况相符合

4.3.4.4　确定分级评估基准

资源枯竭型城市生态承载力计算标准与要求比较复杂，需要对生态承载力评估指标分值进行综合考虑，以资源枯竭型城市生态承载力评估指标体系结构为依据，针对资源承载压力、资源环境承载力、生态弹性力进行综合评价。对此，以三级判别基准为基础，并将之作为资源枯竭型城市生态承载力状态的判断与评估基准。另外，通过应用等间距法，对资源枯竭型城市生态承载力等级进行划分，具体分为五个等级，以便对生态承载力进行全方位评估。三级判别基准的划分标准如下。

（1）一级判别

资源枯竭型城市生态承载力评估结果能够体现生态系统的抗干扰能力、自我抵抗能力、系统更新能力、自我修复能力等，因此该级判别指标评估值越高，代表该资源枯竭型城市生态系统越具有较为稳定的承载力。其中，如果一级判别指标评估结果在0.80分以上，则表明生态系统具有稳定性最高的承载力；如果一级判别指标评估结果为0.61～0.80分，则表明生态系统具有稳定性较高的承载力；其他等级依次类推，分值最低的是0.20分以下，表明生态系统具有稳定性最低的承载力。

（2）二级判别

资源枯竭型城市生态承载力二级评估结果，主要体现生态系统内各项资源的具体承载能力，反映出生态系统的实际承载力。因此，如果二级判别指标评估值越高，则代表该生态系统的实际承载力越高；反之，如果评估值越低，则代表生态系统的实际承载力越低。

（3）三级判别

在资源枯竭型城市生态承载力计算中，三级判别指标计算结果主要用于体现资源枯竭型城市生态系统压力大小，三级判别指标评估值越高，代表生态系统承受的压力越大。其中，如果三级判别指标评估结果在0.80分以上，表明生态系统承受非常大的压力，并需要重视生态系统压力产生的影响，及时采取应对措施，加强对生态系统压力的监控；如果三级判别指标评估结果在0.20分以下，表明生态系统承受的压力较小。资源枯竭型城市生态承载力分解评估如表4－10所示。

表4－10　资源枯竭型城市生态承载力分解评估

评估等级	>0.80分	0.61～0.80分	0.41～0.60分	0.21～0.40分	<0.20分
一级判别	很稳定	较稳定	中稳定	低稳定	弱稳定
二级判别	高承载	较高承载	中承载	低承载	弱承载
三级判别	高压力	较高压力	中压力	低压力	弱压力

根据表4－10，通过构建资源枯竭型城市生态承载力计算模型，能够计算出资源枯竭型城市生态系统的压力指数、获得性承载力、天然承载力指数等。

该资源枯竭型城市生态承载力评估的应用价值在于以下四个方面。

①可以系统、全面、综合地描述生态系统中单要素承载力，为掌握资源枯竭型城市生态系统基本情况与发展方向提供支撑。

②用于计算资源枯竭型城市生态承载力，根据评估结果确定资源枯竭型城市的规划重点、生产结构、城市规模等。

③能够为资源枯竭型城市在转型中，进行环境建设、增强生态强度、确定投资方向提供科学依据。

④在资源枯竭型城市生态承载力研究范围内，以定量方法与基本理论研究为重要支撑，可将之应用于城市生态补偿研究。

4.4 资源枯竭型城市生态供给计算——以焦作市为例

4.4.1 基于遥感的焦作市生态系统服务价值评估

生态系统服务是指可以根据生态系统的结构、过程和功能直接或间接获得的生命支持产品和服务，人类社会的基本自然资本。维护和确保生态系统服务是实现可持续发展目标的基础。土地利用变化可能改变生态系统的结构和功能，进而影响生态系统服务。人类目前面临的各种生态和环境问题，其实质是生态系统服务功能的破坏和退化的后果。

对于资源枯竭型城市而言，其土地利用与覆盖变化较为显著。国内外学者对土地的利用变化及其生态系统服务效应进行了大量研究，包括生态系统承载力定性评价、生态系统服务价值定量评估等，其研究方法也在逐步改进。有不少研究人员利用统计年鉴的土地利用数据，采用谢高地等的当量因子法，利用单位面积生态服务价值的当量值进行计算，以此评价区域生态系统生态服务价值。目前，以资源枯竭型城市整个市域为尺度研究区域生态系统服务供给的仍然很少。基于上述研究思路，结合多年多期遥感影像数据，提取各类型土地利用数据，从而更为准确地定量估算区域生态系统服务价值。

4.4.1.1 数据来源

遥感数据源于美国航空航天局（NASA）和美国地质调查局（USGS）共同管理的陆地资源卫星（Landsat）系列影像。Landsat 卫星的 TM/OLI 遥感影像具有较高空间分辨率、波谱分辨率、极为丰富的信息量和较高定位精度等优势。获取的是1999年、2004年、2009年、2014年和2019年焦作市Landsat8遥感影像。

4.4.1.2 试验与结果分析

（1）数据预处理

采用的遥感影像数据源于美国Landsat TM/OLI卫星数据和DEM数字高程数据。Landsat遥感影像具有较高空间分辨率、波谱分辨率、极为丰富的信息量和较高定位精度等优势。但通过传感器对地物进行观测时，获得的电磁波能量值与实际地物辐射和反射的电磁波能量值有一定差异。为了客观地反映地物对于电磁波的反射特征和辐射特征，尽量消除灰度值失真带来的影响，基于Landsat的研究区土地利用遥感影像数据预处理主要包括辐射定标、大气校正、影像配准和裁剪、波段选取等步骤，基于DEM的数字高程数据预处理主要用来对研究区进行高程提取。

（2）土地利用分类

结合研究区实际情况，采用监督分类中支持向量机分类法作为遥感影像的解译方法。根据不同土地利用类型在影像上反映的辐射亮度值和反射率信息作为解译依据，通过分析影像上地物的颜色、大小、纹理以及形状等信息，选取一定数量的，均衡分布在影像上的点作为训练样本（Region of Interest，ROI），通过运用ENVI中的可分离性（Compute ROI Separability）工具来计算训练样本ROI类别间的差异性程度，得到样本可分离性报告。样本可分离性在0~2.0，大于1.9说明样本之间可分离性良好，小于1.8则需要重新选取样本。

根据分类结果统计1999—2019年各土地利用类型面积以及占比如图4-4和表4-11所示。

4.4.1.3 生态服务价值评估

计算的生态服务当量价值具有有机物生产功能、土壤保持功能、营养物质循环功能、气候调节功能、涵养水源功能等。

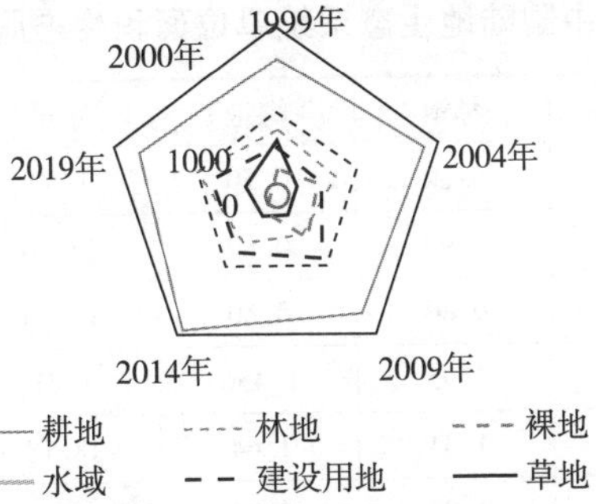

图 4-4　土地利用类型面积

表 4-11　1999—2019 年各土地利用类型面积　单位：平方千米

年份	耕地	林地	裸地	水域	建设用地	草地
1999 年	1564.48	825.23	334.25	108.33	583.96	604.62
2004 年	1861.89	759.57	514.15	90.73	538.08	256.45
2009 年	1680.63	548.06	585.00	80.53	857.96	268.69
2014 年	1906.28	673.46	239.79	65.24	814.73	321.37
2019 年	1709.67	978.22	77.80	55.68	832.21	367.29

根据当量换算计算各个生态服务价值，同时定义 1 公顷全国平均产量的农田每年自然粮食产量的经济价值为 1，其他生态系统生态服务价值当量因子是指生态系统产生该生态服务相对于农田食物生产服务的贡献大小，而单位面积农田生态系统提供生产服务功能的经济价值的计算公式如下：

$$E_a = \frac{1}{7} \times \left(\sum_{i=1}^{n} m_i p_i q_i \right) \times \frac{1}{M} (i = 1,2,3) \tag{4-12}$$

式（4-12）中，E_a 为单位面积耕地生态系统食物生产服务功能的经济价值（元/公顷）；i 为作物种类；m_i 为粮食种植面积（公顷）；p_i 为第 i 种作物全国平均价格（元/吨）；q_i 为第 i 种粮食作物单产（吨/公顷）；M 为第 n 种粮食作物的总面积（公顷）；1/7 是指在没有人力参与的天然生态系统提供的经济价值，是现有单位面积农田提供的食物生产服务经济价值的 1/7。

表 4-12　中国陆地生态系统单位面积生态服务价值当量

项目	耕地	林地	裸地	水域	建设用地	草地
空气调节	3.50	0.80	0.50	1.80	0	0
气候调节	2.70	0.90	0.89	17.10	0.46	0
水源涵养	3.20	0.80	0.60	15.50	20.38	0.03
土壤形成与保护	3.90	1.95	1.456	1.71	0.01	0.02
废物处理	1.31	1.31	1.64	18.18	18.18	0.01
生物多样性保护	3.26	1.09	0.71	2.50	2.49	0.34
食物生产	0.10	0.90	1.00	0.30	0.10	0.01
原材料	2.60	0.05	0.10	0.07	0.07	0
娱乐文化	1.28	0.04	0.01	5.55	4.34	0.01

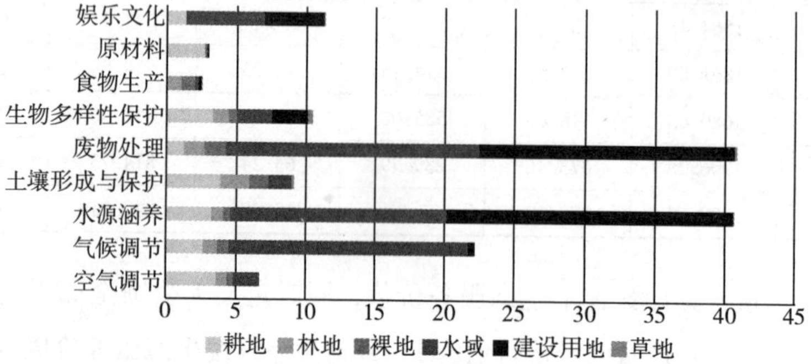

图 4-5　中国陆地生态系统单位面积生态服务价值当量

一般来说，焦作市生态服务价值与人均可支配收入成正比，根据对应年份的《中国统计年鉴》和《焦作市统计年鉴》及中国陆地生态系统单位面积生态服务价值当量如表 4-12、图 4-5 所示，查询对应的焦作市区域当量因子的经济价值量。2019 年国民平均支出为 30732 元，焦作市民可支配收入为 27116 元，生态服务价值与人均可支配收入呈线性关系，系数为 0.88，计算焦作市单位面积生态系统服务价值如表 4-13 至表 4-18 和图 4-6 至图 4-11所示。

表 4-13　焦作市单位面积生态系统服务价值　单位：元/公顷

项目	耕地	林地	裸地	水域	建设用地	草地
空气调节	390.3	2732.5	0.0	0.0	—	624.6
气候调节	694.8	2107.9	0.0	359.1	—	702.7
水源涵养	468.4	2498.3	23.4	15910.9	—	624.6
土壤形成与保护	1139.9	3044.8	15.6	7.8	—	1522.4
废物处理	1280.4	1022.8	7.8	14193.4	—	1022.8
生物多样性保护	554.3	2545.1	265.4	1944.0	—	851.0
食物生产	780.8	78.1	7.8	78.1	—	234.3
原材料	78.1	2029.8	0.0	7.8	—	39.0
娱乐文化	7.8	999.3	7.8	3388.2	—	31.2

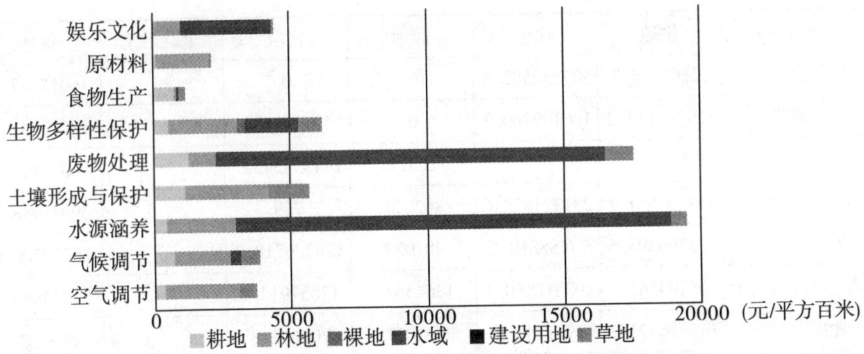

图 4-6　焦作市单位面积生态系统服务价值

表 4-14　1999 年焦作市土地利用类型生态系统服务价值　单位：元

生态系统服务功能	耕地	林地	裸地	水域	建设用地	草地
空气调节	61061654.4	210230352.5	0	0	—	37764565.2
气候调节	108700070.4	162175502.3	0	3890130.3	—	42486647.4
水源涵养	73280243.2	192211707.1	782145	172362779.7	—	37764565.2
土壤形成与保护	178335075.2	234257777.6	521430	84497.4	—	92047348.8
废物处理	200316019.2	78691163.6	260715	153757102.2	—	61840533.6
生物多样性保护	86719126.4	195812358.7	8870995	21059352.0	—	51453162.0
食物生产	122154598.4	6008779.7	260715	846057.3	—	14166246.6
原材料	12218588.8	156166722.6	0	84497.4	—	2358018.0
娱乐文化	1220294.4	76883144.1	260715	36704370.6	—	1886414.4

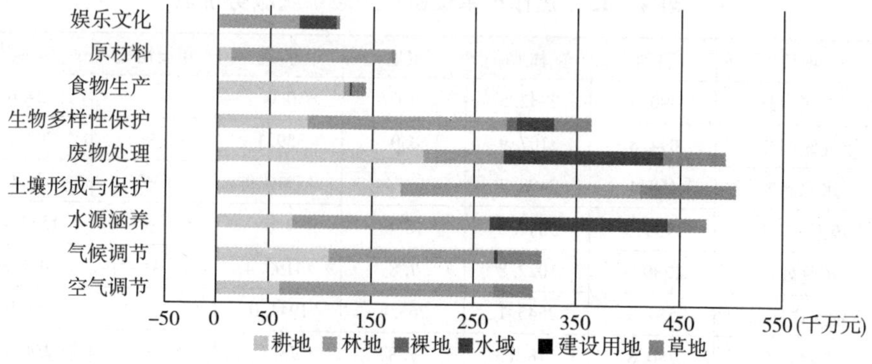

图 4-7　1999 年焦作市土地利用类型生态系统服务价值

表 4-15　2004 年焦作市土地利用类型生态系统服务价值　　单位：元

生态系统服务功能	耕地	林地	裸地	水域	建设用地	草地
空气调节	72669566. 7	207552502. 5	0	0	—	16017867. 0
气候调节	129364117. 2	160109760. 3	0	3258114. 3	—	18020741. 5
水源涵养	87210927. 6	189763373. 1	1203111	144359595. 7	—	16017867. 0
土壤形成与保护	212236841. 1	231273873. 6	802074	70769. 4	—	39041948. 0
废物处理	238396395. 6	77688819. 6	401037	128776718. 2	—	26229706. 0
生物多样性保护	103204562. 7	193318160. 7	13645541	17637912. 0	—	21823895. 0
食物生产	145376371. 2	5932241. 7	401037	708601. 3	—	6008623. 5
原材料	14541360. 9	154177518. 6	0	70769. 4	—	1000155. 0
娱乐文化	1452274. 2	75903830. 1	401037	30741138. 6	—	800124. 0

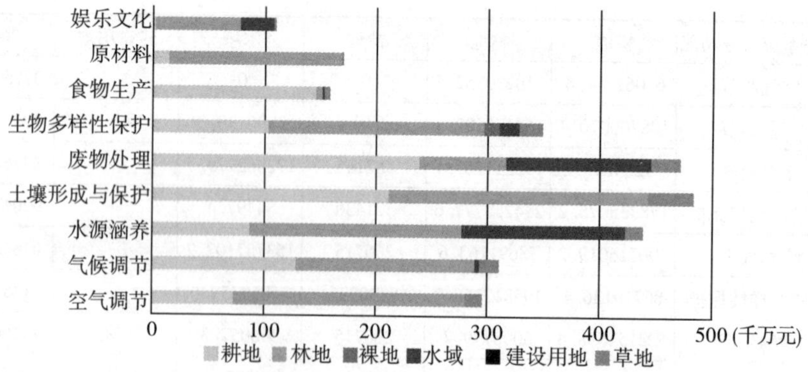

图 4-8　2004 年焦作市土地利用类型生态系统服务价值

表 4－16　2009 年焦作市土地利用类型生态系统服务价值　单位：元

生态系统服务功能	耕地	林地	裸地	水域	建设用地	草地
空气调节	65594988.9	149757395	0	0	—	16782377.4
气候调节	116770172.4	115525567.4	0	2891832.3	—	18880846.3
水源涵养	78720709.2	136921829.8	1368900	128130477.7	—	16782377.4
土壤形成与保护	191575013.7	166873308.8	912600	62813.4	—	40905365.6
废物处理	215187865.2	56055576.8	456300	114299450.2	—	27481613.2
生物多样性保护	93157320.9	139486750.6	15525900	15655032.0	—	22865519.0
食物生产	131223590.4	4280348.6	456300	628939.3	—	6295406.7
原材料	13125720.3	111245218.8	0	62813.4	—	1047891.0
娱乐文化	1310891.4	54767635.8	456300	27285174.6	—	838312.8

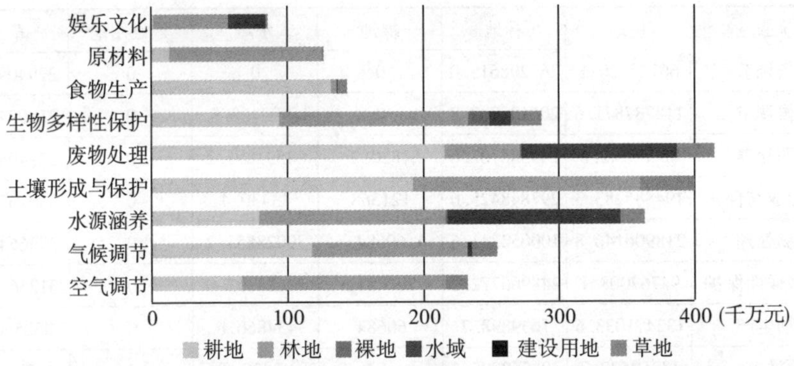

图 4－9　2009 年焦作市土地利用类型生态系统服务价值

表 4－17　2014 焦作市土地利用类型生态系统服务价值　单位：元

生态系统服务功能	耕地	林地	裸地	水域	建设用地	草地
空气调节	74402108.4	184022945.0	0	0	—	20072770.2
气候调节	132448334.4	141958633.4	0	2342768.4	—	22582669.9
水源涵养	89290155.2	168250511.8	561108.6	103802711.6	—	20072770.2
土壤形成与保护	217296857.2	205055100.8	374072.4	50887.2	—	48925368.8
废物处理	244080091.2	68881488.8	187036.2	92597741.6	—	32869723.6
生物多样性保护	105665100.4	171402304.6	6364026.6	12682656.0	—	27348587.0
食物生产	148842342.4	5259722.6	187036.2	509524.4	—	7529699.1
原材料	14888046.8	136698910.8	0	50887.2	—	1253343.0
娱乐文化	1486898.4	67298857.8	187036.2	22104616.8	—	1002674.4

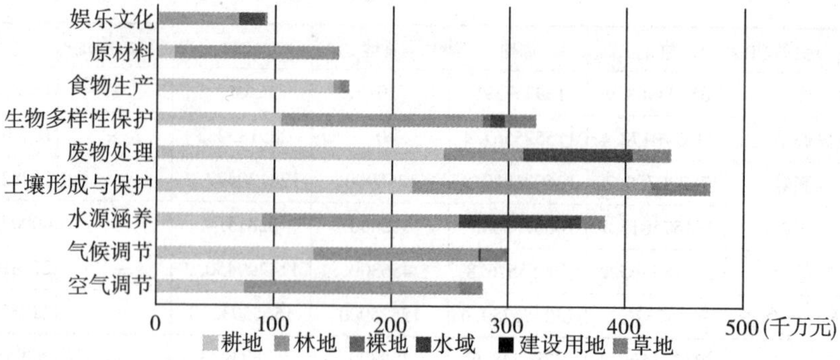

图 4－10　2014 年焦作市土地利用类型生态系统服务价值

表 4－18　2019 年焦作市土地利用类型生态系统服务价值　　单位：元

生态系统服务功能	耕地	林地	裸地	水域	建设用地	草地
空气调节	66728420. 1	267298615. 0	0	0	0	22940933. 4
气候调节	118787871. 6	206198993. 8	0	1999468. 8	0	25809468. 3
水源涵养	80080942. 8	244388702. 6	182052	88591891. 2	0	22940933. 4
土壤形成与保护	194885283. 3	297848425. 6	121368	43430. 4	0	55916229. 6
废物处理	218906146. 8	100052341. 6	60684	79028851. 2	0	37566421. 2
生物多样性保护	94767008. 1	248966772. 2	2064812	10824192. 0	0	31256379. 0
食物生产	133491033. 6	7639898. 2	60684	434860. 8	0	8605604. 7
原材料	13352522. 7	198559095. 6	0	43430. 4	0	1432431. 0
娱乐文化	1333542. 6	97753524. 6	60684	18865497. 6	0	1145944. 8

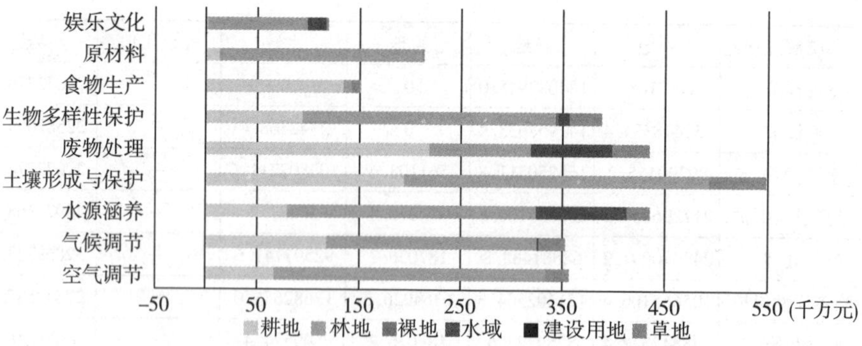

图 4－11　2019 年焦作市土地利用类型生态系统服务价值

表4－19和图4－12显示了1999—2019年焦作市各土地利用类型生态服务价值计算结果。可以看出，1999—2009年焦作市生态系统服务价值呈持续下降趋势，即生态供给能力不断降低，主要原因是社会经济快速发展和矿产资源高强度开采，导致生态环境不断恶化。2009—2019年焦作市生态系统服务价值呈持续上升趋势，表明其生态供给能力不断提升，主要原因可能是矿产资源开采强度不断降低和生态环境治理投入不断加大，生态环境持续改善。

表4－19　焦作市各土地利用类型生态服务价值计算结果 单位：亿元

土地利用类型	耕地	林地	裸地	水域	建设用地	草地	合计
1999年生态服务价值	8.44	14.08	0.11	3.89	0	3.42	29.94
2004年生态服务价值	10.04	12.96	0.17	3.26	0	1.45	27.88
2009年生态服务价值	9.07	9.35	0.19	2.89	0	1.52	23.02
2014年生态服务价值	10.28	11.49	0.08	2.34	0	1.82	26.01
2019年生态服务价值	9.22	16.69	0.03	2.00	0	2.08	30.02

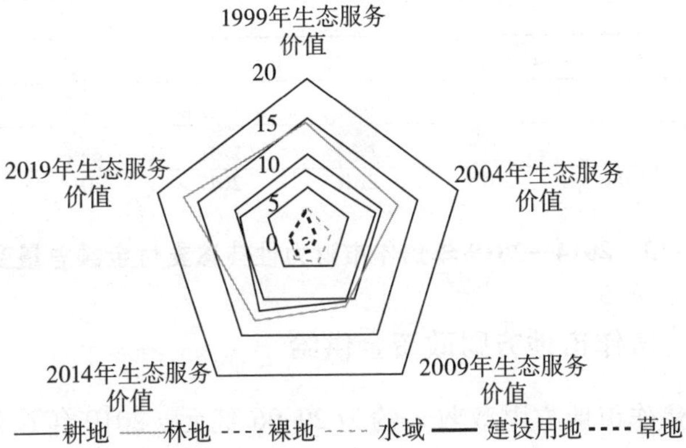

图4－12　焦作市各土地利用类型生态服务价值计算结果

4.4.2　焦作市转移支付供给

为弥补焦作市这类资源枯竭型城市财力缺口，中央财政安排给地方财政的补助支出，以保证资源枯竭型城市的公共服务能力，将转移支付资金用于推动资源枯竭型城市的转型，弥补此类城市在建设中面临的资金不足问题。对于焦作市而言，该部分生态供给主要用于改善专项贷款贴息、公共基础设施、环境保护、教育卫生、社会保障等方面。近 6 年内，中央财政加大了对焦作市转移支付总量，通过初步计算，自焦作市开始转型之后，中央财政对该资源枯竭型城市的转移支付金额不断提高。2014—2019 年，焦作市生态财力转移支付金额分别为 0.12 亿元、0.50 亿元、0.72 亿元、1.09 亿元、1.96 亿元、2.32 亿元。2014—2019 年焦作市财力性转移支付金额总量变化趋势如图 4－13 所示。

焦作市在正式启动资源枯竭型城市转型工作后，逐年扩大了生态补偿政策覆盖范围，国家发展改革委与财政部门、国土资源部门对焦作市是否是资源枯竭型城市进行了界定。为了推动该城市的发展，中央财政针对焦作市提供转移支付。另外，国家发展改革委还就焦作市设立发展接续替代产业专项、资源综合利用专项、充分吸纳就业专项，增加生态补偿项目数量。

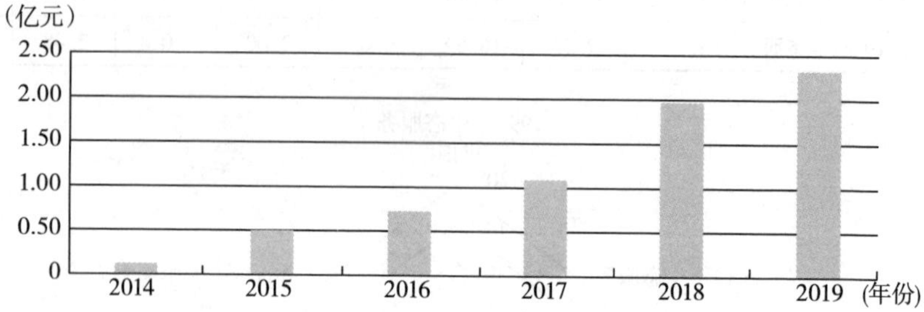

图 4－13　2014—2019 年焦作市财力性转移支付金额总量变化趋势

4.4.3　焦作市地方财政资金供给

2019 年焦作市地方财政收入约为 29.06 亿元，2010 年该值约为 5.35 亿元，即在 10 年的发展时间内，焦作市的地方财政收入增长了 4.4 倍，年平均增长速度约为 35%。由此可见，在政府大幅度增加财力的前提下，能够为焦作市资源枯竭型城市转型、生态补偿提供支持性资金。2010—2019 年焦作市地方财政资金总量变化趋势如图 4－14 所示。

根据焦作市的地方财政资金结构可知，在不断增加财政资金总量的前提下，焦作市的税收结构有所变化，增加了企业所得税，到 2019 年，该城市企业所得税增长了 2 倍，但是与之相比，营业税却呈下降趋势，个人所得税、增值税的占比没有明显变化。2016—2019 年焦作市财政收入结构情况如

表 4－20 所示。

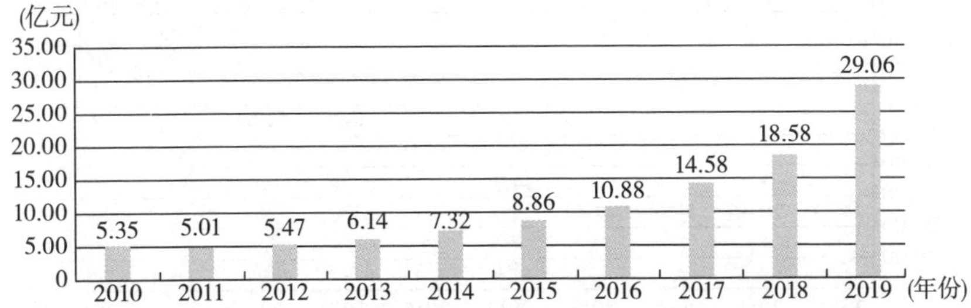

图 4－14　2010—2019 年焦作市地方财政资金总量变化趋势

表 4－20　2016—2019 年焦作市财政收入结构情况

项目名称	2016 年		2017 年		2018 年		2019 年	
	总额/万元	占比/%	总额/万元	占比/%	总额/万元	占比/%	总额/万元	占比/%
合计	109961	—	146131	—	185978	—	300700	—
各项税收小计	88050	80.07	119472	81.76	144940	77.93	250446	83.29
企业所得税	3300	3.75	5663	4.74	6692	4.62	21691	8.66
营业税	29827	33.88	35551	29.76	42512	29.33	67834	27.09
增值税	16053	18.23	22209	18.59	22993	15.86	45523	18.18
个人所得税	4308	4.89	4622	3.87	4642	3.20	9412	3.76
资源税	7694	8.74	8308	6.95	10588	7.31	16277	6.50
其他税收收入	26868	30.51	43119	36.09	57513	39.68	89709	35.82
非税收入小计	21911	19.93	26659	18.24	41038	22.07	50254	16.71

在我国，资源枯竭型城市转型属于一项系统性、全面性的工程。焦作市作为典型的资源枯竭型城市，为了实现城市转型，各方面均需要财政的大力投入。通过分析 2010—2019 年焦作市财政支出总量的变化趋势，可知在 2019 年，焦作市用于资源枯竭型城市转型的财政支出总额超过了 88 亿元，而在 2010 年，焦作市此部分的财政支出总额约为 19 亿元。由此可见，焦作市用于资源枯竭型城市转型的财政支出总额增速明显。2010—2019 年焦作市地方财政支出总量变化趋势如图 4－15 所示。

通过分析焦作市地方政府用于资源枯竭型城市的财政支出结构，发现在

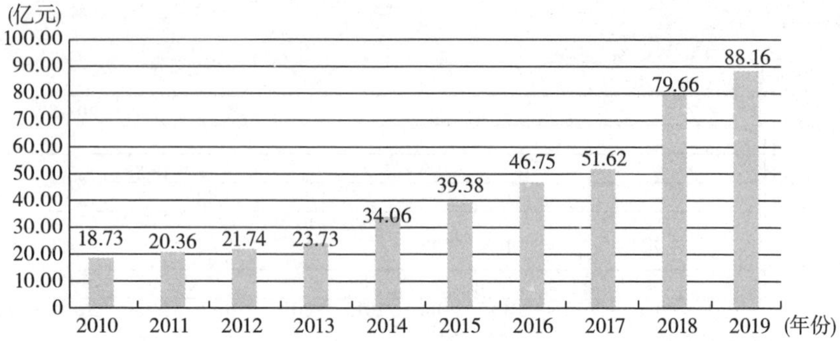

图 4－15　2010—2019 年焦作市地方财政支出总量变化趋势

地方政府财政支出的一般预算支出内，就业领域、社会保障领域所占的财政资金总额比例较大，该比例约为 25.14%，这与焦作市近年来比较重视推进就业工程、安居工程、改善民生工程等相关。同时，农村住房改造、保障房建设、棚户区改造、就业培训体制建设等方面的配套资金量的支出比例也较大。另外，工业商业金额在一般预算支出中所占比例也较大，该比例约为 14.25%。在焦作市实施资源枯竭型城市转型发展战略的过程中，产业转型是重点项目，由此实现产业链的重塑或延伸。作为资源枯竭型城市，焦作市面临较大的引资难度。因此，在产业发展的初期阶段，政府扶持资金在资源枯竭型城市转型中所占比例较大。该生态供给计算结果表明，财政支出较高与资源枯竭型城市特点相符合。

4.4.4　焦作市信贷资金供给

焦作市现有的银行机构中，国有商业银行所占比例较大，然后是县级农村信用联社、村镇银行、地方性商业银行。2019 年，焦作市的金融机构贷款总额增加至 348.24 亿元，通过对比 2010—2019 年的金融机构贷款总额数据，发现焦作市的金融机构贷款总额呈现不断上升的趋势，且增长速度也明显增强。2010—2019 年焦作市信贷资金总量变化趋势如图 4－16 所示。

自焦作市实施资源枯竭型城市转型发展战略以来，地方政府部门越来越重视该战略的实施效果，并出台了倾斜性金融政策，以保证资源枯竭型城市顺利转型。对于焦作市而言，在资源枯竭型城市转型的初期阶段，河南省制定了具有帮扶作用的银行机构政策，由河南省内的农业银行、建设银行、中国银行、工商银行等对焦作市的各县（市）、区进行对口帮扶，为进一步落实生态补偿体系提供支撑。

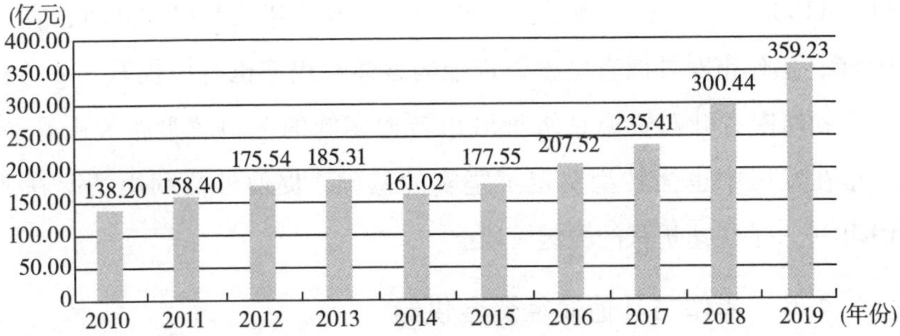

图 4-16　2010—2019 年焦作市信贷资金总量变化趋势

4.4.5　焦作市外资资金供给

在推进实施资源枯竭型城市转型发展策略的过程中，焦作市对外资的整体利用状态有所改善。2009—2019 年，焦作市的外资资金主要是指外商直接投资对资源枯竭型城市转型投入的资金。2010—2019 年焦作市外资资金总量变化趋势如图 4-17 所示。

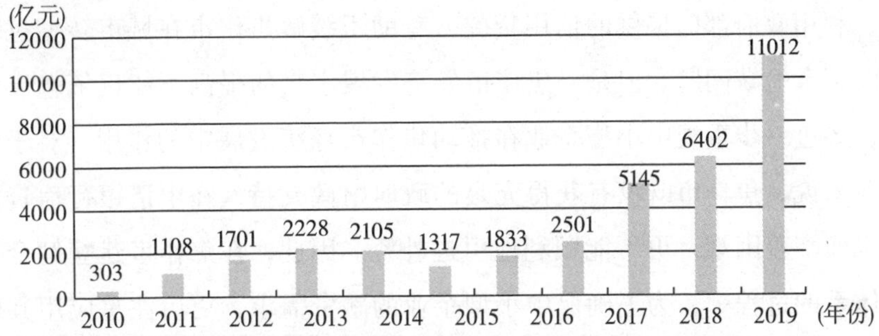

图 4-17　2010—2019 年焦作市外资资金总量变化趋势

根据与之相关的数据统计结果可知，在焦作市被列为资源枯竭型城市之后，在起初的 6 年时间内，焦作市的外商直接投资总额呈小幅度上升趋势，且在 2012 年，焦作市的外商直接投资明显超过了 2200 亿元，与 2009 年相比，外商直接投资总额约为 2009 年的 7 倍。2015—2019 年，焦作市进一步推进了资源枯竭型城市的转型发展战略，出台了更多的相关鼓励政策，在此背景下，焦作市的外商直接投资总额呈现出明显增长的趋势，且增长速度越来越快。其中，2019 年焦作市在资源枯竭型城市转型方面，获得的外商直接投资总额超过了 11000 亿元，该金额增长明显，约为 2012 年的 5 倍。同时，在 2015—2019 年，焦作市对外商直接投资资金的整体利用率也有所提升，一方面，这与国家和河南省针对资源枯竭型城市转型实施的倾斜政策相关；另一方面，焦作市在发展中也为转型奠定了坚实的基础，促使外资利用情况在 2015—2019 年进入了快速扩张的关键阶段。

4.4.6 焦作市其他途径资金供给

在焦作市用于生态补偿的资产投资来源类型中，2019 年其他资金与自筹资金所占比例较高，达到 78%，这也体现出焦作市在资源枯竭型城市转型过程中存在一个比较严重的问题，即缺乏充足的外源性资金融资途径，未能充分利用外资、资本市场、信贷等渠道的融资资源。2019 年，焦作市用于生态补偿的资产投资自筹资金与其他途径资金所占比例超过了 70%。因此，在焦作市转型过程中，尤其为了缓解资源枯竭的状况应充分利用自筹资金，并用于满足焦作市的社会建设需要。对于资源枯竭型城市而言，通过争取财政资金、利用政府部门提供的信用贷款，有助于缓解焦作市在城市转型过程中面临的资金短缺问题。但是，焦作市经济发展水平的提高不能仅依赖于大型企业，要进一步重视中小型企业在推动焦作市经济发展中的作用。对于中小型企业来说，焦作市既没有获得充足的政府财政支持，在申请银行信贷资金方面也面临着困难，更不能顺利地引进外资。因此，在焦作市建立健全生态补偿体系的过程中，为了确保中小型企业的融资需求，更应注重应用其他途径资金。例如，发挥民间资本的作用，将民间资本用于中小型企业。这是因为民间资本具有一定的分散性，为了保证投资行为与过程的合法性，以及资金的综合安全性，焦作市更应鼓励成立合法、完善的小额贷款公司。

4.4.7 焦作市地区生产总值与资金投入关系的评价

GDP 与一个城市的发展密切相关，既是国民经济核算的核心指标，也是一个地区经济发展情况与水平的重要指标，是在一定时期内区域生产活动的最终成果体现。地区生产总值增长主要依赖投资与消费。由于我国消费水平普遍不高，尤其是对资源型城市而言投资能促进地区生产总值的增长。从价值形态来看，焦作市地区生产总值的发展依赖于资金的投入。因此，可以通过分析焦作市地区生产总值与资金投入关系，对焦作市的未来发展驱动力，尤其是对焦作市的生态供给进行评估，厘清焦作市的发展模式及城市发展态势。

4.4.7.1　与转移支付供给关系

为了探索焦作市生态供求关系与变化规律，其中作用方向表示对于权重的正向影响与逆向影响，对地区生产总值与转移支付的资金进行实证分析，预测生态资金需求。地区生产总值与转移支付的资金关系系数如表 4－21 所示。

表 4－21　地区生产总值与转移支付的资金关系系数

关系系数	地区生产总值	转移支付的资金
地区生产总值	1.0000	0.626190
转移支付的资金	0.626190	1.0000

以表 4－21 中的数据为依据，构建回归方程公式为

$$YS_t = \beta_1 + \beta_2 \times D\,GDP_t t = 1,2,\cdots \tag{4-13}$$

在式（4－13）中，YS_t 为转移支付的资金。通过计算与估计，发现对此模型有扰动作用的因素为序列相关关系，对此通过 AR（1）模型对其进行修正，得出公式为

$$YS_t = 61284.77 + 0.5417 \times D\,GDP_t + \mu_{t-1} + \varepsilon_t \tag{4-14}$$

在式（4－14）中，t 的值分别为 1.978451、2.081302、2.655870，同时通过回归方程计算此模型是否具备良好的拟合度，并利用 LM 检验法对残差序列进行检验，对模型进行修正。

根据焦作市生态供求方面的地区生产总值潜在产出，并结合资金预算结果，可知与之前相比，焦作市的转移支付资金值不断上升，提高比率能够达到 62%，平均增长速度也能够超过 5%。该预测结果表明，其具有一定的可

行性。焦作市生态补偿转移支付资金预测结果如图 4－18 所示。

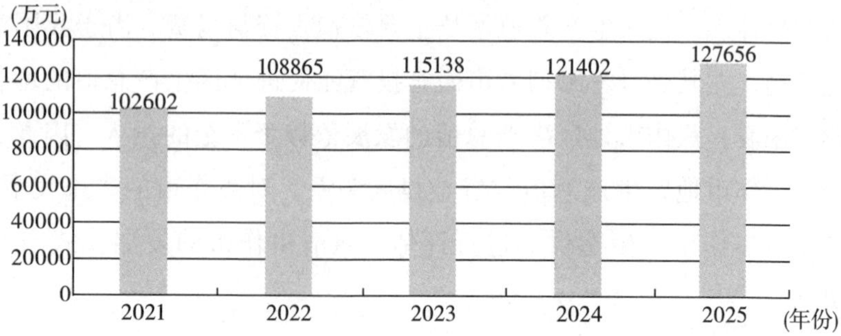

图 4－18　2021—2025 年焦作市生态补偿转移支付资金预测结果

4.4.7.2　与地方财政资金供给关系

在对焦作市生态供求关系的实际情况进行分析的过程中，对与生态供求关系相关的地方财政资金进行研究，分析焦作市地区生产总值与地方财政资金之间的相关关系，并得到此相关系数值为 0.961719，表明两者的相关性比较明显。焦作市地区生产总值与地方财政资金之间的相关系数如表 4－22 所示。

表 4－22　焦作市地区生产总值与地方财政资金之间的相关系数

关系系数	地区生产总值	地方财政资金
地区生产总值	1.0000	0.961719
地方财政资金	0.961719	1.0000

以焦作市地区生产总值与地方财政资金之间存在的正相关关系为基础，针对两者构建线性回归方程，拟合结果计算公式为

$$ZC_t = 9932.997 + 21303.68 \times \mathrm{DGDP}^{-696948 \times \hat{u}_{t-1} + \varepsilon_t} \quad (4-15)$$

在式（4－15）中，ZC_t 为地方财政资金，其中 t 的结果分别为 2.207745、11.215500、－3.162107，此结果表明其具有良好的拟合状况，能够用之对焦作市生态补偿的外资情况进行预测。同时，通过应用模型，可得到焦作市的地方财政资金总额能够达到 2160.5 亿元。与之前相比，该地方财政资金总额基本能够提高 2.5 倍，且在焦作市生态补偿规划中预期的地方财政资金额的

平均增长速度约为21%，与上一个5年相比，该增长速度平均水平较低。由此可见，尽管地方财政资金总额有所提高，但是增长速度却比较慢，焦作市生态补偿地方财政资金预测结果如图4－19所示。

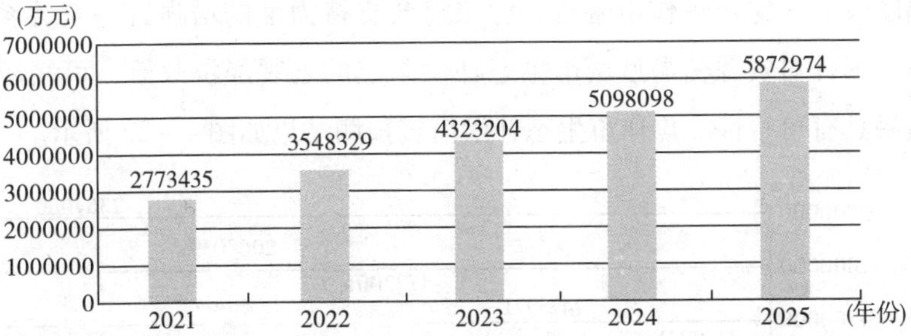

图4－19　2021—2025年焦作市生态补偿地方财政资金预测结果

4.4.7.3　与信贷资金供给关系

对焦作市用于生态补偿的信贷情况进行预测，深入分析地区生产总值与信贷之间的关系，利用回归分析法计算得到两者之间的相关系数值为0.923531。由此可见，焦作市地区生产总值与信贷之间的相关性较为明显。焦作市地区生产总值与信贷之间的相关系数如表4－23所示。

表4－23　焦作市地区生产总值与信贷之间的相关系数

关系系数	地区生产总值	信贷
地区生产总值	1.0000	0.923531
信贷	0.923531	1.0000

在对预算内资金进行分析的过程中，建立回归方程公式为

$$GN_t = \beta_1 + \beta_2 \times D\,GDP_t t = 1, 2, \cdots \tag{4-16}$$

在式（4－16）中，GN_t为预算内的资金，通过应用AR（1）模型对自相关进行修正，并得到方程公式为

$$GN_t = 19841.93241 + 0.7663532306 \times DGDP^{-0.927024 \times \hat{u}_{t-1} + \varepsilon_t} \tag{4-17}$$

在式（4－17）中，t的值分别为4.552565、5.403430、－1.396671，且相关值也体现出AR（1）模型具有良好的拟合度，且并没有自相关方面的不足，即可通过此模型对变量间存在的相关关系进行解释。根据本书对焦作市地区

生产总值中的潜在产出进行分析所得到的结果，结合回归模型得出焦作市在生态补偿方面的贷款预测值，通过应用模型预测计算公式，得到焦作市信贷预测值为886.01亿元。与之前相比，用于生态补偿的信贷值明显提高，且提升幅度较大。这与焦作市融资、国家财政支持力度的增强有一定关系，综合考虑我国针对资源枯竭型城市生态补偿制定的宏观经济政策，可知所得的预测结果具有可行性。焦作市生态补偿信贷预测结果如图4-20所示。

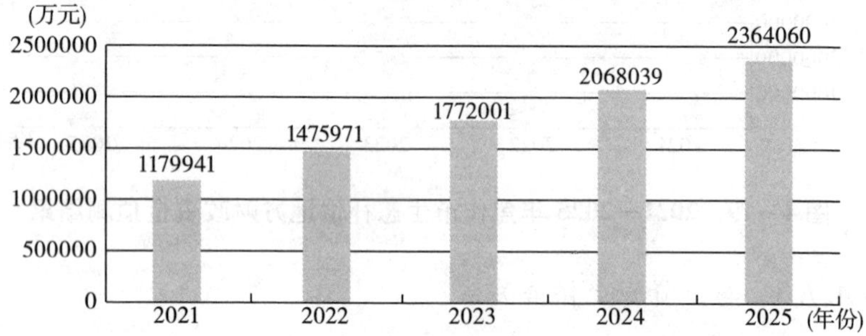

图4-20　2021—2025年焦作市生态补偿信贷预测结果

4.4.7.4　与外资资金供给关系

在分析生态供求关系的过程中，对外资利用情况进行预测，通过焦作市地区生产总值与外资之间的相关系数，可知两者的线性关系比较明显，焦作市地区生产总值与外资关系预测计算公式为

$$WZ_t = 4960.599 + 0.50315 \times DGDP^{+0.475602 \times \hat{u}_{t-1} + \varepsilon_t} \qquad (4-18)$$

在式（4-18）中，t 的值分别为2.442304、1.415794、1.826259，说明焦作市地区生产总值与外资关系预测计算模型的拟合度较好，得到焦作市外资预测值可达到3.9亿元。与之前相比，此外资预测值增加了约25%。在整个预测期间，外资的平均增长速度约为5%，此预测结果的可能性较大。焦作市生态补偿外资预测结果如图4-21所示。

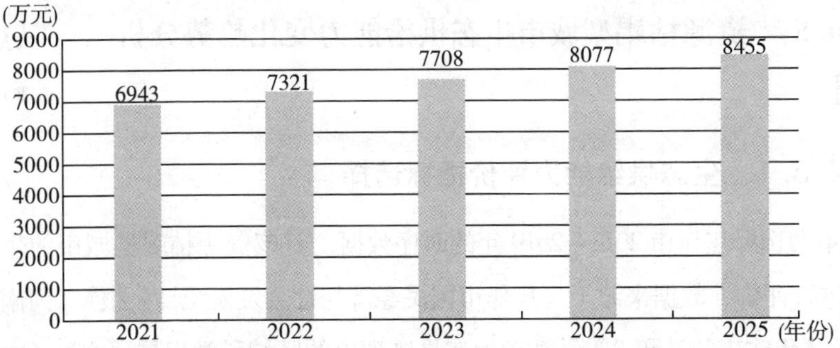

图 4-21　2021—2025 年焦作市生态补偿外资预测结果

4.4.7.5　与其他途径资金供给关系

通过利用线性回归分析法，对焦作市地区生产总值与其他资金进行相关分析，得出在焦作市生态供求关系中，地区生产总值与其他资金之间的相关性较高，相关系数值为 0.66950。以地区生产总值与其他资金之间的相关性为依据，构建与两者相关的线性方程，拟合结果计算公式为

$$QT_t = 65186.205 + 526.43168 \times DGDP^{-0.44008\hat{u}_{t-1} + \varepsilon_t} \qquad (4-19)$$

在式（4-19）中，QT_t 为其他资金，其中 t 值分别为 7.953655、1.929343、-1.225074。利用此模型对焦作市生态补偿中的其他资金情况进行预测，且预测结果表明，在生态补偿规划期内，其他资金情况的平均增长速度约为 3%。此增长速度比较缓慢，与之前的较大波动相比，焦作市其他资金的增长速度、总额具有明显的可行性。焦作市生态补偿其他资金预测结果如图 4-22 所示。

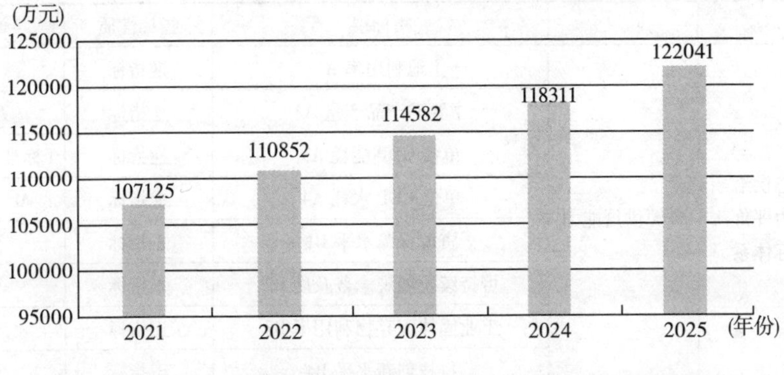

图 4-22　2021—2025 年焦作市生态补偿其他资金预测结果

4.5 资源枯竭型城市生态供给能力变化趋势分析——以焦作市为例

4.5.1 生态供给能力评价指标选择

本书选择焦作市2013—2019年的时序数据，对该资源枯竭型城市的生态供给能力进行评价，数据来源于《焦作市国民经济与社会发展统计公报》《河南省统计年鉴》《焦作市统计年鉴》《基于生态足迹理论的区域科学发展研究》《中国煤炭资源有效供给能力及开发模式》等。同时，在借鉴国内外学者针对资源枯竭型城市、城市生态补偿提出的研究成果基础上，基于对资源枯竭型城市综合供给能力影响因子的分析结果，构建适用于焦作市的资源枯竭型城市生态供给能力评价指标体系，主要从资源供给能力、环境供给能力、经济供给能力三个方面确定评价指标。其中，资源供给能力指标层包括土地利用率、主要矿产品产量、单位GDP能耗、单位GDP水耗、资源保障水平、可持续发展观念普及度、工业固体废弃物利用率、科技创新水平；环境供给能力指标层包括生活垃圾无害化处理率、污水集中处理率、建成区绿化覆盖率、空气质量优良率、人口密度、工业烟（粉）尘排放密度、工业二氧化碳排放密度、工业废水排放密度；经济供给能力指标层包括城镇居民人均可支配收入、人均GDP、第三产业增加值占比、财政自给率、第二产业GDP贡献率、进出口总额占比、重工业增加值占比、第二产业在固定资产中比重。焦作市生态供给能力评价指标体系如表4-24所示。

表4-24 焦作市生态供给能力评价指标体系

目标层	要素层	指标层	指标性质	单位
生态供给能力评价指标体系	资源供给能力	土地利用率A1	逆指标	%
		主要矿产品产量A2	逆指标	万元
		单位GDP能耗A3	逆指标	t标准煤/万元
		单位GDP水耗A4	逆指标	M^3/万元
		资源保障水平B1	正指标	%
		可持续发展观念普及度B2	正指标	%
		工业固体废弃物利用率B3	正指标	%
		科技创新水平B4	正指标	%

续表

目标层	要素层	指标层	指标性质	单位
生态供给能力评价指标体系	环境供给能力	生活垃圾无害化处理率 C1	正指标	%
		污水集中处理率 C2	正指标	%
		建成区绿化覆盖率 C3	正指标	%
		空气质量优良率 C4	正指标	%
		人口密度 D1	逆指标	人/km^2
		工业烟（粉）尘排放密度 D2	逆指标	t/km^2
		工业二氧化碳排放密度 D3	逆指标	t/km^2
		工业废水排放密度 D4	逆指标	万 t/km^2
	经济供给能力	城镇居民人均可支配收入 E1	正指标	元/人
		人均 GDP E2	正指标	元
		第三产业增加值占比 E3	正指标	%
		财政自给率 E4	正指标	%
		第二产业 GDP 贡献率 F1	逆指标	%
		进出口总额占比 F2	逆指标	%
		重工业增加值占比 F3	逆指标	%
		第二产业在固定资产中比重 F4	逆指标	%

由表 4－24 可知，根据描述性统计采用反应数据一般水平量进行描述，采用最大值、最小值、中位数、平均数和标准差五个描述性数据对其进行表示，得到焦作市生态供给能力评价指标描述性统计结果如表 4－25 所示。

表 4－25　焦作市生态供给能力评价指标描述性统计结果

指标序号	最大值	最小值	中位数	平均数	标准差
A1	14.760	4.340	7.010	7.780	3.268
A2	1.470	0.930	1.170	1.190	0.172
A3	809.420	411.310	573.460	589.640	113.306
A4	25.010	16.280	21.230	21.110	2.857
B1	2662.310	426.000	1350.050	1519.420	776.405
B2	77.290	61.700	69.860	69.320	5.013
B3	87.600	66.890	81.060	69.370	6.355
B4	62.000	40.050	49.040	49.630	6.670

续表

指标序号	最大值	最小值	中位数	平均数	标准差
C1	97.360	31.700	36.000	35.500	2.094
C2	89.630	47.090	61.410	61.100	5.712
C3	39.920	78.000	85.030	87.730	6.345
C4	87.320	55.030	81.350	74.520	13.921
D1	905.440	834.390	872.480	838.360	1.831
D2	138.860	68.000	81.110	81.820	5.486
D3	287.420	239.010	173.400	272.380	25.800
D4	50.320	56.780	32.280	88.710	23.631
E1	87.400	68.000	84.340	93.400	58.841
E2	39.910	34.400	38.920	34.850	7.954
E3	33.700	29.610	31.380	31.580	1.211
E4	53.200	40.020	47.060	46.830	4.125
F1	39.710	29.450	33.600	31.010	3.102
F2	4.120	3.760	3.920	3.940	0.152
F3	23977.050	8430.050	15031.450	15648.010	4996.591
F4	52432.000	16484.340	33438.750	34177.140	11596.230

4.5.2 生态供给能力评价指标权重

以焦作市生态供给能力评价指标原始数据为基础，通过应用变异系数法（又被称为“标准差率”，是衡量资料各个观测值变异程度的一种统计量），当多个资料出现不同程度的变异时，可以进行比较，从而将不同量纲的数值进行等量化对比。变异系数法的公式为

$$CV = \frac{\partial}{\mu} \tag{4-20}$$

式（4-20）中，CV 为变异系数；∂ 为标准差；μ 为均值。对焦作市生态供给能力指标权重进行计算，赋权评价指标体系，得到各评价指标变异系数如表4-26所示。

表4-26 各评价指标变异系数

序号	变异系数	序号	变异系数	序号	变异系数	序号	变异系数
A1	0.422	A2	0.228	A3	0.092	A4	0.036
B1	0.145	B2	0.304	B3	0.058	B4	0.091
C1	0.192	C2	0.265	C3	0.184	C4	0.084
D1	0.135	D2	0.286	D3	0.03	D4	0.034
E1	0.511	E2	0.706	E3	0.095	E4	0.26
F1	0.072	F2	0.041	F3	0.056	F4	0.231

焦作市生态供给能力评价权重计算公式为

$$B = W \times A = \begin{bmatrix} W_1 \\ W_2 \\ \cdots \\ W_3 \end{bmatrix} \times \begin{bmatrix} x_{11}\ x_{12} \cdots x_{1j} \\ x_{21}\ x_{22} \cdots x_{2j} \\ x_{31}\ x_{32} \cdots x_{3j} \end{bmatrix} \tag{4-21}$$

经计算得到焦作市生态供给能力评价指标权重，如表4-27所示。

表4-27 焦作市生态供给能力评价指标权重

目标层	要素层	指标层	作用方向	单位	权重
生态供给能力评价指标体系	资源供给能力（0.431）	土地利用率 A1	逆	%	0.0398
		主要矿产品产量 A2	逆	万元	0.0505
		单位 GDP 能耗 A3	逆	t 标准煤/万元	0.0427
		单位 GDP 水耗 A4	逆	M^3/万元	0.0924
		资源保障水平 B1	正	%	0.0396
		可持续发展观念普及度 B2	正	%	0.0295
		工业固体废弃物利用率 B3	正	%	0.0288
		科技创新水平 B4	正	%	0.1077
	环境供给能力（0.293）	生活垃圾无害化处理率 C1	正	%	0.0143
		污水集中处理率 C2	正	%	0.0332
		建成区绿化覆盖率 C3	正	%	0.0860
		空气质量优良率 C4	正	%	0.0150
		人口密度 D1	逆	人/km^2	0.0072
		工业烟（粉）尘排放密度 D2	逆	t/km^2	0.0492

续表

目标层	要素层	指标层	作用方向	单位	权重
生态供给能力评价指标体系	环境供给能力（0.293）	工业二氧化碳排放密度 D3	逆	t/km^2	0.0438
		工业废水排放密度 D4	逆	万 t/km^2	0.0443
	经济供给能力（0.276）	城镇居民人均可支配收入 E1	正	元/人	0.0579
		人均 GDP E2	正	元	0.0617
		第三产业增加值占比 E3	正	%	0.0110
		财政自给率 E4	正	%	0.0172
		第二产业 GDP 贡献率 F1	逆	%	0.0061
		进出口总额占比 F2	逆	%	0.0341
		重工业增加值占比 F3	逆	%	0.0113
		第二产业在固定资产中比重 F4	逆	%	0.0767

由表 4－27 可知，焦作市虽然属于资源枯竭型城市，但是其资源供给能力依旧较为强劲，且是三个供给能力中的主要供给来源。焦作市的未来发展还要以资源供给为基础，逐步提升环境供给和经济供给，最终实现供给的内部性平衡，以及供给来源的多元化。因此，需要进一步分析焦作市生态供给能力的变化趋势，以解释焦作市供给能力变化过程。

4.5.3 焦作市生态供给能力分析

从资源供给能力、环境供给能力、经济供给能力三个维度分析焦作市生态供给能力变化规律与趋势。

4.5.3.1 资源供给能力变化规律与趋势

2015—2019 年焦作市生态资源供给能力变化曲线如图 4－23 所示。

由图 4－23 可知，2015—2019 年，焦作市的生态资源供给能力出现了小幅度的下降趋势，尽管在 2016 年出现了上升趋势，但上升幅度不显著。焦作市 2015 年的生态资源供给能力指数为 0.625，2019 年却下降至 0.503。焦作市出现生态资源承载能力下降的主要原因是，资源的综合利用率明显降低，这也是影响焦作市生态供给能力、综合承载力的关键因素。

4.5.3.2 环境供给能力变化规律与趋势

2015—2019 年焦作市生态环境供给能力变化曲线如图 4－24 所示。

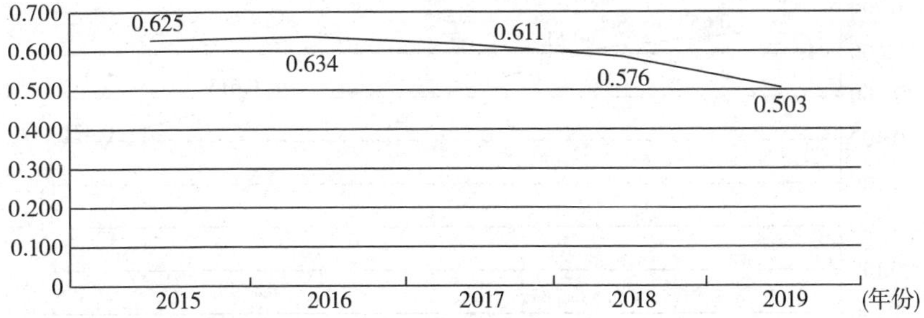

图 4－23　2015—2019 年焦作市生态资源供给能力变化曲线

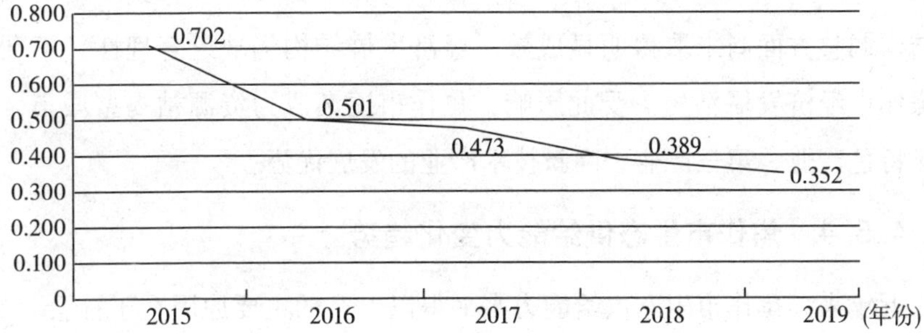

图 4－24　2015—2019 年焦作市生态环境供给能力变化曲线

2015—2019 年，焦作市生态环境供给能力呈现逐渐下降的趋势，2016—2017 年，生态环境供给能力相对平稳，之后便进入快速下降的阶段，由 2016 年的 0. 501 下降至 2019 年的 0. 352。近年来，焦作市生态环境供给能力不断下降，主要原因在于政府部门对环境治理工作重视程度不够，对各工业、企业主动承担减排责任督促不力。根据焦作市生态环境供给能力变化曲线图，可知焦作市生态环境供给能力的变化影响生态系统的总供给能力，尤其是近两年的生态环境供给能力指数下降，直接体现在综合供给能力指数的变化上，且该影响程度也较显著。

4. 5. 3. 3　经济供给能力变化规律与趋势

2015—2019 年焦作市生态经济供给能力变化规律与趋势如图 4－25 所示。

与生态环境供给能力相比，焦作市生态经济供给能力变化比较平稳，除了 2018 年有一定程度的上升之外，其他年份均呈平稳下降趋势。2015 年，焦作市生态经济供给能力指数为 0. 652，2019 年下降至 0. 421，表明焦作市在产

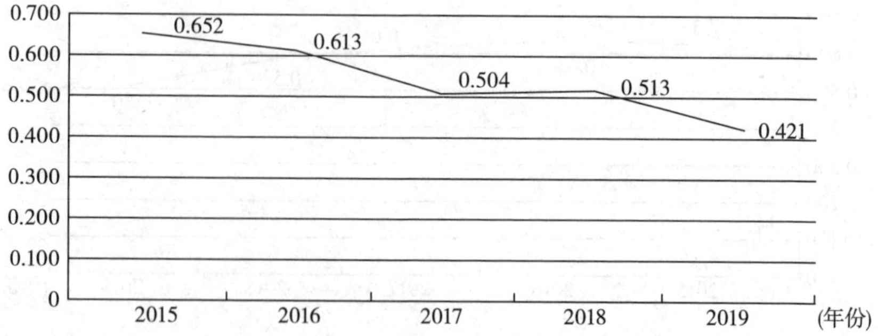

图 4－25　2015—2019 年焦作市生态经济供给能力变化规律与趋势

业结构调整方面尚未取得明显成效，经济发展结构仍缺乏合理性，不利于提高焦作市经济发展活力。受此影响，焦作市逐渐成为资源枯竭型城市，尚未凸显特色产业、第三产业、高新技术产业的发展优势。

4.5.4　焦作市生态供给能力变化趋势

近年来，焦作市生态供给能力水平得以上升的主要原因在于社会、经济、生态的共同发展，政府部门逐渐认识到改善环境、发展经济的重要性，并积极促进转变焦作市“黑色煤城”的形象，突破资源枯竭型城市的发展局限。对此，在发展皮毛、冶金、化工等优势产业的基础上，积极推动餐饮、信息技术、IT、旅游等产业的发展，从而实现焦作市经济的持续增长。另外，焦作市各级政府部门加大环保建设投资力度，引导企业管理人员增强环保意识，有助于改善生态环境。为了顺利推进资源节约型城市建设，焦作市陆续关停了部分高污染企业、高能耗企业，开发新能源，在一定程度上缓解了资源压力。各项社会事业的发展也提升了生态供给能力，主要表现在基础设施的建设水平、社会保障力度与覆盖面等方面。根据焦作市生态供给能力评价结果，将焦作市生态供给能力发展与变化划分为两大阶段，如表 4－28 所示。

表 4－28　焦作市生态供给能力发展与变化

阶段	时间	生态供给能力值	状态表现
第一阶段	2013—2015 年	综合生态供给能力由 0.354 上升至 0.492，平均每年的生态供给能力增长幅度为 0.028	处于平稳发展状态

续表

阶段	时间	生态供给能力值	状态表现
第二阶段	2016—2019 年	生态供给能力指数上升至 0.656，年平均增长率约为 0.045	生态供给能力指数有所增长

第一阶段：2013—2015 年，焦作市生态供给能力呈现平稳上升的发展趋势，综合生态供给能力由 0.354 上升至 0.492，年平均生态供给能力增长幅度为 0.028。2013—2015 年，焦作市的生态供给能力有明显波动，处于平稳发展状态。自 2013 年以来，焦作市在环境、资源、社会、经济等方面采取积极措施，推动自身稳定发展。同时，焦作市在建设过程中，推动落实政法综治工作，致力于城乡统筹发展。但是，由于原有的工业企业未能真正树立环保意识，并未在此阶段实现工业聚集区的建设，不能为焦作市工业发展提供新的载体，导致焦作市生态供需之间的缺口有所增大。

第二阶段：2016—2019 年，焦作市的生态供给能力有所增长，生态供给能力指数上升至 0.656，年平均增长率约为 0.045。尤其在 2016—2018 年，焦作市的生态供给能力增幅明显。该资源枯竭型城市能够出现这一明显增幅的主要原因是，社会承载力、环境承载力的不断提高。2019 年，焦作市加大了环境治理工作力度，尤其是关注水环境问题的治理与控制，污水集中处理率由 2016 年的 76.71% 上升至 2019 年的 89.35%。同时，工业废水排放量也由 2016 年的 21804 万吨减少至 2019 年的 11459 万吨。同年，焦作市关闭了城区内的自备锅炉，增加了清洁能源公交车的数量，在不同程度上改善了森林绿地、大气环境的状况。这表明，为进一步提高焦作市城市发展水平，仍需加大环保治理力度，促进焦作市经济社会的可持续发展。焦作市生态供给能力评价结果也表明，焦作市持续深入推进生态治理工作，可提升焦作市生态系统综合承载力。从生态综合供给能力角度分析焦作市生态系统状况，结果表明并无明显下降年份，其中以 2016—2017 年的增长幅度最为显著，单年的生态供给能力增长幅度为 0.103。

4.6 本章小结

本章分析了生态供给的内涵及产生源泉，介绍了城市生态承载力的类型及其与生态系统服务价值之间的关系，指出了影响资源枯竭型城市生态承载力变化的因素。基于遥感技术，分析了焦作市 1999 年、2004 年、2009 年、2014 年和 2019 年共 5 个年份的土地利用变化，建立了焦作市生态系统服务价值计算模型，定量测算了资源枯竭型城市生态供给状况；构建了生态系统承载力评价指标体系，并系统评价了焦作市生态供给能力状况。

5　基于生态供需视角的资源枯竭型城市生态补偿体系构建

在资源枯竭型城市转型中，生态补偿是环境修复与生态治理的重要手段。实施生态补偿，与资源枯竭型城市生态供需缺口相匹配，将是未来实现区域生态文明建设的重要路径选择。本章对非均衡和均衡的生态服务供需类型进行分析，构建资源枯竭型城市生态补偿框架，计算焦作市生态补偿成本，建立焦作市生态补偿体系，提出焦作市生态补偿体系实施措施。

5.1　基于市场均衡的生态服务供需类型分析

5.1.1　非均衡的生态服务供需关系

生态服务就是生态系统服务，又称为生态系统服务功能，是指在自然生态形成过程中、自然生态系统维持过程中，人们所依赖的环境效用与环境条件，是对人们日常生活、工作产生支撑作用的重要来源。生态服务不仅能够为人们生活提供能源、淡水、食物，以及生活、生产所需的原料，还能够为人类生存与发展提供关键、必需的环境条件，也能够为人类提供重要的美学享受、娱乐、休闲等。通过梳理国内外关于生态服务的研究，发现生态系统服务与其产生过程能够为人类生存提供支撑，这也是生态系统服务的重要内容。根据 TEEB 报告可知，生态服务需求的产生前提为利益主体所形成的经济活动，由此也会造成生态服务状态改变。生态服务的不断供给是满足自然与社会可持续发展的关键与基础，经济与社会代谢产生的生态服务消费与需求，需要在生态服务可持续和生态服务环境容纳量的范围内。资源枯竭型城市具有资源开发利用过度、环境污染严重、生态破坏加剧的特点，无法满足区域生态需求，该类城市的生态服务供需未能实现平衡。

对于资源枯竭型城市而言，社会与居民的各种行为会受到自然生态过程、自然生态规律的深刻影响。生态服务影响居民自然福利、生产与生活的各个方面，从能源、药物、纤维、水、食物到阳光、空气，这些由生态系统提供的丰富的服务与产品，都是生态服务与其作用过程的重要内容。因此，分析资源枯竭型城市生态服务供需关系，可为系统、全面地构建基于生态供需关系的资源枯竭型城市生态补偿体系提供依据。Tansley 是最早提出生态系统概念的学者，指出生态系统是指在特定空间范围内，非生物的成分、生物的成分通过物质循环和能量流动相互作用、相互依存而构成的一个生态学功能单位。由此可知，在生态系统中，环境为生物成分提供物质与能量，以此维持生命。但是，由于在食物链中许多生物成分只是其中的一部分，在获取生态系统服务时，也会涉及其他生物的能量与物质来源，进而构成生态服务的重要组成部分。对于生态服务的研究，Burkhard 提出生态服务供给是指在特定的范围内，以及在特定的时间区间内，生态系统所能提供的服务与产品的总量。同时，生态服务需求是指在一定时空内，人类所使用或所消耗的生态系统服务与产品的总量。因此，生态服务供给量的确定依据可设定为一系列的指标，诸如技术水平、人口数量、土地覆盖变化率、土地利用率等。

目前，国内外学者通过多种研究方法、从多个视角出发、利用多个平台对生态服务进行了系列研究，并取得了一定的研究成果。现有的生态服务评价方法虽然不断成熟，但是对于特定区域的生态服务供需关系的研究成果也存在差异，即需要将研究成果的主观性因素、误差控制在合理范围内。

5.1.2 均衡的生态服务供需关系

资源枯竭型城市不能提供自我所需的供求产品，这是资源枯竭型城市非均衡的生态服务供需关系的具体表现。由此可见，均衡的生态服务供需关系是指在特定时空范围内，生态服务能够支持生态需求，对生态系统中的各组成部分能提供支持，能够为当地居民、社会提供更多的服务与产品，为生态系统各要素提供支持，或者已经通过使用生态恢复措施等达到恢复生态服务功能的效果，并在生态系统保护的基础上实现生态产品与服务的价值。在生态系统服务中，不仅包括生态服务需求，还包括生态服务供给，如果将生态服务供给曲线、需求曲线画在坐标平面上，则在两条曲线处于相交状态时，才会达到生态服务供需均衡状态，此时对应的生态服务质量与数量都能满足经济社会发展需求。由此可见，生态服务供给曲线、需求曲线对生态服务状态起着决定性的作用。

生态服务供需均衡的表现为：能够实现劳动力的自由流动，在受到其他地区的吸引之后，某个地区的劳动力能够进行转移；形成规模经济、产业集聚、便利的交通物流。在实现生态服务供需均衡的前提下，居民能够意识到良好的生态环境是推动经济发展、社会发展的重要因素。受此影响，居民会形成维护生态系统、生态环境的自觉，即生态服务供需均衡体系为双赢体系。在生态服务供需均衡状态下，不仅能够提供生态服务与生态产品，也可为发展生态产业提供保障，从而增加当地居民的收入，在一定程度上扩大或维持生态环境的基本功能，有助于解决城市发展与资源利用之间的矛盾。在资源枯竭型城市转型过程中，均衡的生态服务供需关系，可以保证其在发展中能够得到更多生态服务与生态产品，为进一步发展服务业、现代工业营造可持续发展的外部环境。

从生态系统服务角度出发，对焦作市生态服务供需情况进行综合评价，可知焦作市生态服务供需关系处于非均衡状态，不能提供生态系统所需的供求产品，促使该资源枯竭型城市逐渐进入恶性循环。焦作市生态系统包含多种服务功能，不同功能的定位有所差距，在不同时空内各类服务功能的分布也不均衡。焦作市生态服务供需关系失衡的重要表现包括：从空间角度出发，焦作市生态服务空间分布存在不均衡性，这是引发供需关系空间异质性的原因。例如，焦作市流域水生态服务供需失衡，上、下游区域间的水质量、水资源引发供给差异，且上下游经济社会发展差异也使得需求方面存在差异，由此产生水生态服务补偿或交易的可能性。从时间角度出发，正是因为焦作市在资源开发中过度消耗生态服务，并导致生态服务超限消耗，或超过了自然资源的可再生能力，造成生态服务代际矛盾，这就需要焦作市坚持可持续发展原则。

5.2 资源枯竭型城市生态补偿准则

5.2.1 生态补偿原则

在资源枯竭型城市转型中，生态补偿是修复与治理生态环境的重要手段，而且为了发挥该手段的作用，需要以生态补偿体系为支撑。这是因为生态补偿体系影响着生态补偿效果、补偿者自身的承受能力。根据资源枯竭型城市生态补偿的影响因素分析结果，为能保证生态补偿体系的应用效果，需要综合考虑各项因素的影响，并在此基础上增强基于供需关系的生态补偿体系的合理性。关于生态补偿，只有将合理补偿金额用到生态环境保护相关的经济利益分配中，才能起到有效的作用，方能达到维护生态系统服务功能的目标，这是制定生态补偿标准的依据。建立生态补偿体系是亟待解决的难题，因为在不同时空条件下，生态补偿的影响因素和生态供需缺口各异。

5.2.2 生态补偿计算

5.2.2.1 生态系统服务价值计算

生态系统服务价值计算是指对有利于生态自然环境发展和生态保护的生产经营方式所产生的生态多样性变化、气候变化、水土保持等生态服务功能的价值进行计算与综合评估。生态系统服务价值计算怎样划分界限难度比较大，要想判断生态系统是否重复就变得非常困难。关于生态系统服务价值量计算的方法有三种：直接市场法、间接市场法和调查法。其中，间接市场法又包含参照成本法、机会发展成本法、市场转变替代法等。在进行价值量计算时，如果有现成的直接市场交易就应该先选直接市场法，如果实在找不到直接市场交易，再选用间接市场交易法。但是，在一些特殊情况下如果直接和间接市场交易法都不存在，则可以利用调查法，从货币角度进行合理转换计算。来自各国不同领域的经济学者、生态学者、环境学者，为将生态系统的服务功能融入环境管理范畴，通过综合不同学科的科学研究，将生态服务功能转化为货币形式，体现生态系统价值。但是，正因为采用的计算方式和评估标准不尽相同，最终还是缺乏统一的标准。因为生态系统服务功能价值计算范畴广泛，所以按照生态服务功能计算出的补偿费用相对较高，一般只能用来作为生态补偿费用的最高金额。

5.2.2.2 相关者损益计算

相关者损益计算主要包括两部分：按生态环境受益主体最终受益情况计算和按生态环境保护者最终投入的资金成本情况计算。

（1）按生态环境受益主体最终受益情况计算

生态环境受益主体是指没有承担任何费用并无偿享受生态环境服务的个体。因为生态环境保护者投入了财力、人力，而生态受益者却没有为所享有的生态服务功能支付任何费用，生态环境保护者的行为得不到应有的回报。要想使生态环境保护行为具有持续性，生态受益者需向投入成本的生态环境保护者支付合理的生态环境保护费用，激发环境保护者的积极性。关于受益主体如何补偿的标准，可以通过生态服务市场或环境产品的交易量和交易价格来决定。这种通过直接市场交易的方法来确定补偿的标准不仅简单易行，而且通俗易懂，还有利于激励生态环境保护者更加主动积极地研发新技术，以降低生态环境保护所需费用，并使环境资源利用效率更高。然而，有时最终成为生态补偿主体的不一定是生态环境受益主体，生态环境受益主体所受益的种类大部分是无法进行经济量化的非物质性的。而且，在特殊情况下，生态受益主体和生态受损主体又都是同一主体。目前，根据我国法律，没有经济能力补偿的受益主体及其后代都不能成为真正意义上的生态补偿主体。

（2）按生态环境保护者最终投入的资金成本情况计算

因为煤炭资源的开发造成了环境污染和生态破坏，很多环境保护者为了改善和修复受损的生态环境，为了将生态环境系统服务功能受损降到最低，积极投入大量的人力、财力和物力。由于环境保护过程中可能需要不同程度的成本投入，有些生态环境保护者为了修复和治理生态环境，还会牺牲自身的发展投资机会，所以关于生态补偿体系，生态环境保护者的发展机会所产生成本和直接投入成本也应该被纳入其中。但是，如何准确制定生态环境保护者的具体补偿金额存在非常大的困难，因为在界定生态环境保护者身份问题及其投入的具体成本时存在实际困难，无法具体用货币衡量，而且关于生态环境保护者个人机会的成本损失也很难准确估算，导致对生态环境保护者的补偿金额无法准确量化。

5.2.2.3 环境恢复与治理计算

恢复成本治理法是指对治理和修复生态环境的措施方案与工程项目的实施所需要的成本投入进行计算的经济学方法。根据生态环境修复和治理需要完成的生态保护工程、实施进程以及自然生态环境与经济产业可持续发展的目标，并结合焦作市当地的人文条件和自然条件现状，大概计算出恢复焦作市生态保护项目和工程建设需要的成本。计算过程分为以下六个步骤。

①对焦作市的煤炭资源储存量进行估算，并按照现有开采方式对煤炭资源开采所造成的生态破坏进行评估。

②按单位吨煤的价格，对焦作市煤炭资源潜在价值进行估算。

③对焦作市煤炭资源开发过程中所需的生态环境保护成本和技术投入成本进行评估。

④对焦作市生态环境治理和恢复到接近原来的生态环境状态，或者生态环境能够达到维系当地生态系统良性循环的标准，所需支付的治理和修复的资金评估。

⑤根据焦作市的煤炭储存量和上述治理与修复的资金金额的比值，计算出单位煤炭开采的生态补偿金额。

⑥将上述计算出的生态补偿金额计入焦作市地区煤炭开发成本中，并进行征收。

按照恢复和治理成本法计算出的关于煤炭开采造成的生态补偿费用，可以在单位煤炭的销售价格中合理抽出一定比例的份额，用来作为焦作市地区生态环境保护和生态环境恢复的支出。这些生态补偿费用既可以专门用来开发地区水利工程、水源涵养、矿区复垦、矿井回填等一些关于生态环境治理和修复活动的费用支出，还可用于生态移民和矿区居民赔偿等费用支出。

5.3 资源枯竭型城市生态补偿体系构建

5.3.1 生态补偿体系要求

对于资源枯竭型城市而言，生态承载能力关系着该类城市能否实现可持续发展目标，在我国实施资源枯竭型城市转型策略之后，越来越多的资源枯竭型城市开始关注生态补偿体系建设。

5.3.1.1 经济要求

经济结构对资源枯竭型城市的实际转型效果产生影响，关系着其生态承载力的变化趋势。该方面的影响主要体现在产业结构失调、主导产业简单、产业结构缺乏可持续性、企业分散等方面，具体如表 5－1 所示。

表 5－1 生态补偿体系构建经济要求

因素	内容
产业结构失调	①对于资源枯竭型城市而言，因为对资源产业的依赖性较强，所以与之相关的重工业比较发达，而轻工业、农业的发展不足，不能有效配置劳动力、资源。 ②在资源逐渐枯竭的背景下，主导产业会不断衰落，正是因为轻工业、农业发展不足，导致在此背景下失业人口数量增加，引发社会秩序问题，降低资源枯竭型城市的生态承载力
主导产业简单	①资源枯竭型城市的发展初期，其资源比较充足，由此形成的主导产业也会相对简单，产品类型单一，主要体现在初步加工产品，降低产品应有附加价值，无法实现产业持续发展。 ②对于缺乏高新技术水平的产业，也不会为资源枯竭型城市转型提供动力，不能提供低能耗、高质量产品，对资源枯竭型城市的转型水平、效果产生不利影响
产业结构缺乏可持续性	①在开发资源时，为满足生活、生产需求而忽视城市的可持续发展，过度浪费资源，严重破坏生态环境，容易出现资源不足的地区经济水平低，而资源丰富的地区经济水平高的问题。 ②产业结构缺乏可持续性，是指以破坏生态平衡、过度消耗资源为基础，资源枯竭型城市转型难度大。因此，对产业结构进行优化，提高产业结构的可持续性，有助于资源枯竭型城市向高产出、低污染转型，提高生态承载能力
企业分散	①在资源枯竭型城市中，大部分企业依山傍水，倾向于靠近资源区域，也会引发企业分散的问题，受此影响，企业间不能共享基础设施，出现重复建设的情况，引发资金、土地资源的浪费，不利于其他相关产业的同步发展，难以形成新兴主导产业。 ②企业分散因素对资源枯竭型城市生态承载力的影响体现在，企业规模小、企业群少，尽管对当地资源进行利用，但是因相互间的竞争并不合理，缺乏合理合作与专业分工，所以不能在企业间形成规模效益，加重资源枯竭问题，影响其生态承载力水平的提高

5.3.1.2 社会要求

资源枯竭型城市生态承载力的社会要求包括人文历史因素、社会安定因素、人口素质因素，具体如表5-2所示。

表5-2 生态补偿体系构建社会要求

因素	内容
人文历史因素	①在社会发展中，经过长期的积累会形成人文历史，人文历史因素直接影响资源枯竭型城市生态承载力变化。 ②人文历史的延续能够促进文化产业发展。在文化产业不断兴盛的背景下，能够对文化产业结构进行优化，为当地经济发展提供支撑。 ③在城市发展进程中，人文历史的丰富与积淀会逐渐对人们的行为方式、思维习惯产生影响，促进资源枯竭型城市转型
社会安定因素	①社会安定要求是指政府满意度高、人们生活幸福度高等，在提高社会安定水平的过程中，对犯罪违法行为进行严肃惩处，以便提高社会的稳定性与和谐性。 ②社会安定因素对资源枯竭型城市生态承载力变化的影响体现在：能够为经济发展、社区发展创造重要的内外部条件。 ③物尽其用、人尽其才，社会团结与安定，政府部门能够保证政策实施的稳定性，为资源枯竭型城市的顺利、平稳转型提供保证
人口素质因素	①根据我国人口分布特点可知，在特定时期内，人口数量可形成人口红利，但是在社会发展过程中，不断开发资源使得部分城市的资源处于日益枯竭的状态，在此背景下，人口红利将会对资源枯竭型城市转型产生影响。 ②加大教育文化事业发展力度，有助于将人口负担转变成资源枯竭型城市的人才优势，有助于形成高科技产业，推动科技服务业的发展，实现资源枯竭型城市的转型、升级

5.3.1.3 环境要求

环境因素对资源枯竭型城市生态承载力变化的影响，主要体现在农业发展、生产生活、服务产业、资源枯竭程度与种类等方面，具体如表5-3所示。

表5－3 生态补偿体系构建环境要求

因素	内容
农业发展	①在工业废水、废气等污染物的影响下，会产生土地退化等问题，阻碍农业可持续发展。 ②农业既是我国国民经济发展的基础，也是资源枯竭型城市转型的支撑。因此，农业发展水平也影响着生态承载力
生产生活	①资源枯竭型城市生态承载力关系着人们的利益，只有在优美的环境中，人们才可以安居乐业，社会才能够稳定运转，而海洋污染、草原退化、废气乱排等环境问题影响人们的生产、生活质量。 ②在资源枯竭型城市转型中，只有有效控制环境污染物、充分利用资源、提高生产生活质量，才能平稳实现城市转型，提高生态承载力
服务产业	①在资源枯竭型城市转型中，构建宜居城市，创造良好的人文生态环境、自然环境，同时通过引进高新技术、吸引外商投资，有助于提高资源枯竭型城市的转型速度，提高其生态承载力。 ②服务产业的发展，有助于提升居民就业率，缓解就业压力，推动经济发展、环境保护
资源枯竭程度与种类	①对于资源枯竭型城市而言，在发展初期，社会比较安定、经济水平高、人口数量少，转型风险比较低；发展到繁荣时期后，由于尚未破坏资源，资源储备也相对丰富，能够推动新型产业发展、投资环境优化。 ②在进入资源枯竭阶段后，城市需要通过提高生态承载力优化生态系统，实现自身稳定发展，推动产业转型。资源枯竭程度影响着资源枯竭型城市的生态承载力。 ③资源的种类关系着资源枯竭型城市的实际转型水平、生态承载力，煤炭、天然气、石油等资源充足的城市，可在资源枯竭前推动发展持续性明显的产业，优化与丰富产业结构，提高生态承载能力

5.3.2 生态补偿体系架构

5.3.2.1 生态补偿体系基本结构

资源枯竭型城市生态系统的复杂性、系统性，决定其生态补偿体系机制也带有复杂性、系统性的特点。根据生态系统可控性理论，构建生态补偿体系的机制应包括分工协作的组织、机构，各组成要素之间相互制约、相互依赖，提升生态补偿体系机制运行的有效性。资源枯竭型城市生态补偿体系机制结构如图5－1所示。

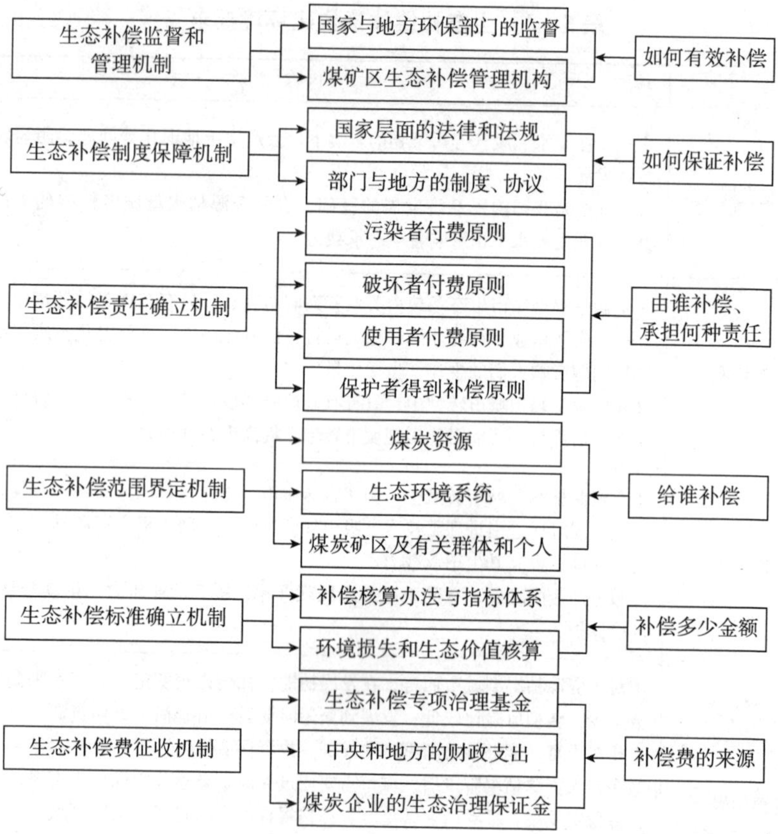

图5－1　资源枯竭型城市生态补偿体系机制结构

5.3.2.2　生态补偿体系主要内容

在图5－1资源枯竭型城市生态补偿体系机制结构中，其生态补偿体系机制的主要内容包括以下六个方面。

（1）监督和管理机制

生态补偿监督与管理机制由生态补偿监督机制、生态补偿管理机制组成，其中监督机制是指对资源枯竭型城市生态补偿体系进行确定，落实相关保障制度，并监督生态补偿体系的执行情况，监督其是否与生态系统生态补偿体系相吻合。

（2）制度保障机制

对于生态补偿体系，构建制度保障机制是指为实施生态补偿体系提供保证，制定对应的政策措施、条令条例、法律、法规等，确保生态补偿机制有效运行。

（3）责任确立机制

责任确立机制实施的关键在于确定生态补偿主体即责任方，并由此维护生态资源提供者、生态环境保护者的利益。在资源开发中，各利益相关的地位、责任存在差异。因此，针对资源枯竭型城市生态补偿体系，实施责任确立机制的根据在于遵循“破坏者与污染者付费”的原则。

（4）范围界定机制

范围界定机制主要是明确生态补偿对象与范围。目前，生态补偿内容包括清洁生产补偿、项目建设补偿、资源开发补偿、生态功能补偿、生态服务补偿、流域补偿等。资源枯竭型城市资源与生态环境关系的对象，即生态补偿对象。通过应用直接的生态补偿治理与改善生态环境，保证生态服务功能与水平。同时，生态补偿的范围还包括与资源关系密切的特定个人、群体、区域，界定标准为上述对象的贡献程度，包括丧失的工作机会成本、直接投入成本等，对其进行奖励与补偿。

（5）标准确立机制

为了进一步明确资源枯竭型城市生态补偿支付费用，需要以生态补偿体系为依据，以此明确生态补偿金额。

（6）补偿费征收机制

资源枯竭型城市生态补偿中涉及的补偿费用，主要用于退耕还林、资源开发与利用、生态破坏改善、环境污染治理等项目，为了保证顺利完成修复与治理工作，需要统一规划生态补偿费用的使用标准，并坚持有偿使用的原则，从而发挥集中使用资金的特点，解决生态环境治理中面临的问题。根据“生态旧账”“生态新账”的区分标准，对其应用具有针对性的补偿费征收机制。对于“生态旧账”，应由当地政府部门负责治理与修复，政府财政直接指出该部分补偿资金，根据法律规定，补偿主体只需交纳税费，而不需要交纳额外的补偿费。

5.3.3 生态补偿路径

资源枯竭型城市生态补偿体系的构建目标为，以不同生态补偿要求为依据，采取对应的生态补偿方式，保证生态补偿体系的应用效果。根据资源枯竭型城市生态补偿体系影响因素，提出了生态补偿的主要路径，如图 5-2 所示。

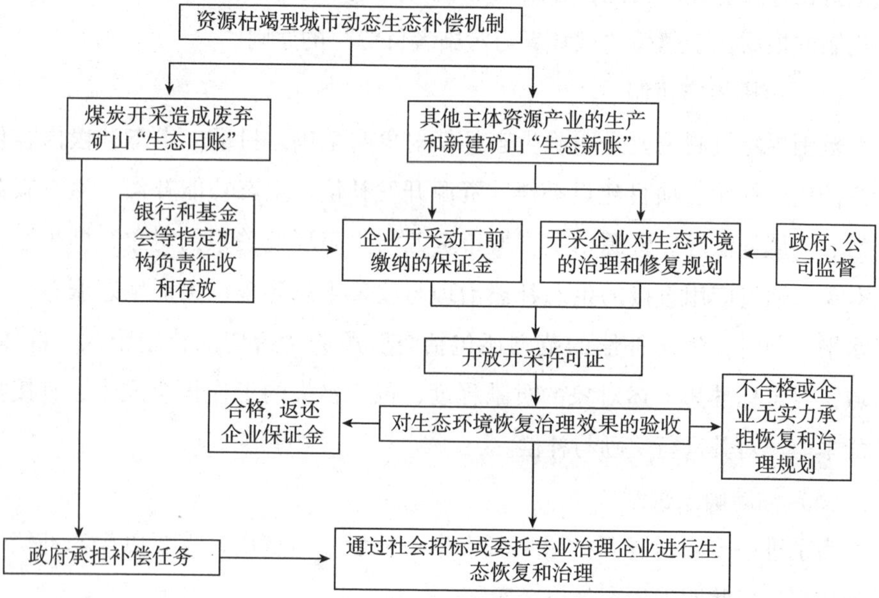

图 5-2 生态补偿路径

在构建资源枯竭型城市生态补偿体系的过程中，综合考虑影响资源枯竭型城市生态补偿的因素，在此基础上构建生态补偿体系的路径，确定并健全生态补偿机制，并通过采取生态补偿的具体措施，提高以社会、经济、环境为基础的生态补偿的可靠性、合理性。

5.4 焦作市生态补偿体系建立与实施

焦作市生态补偿体系是针对焦作市生态供需缺口和生态补偿成本提出的应对措施。因此，基于焦作市生态供给能力变化趋势分析，结合资源枯竭型城市生态补偿准则和体系，构建焦作市生态补偿体系就显得尤为重要。另外，在此基础上提出了焦作市生态补偿实施对策。

5.4.1 焦作市生态补偿概况

焦作市生态补偿的实质是通过重新配置资源，改善和调整生态环境资源保护、利用、开发中的分配关系、生产关系。

5.4.1.1 生态补偿实践

目前，焦作市在资源枯竭型城市转型过程中，缺乏完善的法律体系支撑，未能明确补偿方式、补偿内容。对此，焦作市应针对生态补偿，落实制度保障机制，针对资源补偿费、资源税等制定法律、法规，用于解决能源消耗、能源开采中出现的新问题。在立法中，建立具有针对性的生态补偿机制。焦作市地方政府以自身的实际情况为出发点，结合生态环境现状，并在遵守国家法律、法规的前提下，制定符合资源枯竭型城市转型目标的法律、法规，形成应对生态环境问题的生态补偿体系。在国内生态环境问题越来越严重的背景下，焦作市意识到自身能源消耗量、消耗体系对生态环境产生的恶性影响，尤其在全球面临水资源污染与匮乏、大气质量恶化、森林草原植被受到破坏、稀有与野生动植物资源减少等问题的前提下，焦作市采取生态补偿已经成为一种发展趋势。在资源枯竭型城市转型过程中，影响生态补偿效果的因素较多，诸如经济因素、环境因素、项目自身因素等，对于焦作市而言，影响生态补偿效果的宏观因素具有复杂性与不确定性，对生态补偿效果的影响比较明显。从微观角度出发，影响生态补偿主体的因素包括预期、偏好、收入等，这些因素可通过补偿主体的意愿来体现。影响接受者生态补偿的因素包括机会成本、预期、直接成本、收入等，可通过生态补偿体系体现机会成本，预期、直接成本、收入则可通过支付意愿体现。因此，在构建资源枯竭型城市生态补偿体系的过程中，需要综合考虑影响生态补偿的因素。随着经济的不断增长，新的环境质量问题日益突出。为了有效遏制生态环境恶化趋势，为人们营造更优良的城市生活环境，近年来，国内外学者以生态城市理论、循环经济理论、可持续发展理论为基础对生态城市进行研究，许多城市开始规划与建设生态城市。焦作市已经成功完成经济转型，为其推动生态补偿机制奠定了基础。20 世纪 70 年代，焦作市加大了非煤产业的发展力度，以便实现经济发展目标，并于20世纪末开始由煤炭工业城市转变成包括建材、冶金、化工、能源等在内的综合性工业城市。进入21世纪以来，面临着严峻的资源枯竭态势，焦作市推动落实新型工业化发展策略，培养龙头企业，在发展旅游业的过程中实现服务业的发展，以此对城市环境进行优化，探索生态补偿准则。

5.4.1.2 生态补偿进程

焦作市目前尚未明确生态补偿的具体概念，但自20世纪90年代以来，当地政府加快生态文明建设，促进经济协调发展。例如，焦作市将城区内污染性较大的工业就地改造或易地搬迁。2005年，焦作市制定并实施了《焦作市生态示范区创建计划》，在修武县、孟州市建设国家级生态示范区，推动当地经济发展；2006年，焦作市针对生态转型成立了循环经济领导小组，组织制定、落实循环经济发展方案、计划与思路；2008年，焦作市实施了《关于加强节约型社会建设的意见》，之后不断对此建设意见进行修改与完善，并通过下发实施《2011年焦作林业生态市建设实施意见》，制定林业生态建设方案。在"十一五"期间，焦作市被列为资源枯竭型城市，为了实现生态转型，该城市在保证粮食增产、稳产的前提下，对农业现代化、城镇化、工业化进行统筹规划与推进，发展替代资源消耗型的产业。在此阶段，焦作市生态补偿取得了一定成效。2018年，焦作市实施了《焦作市环境空气质量生态补偿办法（修订）》，明确"谁污染、谁赔偿，谁治理、谁受益"的原则，旨在通过生态补偿打好大气污染防治攻坚战，完成城市环境空气质量目标。

5.4.1.3 生态供需缺口测度

开展生态补偿，首先要对拟补偿区域的生态系统服务供给与需求进行科学测度。本书选择在资源枯竭型城市发展与转型的典型时期（1999年、2004年、2009年、2014年和2019年），以生态系统服务需求当量价值表征生态需求，以生态系统服务价值表征生态供给，系统评测了不同时期焦作市生态供需状况（见表5-4）。显然，生态供需缺口（生态系统服务需求与供给的差额），即各时期生态补偿的上限。生态供需缺口测算为进一步有效实施生态补偿提供了科学依据。需要指出的是，由于不是足额的补偿，要实现生态系统服务供需平衡和生态系统安全、人地关系和谐，还需要进一步提升补偿的额度。

表5-4 焦作市生态供需缺口测算 单位：亿元

年份	生态系统服务需求当量价值	生态系统服务价值	生态系统服务供需缺口
1999	30.37	29.93	0.44
2004	37.21	27.88	9.33
2009	40.55	23.02	17.53
2014	56.54	26.01	30.53
2019	73.79	30.01	43.78

5.4.1.4 生态补偿路径选择

在生态补偿过程中，焦作市对城市空间结构进行完善，优化城市总体规划，以《焦作市总体规划（2008—2020年）》为依据，进行城市空间结构设计，以中心城区作为城市总体规划方案的主中心发展区域。为提高城区工业外迁速度，及时、有效地将老城区的工业企业外迁至高新区或工业集聚区，优化调整工业结构，改善城区内人居环境，提高产业布局的合理性。同时，焦作市还提出在生态补偿中建设通信、道路等基础设施，明确各部门的分工。

焦作市生态补偿还体现在对产业结构进行优化，以现有工业发展情况为基础，壮大农副产品深加工、精细化工、汽车零部件、有色冶炼金属深加工、能源等支柱产业，形成更能促进生态城市建设的支柱性产业集群。利用先进技术对轻纺、陶瓷、塑料、建材等进行改造升级，致力于将焦作市发展成省内乃至全国重要的汽车零件、铝工业综合生产基地。将农业中的蔬菜、怀药、林果、畜牧、粮食作物发展成主导产业，根据不同类型，坚持因地制宜的原则，将焦作市各区域内的农村建设成为社会主义新农村。为实现区域生态文明建设目标，焦作市还突出发展全域旅游，积极打造太极拳品牌、焦作山水品牌等，促进当地特色旅游发展，将焦作市建设成为国际性的山水旅游城市、全国的旅游度假胜地。同时，带动当地文化产业的健康发展，努力形成系统的文化产业布局，并融合现代文明、绿色文化、历史文化等。利用均衡的生态服务供需关系识别城市的生态管理、生态权衡、地区均衡状况等，为构建城市生态补偿机制提供重要依据，这也是深入研究生态系统服务的原因所在。对于焦作市而言，正是因为其在发展中不断对生态系统产生破坏与干扰，导致生态系统压力日益加剧。为了能够实现资源枯竭型城市的顺利转型，焦作市应强化生态修复保护与国土空间规划的意识与责任，对生态系统的健康水平进行科学、全面的评价，对生态服务具备的主导功能进行合理定位，全方位提升与保护生态服务供给功能，并以生态服务供需为出发点与切入点，对生态服务与产品的空间配置进行优化，实现均衡的生态服务供需。

5.4.2　焦作市生态补偿成本计算

5.4.2.1　生态补偿成本模型

在构建生态补偿成本模型的过程中，首先评估时间序列的平稳性。同时，为了保证回归式残差形式与白噪声形式相符合，且符合滞后阶数要求，以 AIC 准则为依据，应用 Mackinnon 临界值。在检验经济变量因果关系时，采用格兰杰因果检验模型，其公式如下：

$$y_t = a_0 + \sum_{i=1}^{m} a_i y_{t-1} + \sum_{j=1}^{n} \beta_j x_{t-1} + \varepsilon_t \tag{5-1}$$

在式（5－1）中，常数包括 a_i 与 β_j，白噪声表示为 $\{\varepsilon_t\}$。在检验 y 的变化时，并非存在引发 x 变化的原因，就等同于假设条件 $H_e = \beta = \beta_e = 0$，需要进行 F 检验。之后，根据检验结果建立误差修正模型与协整检验模型，确定在 $n\beta_j$ 维向量单位中，长期均衡关系。以 EG 协整检验方法为根据，结合最小二乘法，进行协整检验。y_t 与 x_t 表示时间序列，对其进行回归处理，得到开始单位根检验残差序列，公式如下：

$$y_t = c + ax_t + \mu_t \tag{5-2}$$

在式（5－2）计算结果中，如果单位根显著，那么表明 x 与 y 之间存在协整关系；反之，则表明 x 与 y 之间无对应的协整关系。假设 $\{x_i, y_i\}$ 存在协整关系，得到误差修正模型表达公式如下：

$$\Delta y_t = a_0 + a_i(L)\Delta x_i + a_2(L)\Delta y_t + \lambda \mu_{t-1} + \varepsilon_t \tag{5-3}$$

在式（5－3）中，$a(L)$ 为滞后算子，通过残差的一阶滞后 μ_{t-1} 消去不显著的变量，进而得到节俭模型。在检验后构建脉冲响应函数，对下关变量冲击

反应进行检验。其中，单独 P 阶向量自回归模型表达公式如下

$$Y_t = B + A_1 Y_{t-1} + A_2 Y_{t-2} + \cdots + A_p Y_{t-p} + \varepsilon_t \quad (5-4)$$

在式（5-4）中，Y_t 为由内生变量构成的 k 维向量。另外，常数向量为 B、系数矩阵为 A_p，k 为误差向量，为 $\varepsilon_t k$。经过一定的推导与变化，得到最终表达公式如下：

$$Y_t = C + \sum_{S=0}^{\infty} (\psi_S P)(P^{-1} \varepsilon_{t-s}) \quad (5-5)$$

根据式（5-5）得到

$$Y_t = C + \sum_{S=0}^{\infty} (\psi_S P) \omega_{t-s} \quad (5-6)$$

在式（5-5）与式（5-6）中，ψ 为系数矩阵；P 为非奇异矩阵；C 为常数向量；ω_t 为向量白噪声，符合条件 $PP^i = \Omega$。在数据矩阵 ψ 中，其是指与 P 对应的第 i 行的第 j 列元素，从而体现系统是由变量 i 对应变量 j 的标准误差的正交化冲击过程中出现的 S 期脉冲响应。以煤炭矿区开发环境成本要素为依据，确定具体计算要素，设定煤炭资源损耗成本表示为 L。在此过程中产生的绿色投入成本为 G，环境破坏成本为 D，环境安全投入成本为 S，那么得到上述要素之间的关系公式为

$$C_t = \{L + \sum_{i=1}^{m_1} \sum_{j=1}^{n_1} D_{ij} + \sum_{i=1}^{m_2} \sum_{j=1}^{n_2} G_{ij} + \sum_{i=1}^{m_3} \sum_{j=1}^{n_3} S_{ij}\} \quad (5-7)$$

在式（5-7）中，C_t 为生态矿区的环境管理总成本；L 为煤炭资源损耗产生的成本；D_{ij}为在第 i 类环境破坏事项中，导致出现的第 j 项环境成本；G_{ij}为在第 i 类绿色投入事项中，导致出现的第 j 项环境成本；S_{ij}为在第 i 类关于环境安全的事项或交易中，导致出现的第 j 项环境成本；m_1 为环境破坏项目数量；m_2 为与环境破坏事项相对应的环境成本项目数量；m_3 为与环境安全相关的各种事项与交易产生的环境成本项目数量；n_1 为与各种环境破坏事项相关的项目成本项目数量；n_2 为绿色投入涉及的项目数量；n_3 为矿区环境安全投入产生的项目数量。

根据生态补偿成本元素，包含资源损耗成本 L、土地破坏成本 C_{dl} 、大气污染成本 C_a 、其他污染成本 D、环境恢复治理成本 G，具体公式如下：

$$C_{总} = L + C_{dl} + C_a + D + G \quad (5-8)$$

5.4.2.2 焦作市矿产资源价值计算

(1) 煤炭资源价值

在焦作市矿产资源系统中，煤炭资源所占比重较大。因此，在计算煤炭资源实际价值的过程中，可参考沈振宇和朱学义提出的矿产资源价值计量模型。假设焦作市煤炭资源并无级差地租，根据矿产资源价值计算模型，建立焦作市煤炭资源价值计算模型。其中，如果焦作市的年采出量预计结果一致，则将之表示为 Q_i，那么可采储的煤炭资源数量表示为 Q_T，由此得到煤炭资源价值计算公式如下：

$$\begin{cases} V_T = a \times Q_T + \sum_{i=1}^{n} \frac{\beta Q_i}{(1+r)^i} \\ n = \frac{Q_t}{Q_i} \end{cases} \quad (5-9)$$

在式（5-9）中，a 为开采每吨煤炭资源过程中所形成的地质勘查费用；β 为在焦作市煤炭行业企业平均利润中，煤炭资源价值销售收入与成本之间的比例数关系；P 为原煤的平均销售价格。为保证煤炭资源价值计算结果的合理性，统一参考我国煤炭市场的平均价格。

结合焦作市不同时期煤炭资源供需关系对煤炭资源价值产生的影响，利用产量法进行计算，并以煤炭资源价值计算模型为依据，建立煤炭损耗成本计算模型，表达公式如下：

$$L = V_T \times \frac{Q_s}{Q_k} \times K \quad (5-10)$$

在式（5-10）中，L 为矿区煤炭资源开采产生的损耗成本；V_T 为矿区内煤炭资源的总实际价值；Q_s 为计算期间内，矿区的原煤实际产量；Q_k 为矿区内能够开采与储藏的煤炭资源量；K 为煤炭能源供需调节系数，以此系统体现计算期间内，焦作市煤炭资源价值受到全国能源供需关系的影响。

(2) 矿产总资源价值

根据矿产资源价值构成要素分析结果，本书在构建矿产资源价值模型的过程中，以级差收益、绝对收益与地质勘察费作为计算矿产资源总价值的主要依据。因此，为了能够得到矿产资源总价值，需要计算各要素在矿产资源总价值中所占的比值，之后将三项比值进行相加计算，便得到矿产资源总价值。另外，在计算矿产资源价值的过程中，参考中国矿业大学朱学义教授等的研究结论。矿产资源价值计算模型公式如下：

$$V_T = V_G + \sum_{i=1}^{N} \frac{V_R}{(1+r)^i} \tag{5-11}$$

在式（5-11）中，V_T 表示在已经探明的矿产资源中，能够采取的矿产资源储量总价值；V_G 表示在地质勘查某矿产资源的过程中需要投入的价值总额；V_R 表示对应矿产资源总收益的货币表现形式，包括绝对收益与级差收益；r 表示折现率。另外，在式（5-11）中，n 的计算公式为

$$n = \frac{Q_T}{Q_i} \tag{5-12}$$

在式（5-12）中，n 表示矿产资源的开采总年数；Q_T 表示某矿产资源矿产品表中包含的地质储量；Q_i 表示矿产资源每年预计采取的矿产总量。

$$V_R = V_a + V_d \tag{5-13}$$

在式（5-13）中，V_a 表示对应矿产资源总收益的货币表现形式中的绝对收益；V_d 表示对应矿产资源总收益的货币表现形式中的级差收益。

（3）焦作市煤炭总资源价值

截止到2020年底，焦作市煤田总面积达到了971平方千米，煤炭保有存储量为32.40亿吨，开采储量为3.26亿吨，即约89.94%的煤田尚未被开发。焦作市的煤田南北宽度约为20千米，东西长度约为65千米。焦作市的煤炭资源是单一的优质无烟煤，灰分22%～27%；挥发分8%～9%；含硫量0.5%～0.8%；发热量5500～6700大卡/千克。因此，焦作市煤炭资源为钢铁工业与化工业的理想原料。

煤炭资源损耗成本计算。根据煤炭资源价值计算模型，结合收集到的焦作市煤炭资源价值相关数据，对煤炭总资源价值进行计算。2016—2020年焦作市煤炭资源产量与地质勘查费累计汇总如表5-5和图5-3所示。

表 5－5　2016—2020 年焦作市煤炭资源产量与地质勘查费累计汇总

年份	煤炭产量/亿吨	煤炭资源勘查费用/万元	折算为 2020 年末价值/万元
2016	0.52	1031.55	1389.62
2017	0.61	1091.97	1385.95
2018	0.55	1288.95	1541.19
2019	0.64	1356.55	1528.29
2020	0.94	1360.12	1443.66
合计	3.26	6129.14	7288.71

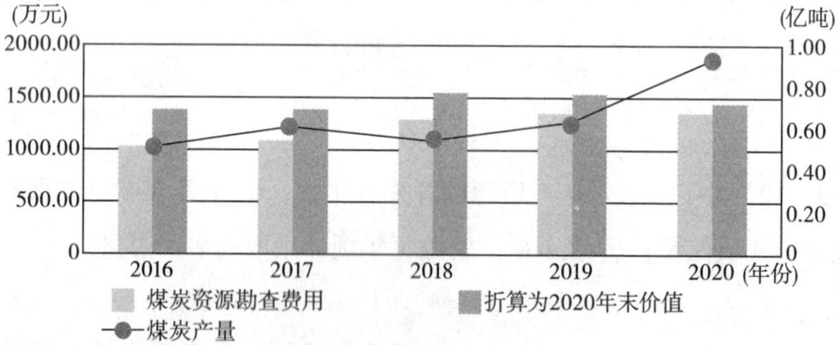

图 5－3　2016—2020 年焦作市煤炭资源产量与地质勘查费累计汇总

本书选择我国近年来执行的金融机构贷款利率参考值，即确定贷款利率值为 6.21%，将焦作市煤炭资源勘查费用折算为 2020 年末的数值。截止到 2020 年底，焦作市煤炭资源开采储量约为 32.4 亿吨。结合表 5－5 中的数据，得到地质勘查费用 a 的值，计算过程为

$$a = 7288.71 \times 10^4 / (3.26 + 32.4) \times 10^8 = 0.0204 \text{（元/吨）}$$

经收集数据，得到 2016—2020 年焦作市最近五年煤炭行业与工业企业产品销售收入利润比结果如表 5－6 和图 5－4 所示。

表 5－6 2016—2020 年焦作市最近五年煤炭行业与工业企业产品销售收入利润比结果

年份	煤炭行业				工业企业		
	销售收入/亿元	销售利润/亿元	利润总额/亿元	原煤产量/亿吨	销售收入/亿元	销售利润/亿元	利润总额/亿元
2016	177.64	53.19	16.43	0.52	7466.48	1164.17	464.38
2017	228.40	71.05	24.33	0.61	9517.07	1550.43	646.55
2019	413.79	113.62	52.57	0.64	12916.79	2024.06	822.43
2020	562.12	162.38	82.05	0.94	16612.95	2678.26	1263.07
合计	1381.95	400.24	175.38	2.71	46513.29	7416.92	3196.43
平均	345.49	100.06	43.85	0.68	11628.32	1854.23	799.11

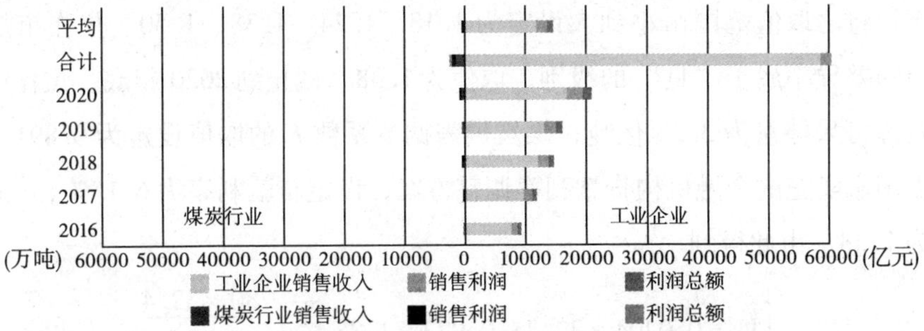

图 5－4 2016—2020 年焦作市近五年煤炭行业与工业企业产品销售收入利润比结果

在确定 α 值之后，根据焦作市煤炭领域与工业企业产品销售收入情况，确定参数 β，计算过程为

$$(46.26-0.65\times0.0204-349.32\times0.062)/349.32\times100\%=7.039\%$$

根据表 5－6 中的数据，得到工业企业平均销售利润率实际结果为

$$784.82\div11683.79\times100\%=6.72\%$$

当 β 的值为 0.072 时，计算得到焦作市煤炭资源值与工业企业平均销售利润率的比值，得到两者的误差较小，具有较高的近似度，因此本书确定 β 值为 0.072。

根据公式

$$\begin{cases} \&V_T = a \times Q_T + \sum_{i=1}^{n} \frac{PQ_i}{(1+r)^i} \\ n = \frac{Q_T}{Q_i} \end{cases} \tag{5-14}$$

并结合 α 与 β 计算结果，得到焦作市无级差收益煤炭资源价值模型，其表达公式为

$$\begin{cases} V_t = 0.0204Q_T + 0.072r\sum_{i=1}^{n} \frac{PQ_i}{(1+r)^i} \\ n = Q_T/Q_i \end{cases} \tag{5-15}$$

在式（5－15）中，r 为不同等级差的焦作市煤炭资源与低等生产成本间的差异率，将之取值范围由小到大设定为1.13、1.24、1.38、1.50。焦作市煤炭资源的差异率属于“良”的级别，取值为1.38。截止到2020年底，焦作市煤炭资源可采储量为3.26亿吨，煤炭供需调节系数 K 的取值设定为0.891，并根据国家实施的金融机构贷款利率调整方案，设定贷款利率为6.15%，r 的取值为1.38，由此得到

$$\begin{cases} V_T = 0.0204 \times 32.4 + 0.072 \times 1.38 \sum_{i=1}^{n} \frac{780 \times 32.4}{(1+r)^i} \\ n = 32.4/3.26 \end{cases} \tag{5-16}$$

得到焦作市煤炭资源的价值计算结果为

$V_T = 100.43$（亿元）

将该结果代入式（5－17）中，

$$L = V_T \times \frac{Qs}{Qk} \times K \tag{5-17}$$

$$L = 100.43 \times \frac{3.26}{32.4} \times 0.891 = 9(\text{亿元})$$

由此得到焦作市煤炭资源损耗成本约为9亿元。

5.4.2.3 土地破坏成本计算

（1）土地破坏成本计算公式

焦作市作为资源枯竭型城市，在计算其土地破坏成本时，主要应用生产

力变动法，即生产效用法。以此为基础，结合焦作市在资源开发中对土地产生的破坏，以及随之在利润、成本、生产者产量等方面发生的变化。根据此生产效用法，计算出煤炭资源开发土地破坏成本，其计算模型为

$$C_{dl} = \sum [(LS_i \times PX_i)PY_i - LS_i \times fc_i \times P_m] \tag{5-18}$$

在式（5－18）中，C_{dl}为煤炭资源开采中损害土地产生的经济损失，即耕地破坏成本；LS_i 为在耕地受损之前，第 i 种农作物的原有播种面积；PX_i 为在耕地受损之前，第 i 种农作物的单产量；fc_i 为种植第 i 种农作物所产生的单位费用，诸如农药费用、化肥费用、种子费用等；PY_i 为第 i 种农作物的市场价值；P_m 为焦作市内农作物的生长年景概率。

（2）焦作市土地破坏成本计算

2016 年与 2020 年焦作市的用地变化主要体现在裸地面积、林地面积、建设用地面积的增加，以及耕地面积的减少。与 2016 年相比，2020 年的耕地面积减少了约 59. 75 平方千米，林地面积增加了 18. 75 平方千米，建设用地面积增加了 1. 50 平方千米，裸地面积增加了 39. 50 平方千米。2016 年与 2020 年焦作市土地变化情况汇总如表 5－7 和图 5－5 所示。

表 5－7　2016 年与 2020 年焦作市土地变化情况汇总

单位：平方千米

年份	土地类型	耕地	裸地	林地	建设用地	总计
2016	面积	926. 25	131. 75	150. 25	52. 50	1260. 75
2020	面积	866. 50	171. 25	169. 00	54. 00	1260. 75
对比		－59. 75	＋39. 50	＋18. 75	＋1. 50	0

焦作市的气候为大陆性半干旱气候，四季分明，即夏季炎热、冬季寒冷，年平均气温约为 14℃，年平均降雨量约为 723. 14 毫米。焦作市的农作物种类也比较多，包括小麦、玉米、谷子、花生等。由于不同种类的农作物成熟季节存在差异，因此农作物种植形式结合轮作、间作、套作等，耕地总面积并不与农作物耕地总面积完全相同，以主要农作物的耕地面积为计算依据。根据表 5－7 中的数据可知，耕地面积由 2016 年的 926. 25 平方千米下降为 866. 50 平方千米，即减少了 59. 75 平方千米。焦作市农作物损益情况汇总如

图 5－5　2016 年与 2020 年焦作市土地变化情况汇总

表 5－8 和图 5－6 所示。

表 5－8　焦作市农作物损益情况汇总

农作物类型	小麦	蔬菜	玉米	谷子	薯类	花生
播种面积（ha）	95.41	41.55	36.54	63.21	19.25	24.21
销售单价（元/kg）	1.85	1.45	2.30	3.56	1.84	8.25
作物单产（kg/ha）	4750.00	47561.00	4685.00	3780.00	6125.00	2358.00
产值（元/ha）	839241.00	2956184.00	291582.00	705608.00	66306.00	37752.00
单位面积损益（元/ha）	2645.30	50166.23	2188.52	5655.19	4068.98	3805.69
种植费用（元/ha）	6421.26	18145.50	7202.23	6765.34	6524.62	14784.06
农作物损益（元）	255351.01	2107465.84	68078.69	316875.00	24408.65	7605.98

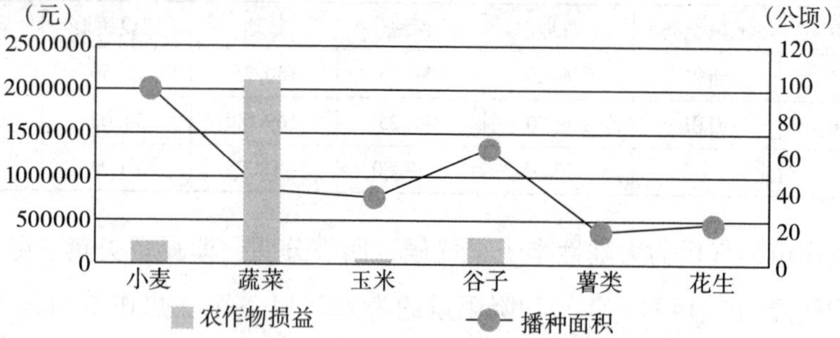

图 5－6　焦作市农作物损益情况汇总

将相关数据代入式（5－18）中，得到焦作市 2020 年的耕地破坏成本计算结果为 71.49 亿元。

$$C_{dl} = \sum [(LS_i \times PX_i)PY_i - LS_i \times fc_i \times P_m] = 71.49(\text{亿元})$$

5.4.2.4　大气污染成本计算

（1）大气污染成本计算公式

在确定焦作市职工与周边区域居民在大气污染物影响下的患病人数、死亡人数后，计算大气污染成本，即计算焦作市大气污染成本实物量。计算公式表示为

$$P_{ti} = f_{pi} - f_{si} \times P_e \tag{5-19}$$

在式（5-19）中，P_{ti}为受到大气污染之后焦作市内健康危害数量，包括发病人数、死亡人数等；f_{pi}为在大气污染后危害终端i的年发生概率，诸如呼吸系统疾病方面的门诊率、死亡率、住院率等；f_{si}为以危害终端i作为基线，在清洁条件下i的发生概率；P_e为焦作市的暴露总人数。其中，f_{si}的一般表达公式为

$$f_{si} = \frac{f_{pi}}{1 + \Delta c \times \beta_i / 100} \tag{5-20}$$

在式（5-20）中，β_i是回归系数，指在大气污染物质浓度变化的过程中，每变化1$\mu g/m^2$，危害i的变化百分数；Δc_i为危害健康空气污染物质浓度与空气污染物质量浓度的阈值差，Δc_i计算公式为

$$\Delta c_i = c_{pi} - c_{si} \tag{5-21}$$

在式（5-21）中，c_{pi}为焦作市实际空气污染物的浓度，单位为$\mu g/m^2$；c_{si}为危害健康空气污染物质浓度。一般情况下，在进行该部分计算时，需要选择一级标准浓度。

在计算大气污染健康成本价值量的过程中，应用改进之后的人力资本法，由此得到大气污染下形成的健康总成本计算公式为

$$c_\alpha = c_{ed} + c_{il} \tag{5-22}$$

在式（5-22）中，c_α为焦作市大气污染健康成本；c_{il}为受大气污染影响，呼吸性疾病引发的经济损失；c_{ed}为受大气污染影响，居民过早死亡产生的经济损失。其中，c_{ed}计算公式为

$$c_{ed} = P_{ed} \times HC_m \tag{5-23}$$

即

$$c_{ed} = P_{ed} \times \sum_{i=1}^{t} GDP_{pci}^{pv} \tag{5-24}$$

在式（5－23）与式（5－24）中，HC_m 为焦作市内城市人口的人力资本人均值；P_{ed}为受到大气污染的影响，产生的过早死亡人数；GDP 为在城市基准线上的人均 GDP 值。另外，c_{il}计算公式为

$$c_{il} = P_{il} \times F_h \tag{5-25}$$

在式（5－25）中，P_{il}为焦作市大气污染引发的呼吸性疾病发病人数；F_h 为单个发病居民使用的医疗费用。

（2）焦作市大气污染成本计算

①健康污染实物计算。根据大气污染成本计算公式，预测焦作市健康危害相关数值，对此应用指数函数内插法，对收集到的相关数据进行综合分析，从而计算得到不同污染浓度区间 PM_{10}的回归系数 β_i。不同污染浓度区间 PM_{10}的回归系数 β_i 汇总如表 5－9 所示。

表 5－9　不同污染浓度区间 PM_{10}的回归系数 β_i 汇总

PM_{10}/（μg/m²）	β_i/%
100	0.1652
110	0.1531
120	0.1428
130	0.1352
140	0.1264
150	0.1201
160	0.1174

综合考虑焦作市 2020 年 PM_{10}的浓度数值，得到在每立方米范围内，PM_{10}的浓度值约为 151g，得到回归系数 β_i 的计算公式为

$$\beta_i = (0.1201 + 0.1174)/2 \times 100\% = 0.1188\%$$

结合国内外专家提出的 PM_{10}污染与发病率、死亡率之间的关系，认为焦作市煤炭资源跨矿区由 PM_{10}引发的发病率应设定为 3.78%，致死率约为 0.124%。另外，根据收集到的焦作市相关资料，结合矿区内人口数量，将暴露于大气污染的人口设定为全区人口，推算出矿区内影响健康的空气污染物质浓度与实际空气污染物质浓度间的阈值，计算公式为

$$\Delta c_i = c_{pi} - c_{si} = 151 - 39 = 112\ (\mu/m^2)$$

焦作市内早死人数计算公式为

$$P_{ed} = (f_{pi1} - f_{si1}) \times P_e = \left(f_{pi1} - \frac{f_{pi1}}{1 + \Delta c_i \beta}\right) P_e \qquad (5-26)$$

根据式（5－26）得到，焦作市内早死人数约为4人。另外，由大气污染导致的焦作市内呼吸疾病发病数量计算公式为

$$P_{ed} = (f_{pi2} - f_{si2}) \times P_e = \left(f_{pi2} - \frac{f_{pi2}}{1 + \Delta c_i \beta}\right) P_e \qquad (5-27)$$

根据式（5－27）得到，焦作市内呼吸疾病发病数量约为10.2万人。综合考虑焦作市最近5年的贷款利率、人均GDP，以及人口自然增长率等数值，可以得到焦作市的人均GDP约为27520元/人。结合焦作市内早死人数计算公式，得到该矿区内居民呼吸疾病引发的经济损失约为

$$10.2 \times 27520 = 28.07 \text{（亿元）}$$

②呼吸性疾病健康成本计算。根据构建的量化计算模型，对焦作市内因大气污染导致的呼吸性疾病发病人数进行了解，发现发病人数为10200人，以货币化处理发生的医疗费用。在此过程中，以住院费用、治疗费用作为关键数据，以此计算出院患者医疗费用。焦作市呼吸性疾病患者住院医疗费用参照如表5－10和图5－7所示。

表5－10　焦作市呼吸性疾病患者住院医疗费用参照　　单位：元

病种	人均医疗费用
肺气肿、支气管炎	4952
急性上呼吸道感染	2346
肺炎	3560
合计	10858

根据表5－10中的相关数据，根据医疗费用法计算焦作市因大气污染引发呼吸性疾病健康成本的计算为

$$C_{il} = 10.2 \times 10858 = 11.08 \text{(亿元)}$$

结合C_{il}与C_{ed}计算结果，得到焦作市大气污染总成本计算结果为

$$C_d = 28.07 + 11.08 = 39.15 \text{(亿元)}$$

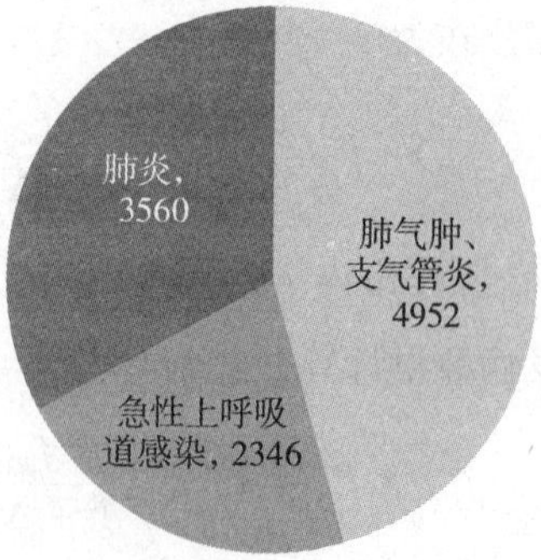

图5-7　焦作市呼吸性疾病患者住院医疗费用参照

5.4.2.5　其他污染成本计算

(1) 固体污染成本

固体污染大多是指固体废弃物产生的破坏，属于其他环境破坏成本的主要内容。在计算固体污染成本的过程中，综合考虑焦作市针对固体污染采取的绿化造林措施，当前的固体污染物数量已逐渐减少，降低了固体污染成本。经过计算，焦作市固体废弃物引发的破坏成本也较低，约为11.52万元。

(2) 污水污染成本

在焦作市内，经过对污水进行处理，除了总砷与pH值达标以外，余下的指标也基本符合一级标准要求。目前，除了有部分生活污水外，内地矿井并不会将污水直接排放到环境中，而是会进行一系列的污水处理。正因为生活污水与矿井水在得到处理之后，基本可以满足一级标准，且处理之后的水能够被直接排放至环境中。因此，在计算污水污染成本时，将其设定为零。

(3) 其他污染成本合计

在计算其他污染成本的过程中，将矿井水破坏成本表示为 C_w，将固体废弃物污染成本表示为 C_g，则其他污染成本计算成分包括 C_{dl} 和 C_α，即其他污染成本计算预估公式为

$$D = C_{dl} + C_g + C_\alpha + C_w \quad (5-28)$$

根据式（5-28）得到，焦作市其他污染成本计算预估结果为48.68亿元。

5.4.2.6　治理成本计算

(1) 土地恢复治理成本

结合土地恢复治理成本构成要素与特点，本书认为焦作市土地恢复治理成本主要包括土地覆土费用、土地回填费用、土壤改良费用、土地平整费用、管理费用、农田设施费用、设施摊销费用、不可预见的费用。在计算每部分的费用时，综合考虑现场的土地整理实际情况数据，以及国家实施的整理预算定额标准。

单位面积土地恢复治理成本估算如表5-11和图5-8所示。

表5-11　单位面积土地恢复治理成本估算

费用类型	估算项目	参数依据	金额/（元/亩）
土地覆土费用	土方运输	按照1.25米计算前后两期覆土高度	7300
	购买覆土价格	以绿化用黄土为主，总覆盖厚度约为1.25米	6550
土地回填费用	土地回填	以煤矸石回填造地	2560
	矸石运输费用	运输距离为4~5米，填充厚度为65厘米	6430
土壤改良费用	肥力改良	将施肥时间假设为三年	850
	土地翻耕	将翻耕次数假设为三次	300
	生物种植	将种草时间假设为三年	270
土地平整费用	推土	以土方30平方米进行计算	80
	平地	按照土地面积的50%进行计算	740
管理费用	专家咨询	按照150元计算	150
	设计规划	按照200元计算	200
	管理人员费用	按照100元计算	100
农田设施费用	素土路面建设	按照60平方米计算	350
	灌溉设备	按照30米计算	860
	路边排水沟	按照土方20平方米计算	120
设施摊销费用	设施摊销	按照50元计算	50
不可预见的费用	其他项目	按照70元计算	70
合计			26980

根据表5-11中的数据，可知每亩土地的恢复治理成本约为26980元，将之用C_1表示，则

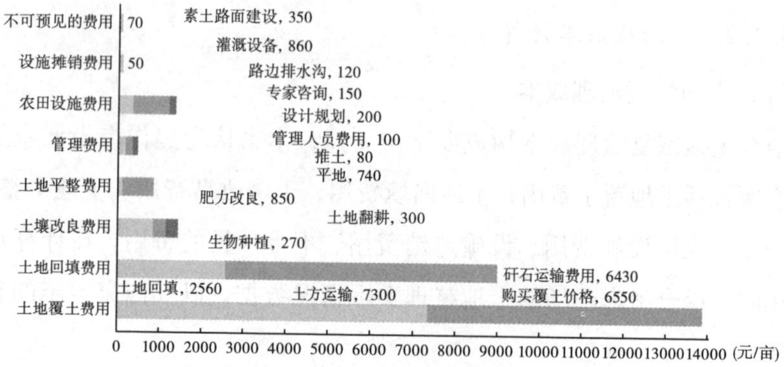

图 5-8　单位面积土地恢复治理成本估算

$$C_1 = 26980\text{（元）}$$

在焦作市内，由于农作物与林木对土地的要求存在差异，所以在恢复耕地与林地的过程中需要采取不同的恢复措施。具体是指，林地的恢复不需要土地翻耕、土壤肥力改良、农田设施建设等工序，因此林地恢复费用仅需要在恢复耕地费用的基础上扣除不需要的工序费用即可。将草地或林地的每亩恢复治理成本表示为 C_2，则

$$C_2 = 26980 - 850 - 300 - 350 - 860 - 120 = 24500\text{（元）}$$

截止到 2020 年，焦作市耕地面积约为 257.90 万亩，林地面积约为 169.00 万亩，结合计算得到的每亩土地恢复治理成本，得到焦作市土地恢复治理成本为 C_{xi}，其计算公式为

$$C_{xi} = C_1 \times 866.50 + C_2 \times 169.00 = 2.75\text{(亿元)}$$

（2）污水治理成本

处理焦作市内污水需要花费的成本类型较多，具体是指污水处理厂的日常运营成本、折旧成本、污水处理设备财务费用等。其中，污水处理厂日常运营费用包括维修费、化学药剂费用、人工费、动力费等，人工费是指管理费用、员工工资等；动力费是指企业在生产经营中消耗电力、热力等而形成的费用；维修费是指日常设备维修、设备检测、仪表检查所产生的费用。由此可知，焦作市污水处理产生的成本所涉及的方面较多，表示为

$$C_w = A + W + P + M + R + Q \tag{5-29}$$

在式（5-29）中，C_w 为年内污水处理所需成本；A 为水处理设备类资产的折旧成本；W 为污水处理厂员工工资与福利费用；P 为动力费；M 为污水处理设备维修费用；R 为净化水化学药剂费用；Q 为其他方面的成本。

焦作市污水处理厂在运营过程中购买专业设备、建设工程，所需的投资费用总额约为 850 万元。在专家验收后，对污水处理厂的污水处理能力进行评定，截止到 2020 年底，该污水处理厂承担着处理污水的主要责任，其相关成本构成如下。

药剂支出费用是指在净化污水过程中产生的药剂使用成本，根据 2020 年污水处理能力，以及当前的药剂市场价格，即 0.036 元/吨，得到药剂使用成本约为 35.78 万元。

燃料动力成本是指在启动污水处理设备之后，根据电量使用结果与电费单价计算，得到该部分燃料动力成本约为 21.78 万元。

员工工资福利支出成本是指污水处理厂各位员工的工资福利。目前，该污水处理厂的员工数量为 16 人，产生的工资福利支出约为 50.52 万元。

资产折旧费用是指污水处理设备运行中产生的折旧费用，将资产净残值率假设为 10%，综合折旧费率假设为 5%，根据污水处理设备的原市场价值，得到折旧费用约为 13.23 万元。

大修支出费用是指维持污水处理厂正常运营产生的大修支出费用，费率为 2%，结合污水处理设备的原市场价值，得到该部分大修支出费用约为 4.53 万元。

日常检修支出费用是指建安工程日常检修所产生的费用。建安工程支出 455 万元，费率为 1%，即日常检修费用为 45.5 万元。

其他支出是指污水治理过程中产生的其他支出成本，假设该部分的费率为 5.2%，计算得到其他支出费用为 3.98 万元。

根据上述数据，得到焦作市污水处理成本公式为

$$C_w = A + W + P + M + R + Q \tag{5-30}$$

根据式（5-30）得到 C_w 的最终结果为

$$C_w = 35.78 + 21.78 + 50.52 + 13.23 + 4.53 + 45.50 + 3.98 = 175.32\text{（亿元）}$$

(3) 环境恢复治理成本

本书以焦作市绿化成本构成要素与其他环境恢复成本要素之间的关系，构建绿化成本计算模型：

$$TC_g = AC_g \times S_1 \tag{5-31}$$

在式（5-31）中，TC_g 为绿化治理总成本；AC_g 为单位治理面积的绿化治理成本；S_1 为可绿化的面积。

在该公式中，S_1、A_g 计算公式为

$$S_1 = \alpha \times S \tag{5-32}$$

$$A_g = AC_1 + AC_2 + AC_3 \tag{5-33}$$

$$AC_1 = A_1 + A_2 \tag{5-34}$$

$$AC_2 = B_1 + B_2 + B_3 + B_4 \tag{5-35}$$

$$AC_3 = P \times C_i \tag{5-36}$$

$$A_2 = A_{21} + A_{22} \tag{5-37}$$

$$B_2 = B_{21} + B_{22} \tag{5-38}$$

$$B_3 = B_{31} + B_{32} \tag{5-39}$$

$$B_4 = B_{41} + B_{42} + B_{43} \tag{5-40}$$

在上述公式中，α 为平均绿化面积系数，将之确定为 1.015；AC_1 为单位面积内所需的土地整理费用；AC_2 为单位面积内栽种植被产生的费用；AC_3 为单位面积内产生的辅助费用；S 为占地面积；A_1 为单位面积内平整土地产生的费用；A_2 为单位面积内造林整理费用；B_1 为单位面积内恢复植被调查设计费用；B_2 为单位面积内维护幼林产生的费用；B_3 为单位面积内辅助材料费用；C_1 为绿化面积；A_{21}为单位面积内拉线定点费用；A_{22}为单位面积内挖坑产生的费用；B_{21}为单位面积内树苗费用；B_{22}为单位面积内种树产生的费用；B_{41}为单位面积内病虫害防治费用；B_{42}为单位面积内年灌溉产生的费用；B_{43}为单位面积内的肥料费用。

结合焦作市的历史成本，得到可绿化总面积为

$$S_1 = 3.14 + 2.56 = 5.70 \ (\text{hm}^2)$$

A_{21}即单位面积内拉线定点费用按照 95 元/ha 计算，以此为依据得到支出

总计结果为

$$TA_{21} = 95 \times 5.70 = 541.50\ (元)$$

在计算单位面积内挖坑费的过程中，按照23元每个坑的计价方法计算，矿区内所需坑数量为2900个，得到挖坑费结果为

$$TA_{22} = 23 \times 2900 = 66700\ (元)$$

根据式（5-39）与式（5-40）得到造林绿化费用为 $TA_1 = 67241.50$ 元。

综合考虑到在进行山体坡面整理时，主要应用客土填充方法，经过测算得到需要应用160立方的土，黄土的市场价格约为55元，得到该部分的土地平整费用为

$$TA_2 = 160 \times 55 = 8800\ (元)$$

根据公式得到土地绿化成本费用为

$$TA_1 + TA_2 = 67241.50 + 8800 = 76041.5\ (元)$$

在环境恢复治理方面，采用花草与树木相结合的种植方式，选择女贞子、香柏树、刺槐等常见的绿化树种作为主要的植物品种，花卉以蔷薇、苜蓿草为主。经计算发现，在进行绿化种植的过程中，需要的蔷薇床苗数量为2525株，苜蓿草的种子重量约为52.5公斤，香柏树树苗的数量约为1175棵，女贞子树苗的数量约为475棵，刺槐的数量约为575棵，总种植面积约为29250平方米。在进行种植物采购时，结合当时的种苗市场价，计算结果为

$$26978 + 37525 + 6756.25 + 2146.25 + 2467.5 = 75873\ (元)$$

在绿化后，需要采取护林措施，喷洒农药是其重要环节，大多使用2.5%的高效氯氟氰菊酯微乳剂，每亩地的平均使用量约为1.85千克，病虫害防治所需的费用约为2950元。同时，焦作市内的绿化用水多为可以重复使用，因此可省去一部分用水方面的支出。在完成种植的初期阶段，需确保施肥量，复合肥的施用量在80~100克，尿素的施用量约为60克，该部分的支出约为950元，由此得到幼苗保护所需费用为

$$2950 + 950 = 3900\ (元)$$

在植被恢复中还会产生调查设计费用，约为475元。因此，植被栽种方面的成本支出约为

$$52920 + 3900 + 475 = 57295 \text{（元）}$$

对于 27 名护林人员费用，按照每人每月工资的平均值 2650 元进行计算，得到辅助支出费用为

$$2650 \times 27 \times 12 = 858600 \text{（元）}$$

根据式（5－28）、式（5－29）与式（5－30）得到绿化总成本为

$$52920 + 57295 + 858600 = 0.097 \text{（亿元）}$$

计算得到焦作市环境破坏成本为

$$G = C_{xi} + C_i + C_w = 2.75 + 0.18 + 0.097 = 3.03\text{（亿元）}$$

其中，G 为环境恢复治理成本；C_{xi} 为土地恢复治理成本；C_w 为污水处理成本；C_i 为绿化总成本。

焦作市环境恢复治理成本约为 3.03 亿元。

5.4.2.7 焦作市生态补偿总成本

根据上述焦作市实际数据，计算得到资源损耗成本、土地破坏成本、大气污染成本、其他污染成本、环境恢复治理成本，结合式（5－41）

$$C_{总} = L + C_{dl} + C_a + D + G \tag{5-41}$$

得出焦作市生态补偿总成本为

$$89.48 + 71.49 + 39.09 + 48.68 + 3.03 = 251.77 \text{（亿元）}$$

根据上述计算结果，可知焦作市环境生态补偿总成本约为 251.77 亿元，结合本书构建的模型及所得的实际数据，可计算相应的生态环境成本，为资源枯竭型城市生态补偿机制的建立提供参考依据。

5.4.3 焦作市生态补偿体系构建的指导思想和原则

生态补偿是焦作市政府的重要工作，为了实现资源枯竭型城市转型目标，焦作市需要不断探索科学、合理的资源开发方法，在开发资源的过程中，减轻对水资源、土地资源，乃至整个生态系统的影响与破坏，这也是焦作市构建基于生态补偿体系的重要原因。因此，焦作市在构建生态补偿体系时，应坚持应用新方法、新思路，将此作为制定与选择生态补偿体系指导思想与原则的基础。

5.4.3.1　焦作市生态补偿指导思想

资源枯竭型城市转型目标，在于推动经济可持续、健康发展，对于焦作市而言，其构建与落实生态补偿体系的目标既是培养符合生态环境需求的经济增长点，为解决历史遗留的生态环境问题提供支撑，还能帮助焦作市树立良好的城市形象。结合城市发展现状，构建生态补偿体系的指导思想：坚持以政府为主导，坚持以人为本，发挥有效市场和有为政府作用，强化法治建设。

（1）坚持以政府为主导

政府部门的主导性地位主要体现在制定生态补偿相关政策、发挥政府部门在宏观调控方面的作用、解决市场问题等方面，并为生态补偿提供充足的资金，拓宽筹措生态补偿资金的渠道。坚持政府主导性地位的指导思想要求，制定生态补偿的法律、法规，提出生态补偿举措，坚持资源保护、资源开发等工作责任制并实行严格的绩效考核，开展生态补偿补贴预算，依法依规征收和使用生态税，建立矿产资源使用权利金制度，推动实行生态补偿机制。

（2）坚持以人为本

生态补偿是一种直接有效的方法，要全面开启生态文明建设新征程，必须关注人们的需求，坚持以人为本，体现生态补偿的可持续性、协调性、全面性。焦作市生态补偿坚持以人为本，确保生态补偿机制的应用，能够实现受益区、保护区的共同发展，维护生态环境保护者、开发者的切实利益，实现环境与经济、自然及人的和谐发展。同时，还要提高焦作市生态补偿体系的科学性，提高资源利用集约度，利用新方法、新技术、新理论，提高冶炼加工、选矿、采矿等各环节的技术水平，提高焦作市资源的产出率、回收率与利用率。在生态补偿体系运行的过程中，生态补偿体系应具有科学性，保证生态补偿的透明与公开，体现生态环境修复成本、保护成本，以及生态服务产生的价值。

（3）坚持市场补偿与政府补偿相结合

对于资源枯竭型城市而言，保护生态环境、实施生态补偿体系属于公共事业。如果市场交易条件缺失，则会因市场失灵降低资源枯竭型城市转型效率，这就需要发挥政府在生态补偿体系构建中的主导作用。政府部门需要依靠行政手段、经济手段、法律手段，对生态环境的破坏者、建设者的义务与权利进行界定，并制定与之相关的法律、政策，对生态补偿体系、形式进行规范，筹集充足的生态补偿技术与资金，提高生态补偿体系运行效率。

（4）完善生态补偿法律

在构建焦作市生态补偿体系时，坚持不断完善生态补偿法律的指导思想，为资源开发、生态补偿提供根本保证与法律基础。完善生态补偿法律就是要为生态补偿金的使用范围、管理制度、征收标准、征收范围，以及落实资源使用税、改善资源补偿费和资源税制度等提供法律保障与遵循，真正发挥各项资金在资源枯竭型城市转型中的作用。

5.4.3.2 焦作市生态补偿原则

焦作市生态补偿收费主要根据矿区的生态破坏损益和生态环境污染状况确定。因此，想要持续发展并保护矿区生态环境，必须对因煤炭开采造成的生态环境破坏等情况进行合理补偿，使因煤炭资源开发造成的负面影响降至最低。因此，基于生态供需关系，不能只将生态环境成本和服务功能的价值作为生态补偿的标准。基于以上研究分析，焦作市煤炭资源开采的生态补偿体系的确定应遵循以下原则。

（1）生态补偿费用必须高于生态环境恢复治理费用原则

煤炭资源开发的生态补偿制度是一种利益协调机制，是保护自然生态环境的一项重要经济决策，对采矿企业和受益地区都具有明显的约束功能，是能够有效实施环境管理和监督的强有力的经济手段，生态补偿标准的确定决定着生态补偿制度实现的程度。生态补偿是指由于市场经济不能处理个体的外部问题，因此通过另一种更强有力的制度进行干预，市场经济责任越明确，私有制越发展，出现外部问题的可能性就越大。破坏生态环境的行为具有趋利原则，尤其是煤炭资源开采者，作为煤炭开发商开采动机和最终目标就是得到最大的利益。因此，生态环境治理和恢复的费用必须高于生态补偿体系才能具备约束功能，才会对煤炭开发企业发挥引导、预防和约束作用，才能激发开采企业更大的主动性和积极性，增加预防与治理技术的投入，对被破坏的生态环境进行修复，逐渐转变“低产出”的落后经济发展方式，不断降低投入和资源消耗，提高资源利用率，以保证煤炭开采的经济利益最大化。

（2）遵循循序渐进、协调发展和生态补偿合理制定与承担原则

为促进生态保护，调动煤炭开发商能够积极主动地对已破坏的生态环境进行治理和修复，煤炭资源开发收费应高于生态环境恢复治理费用。但是，为了避免影响开采企业的正常发展，生态补偿费要充分考虑企业的综合经济状况和企业的承受能力，对不同生产规模企业区别对待，合理核算企业的生态补偿费用。此外，生态补偿的制定不能脱离焦作市当地经济产业发展和自然生态现状，应遵循循序渐进与区域协调发展的基本原则。在生态系统内，许多行为都能够产生外部经济性，在发展中破坏生态环境的行为，也会增加负外部效应；反之，保护焦作市生态环境的行为，则能够产生较高的正外部效应。如果不要求生态效益受益者主动支付生态补偿，那么将不能保证焦作市生态环境保护者得到应有的补偿，进而削弱焦作市生态效益保护者与生产者的积极性，发生更多的负外部效应行为，甚至还会进入恶性循环，导致发生“公地悲剧”“搭便车”等不良现象。因此，焦作市在构建生态补偿机制的过程中，应坚持生态补偿合理制定与承担的原则，生态系统内的受益者不仅享受生态环境改善带来的环境质量、经济质量方面的优势，还应承担其向生态保护者提供相应补偿的责任与义务。

（3）坚持可行性、科学性、有效性原则

可持续发展不仅意味着尊重自然环境，而且意味着公平分配经济和社会回报及机会，强调公平、平衡和协调，这也是基层组织的一条重要规则。焦作市在确定生态补偿体系的过程中，需要保证其具有一定的可行性、科学性与有效性，这就要求综合分析焦作市生态系统服务价值保护。同时，结合焦作市生态供需关系评价结果，在制定生态补偿标准时，不能过低也不能过高。这是因为过低的生态补偿标准会导致无法达到生态补偿的目标；如果生态补偿标准过高，则会给焦作市部分企业带来较大的社会负担，所以生态补偿标准过低或过高都会对焦作市的整个环境保护和生态产生影响，关系着焦作市转型发展方向与效率。因此，科学地制定焦作市生态补偿体系，并确保其具

有有效性、可操作性，尤其要注意将生态补偿的短期效应与长期效应有机结合，是决定焦作市能够成功实施生态补偿体系的关键因素。针对焦作市生态补偿现象研究结果，不断完善以生态供需为基础的生态补偿体系，确保焦作市实现资源枯竭型城市转型目标，推动焦作市可持续发展。

（4）坚持个人责任与权力下放原则

生态思维虽强调个人责任，但应与群体责任、社会责任相结合。明确的责任将使个体和群体更容易承担起生态文明建设的责任。个体可以从参与、认同和学习中明确自己与他人的责任，理解公共政策。基于这一点，公民有责任维护和促进公共利益，从而更好地支持区域发展。权力下放有利于生态环境损害调查等程序快速开展，规范资金来源、申报等流程。

5.4.4 焦作市生态补偿架构

根据焦作市生态供求关系及变化规律分析结果，生态补偿基础、资金来源、双主体、补偿方式等是分析构建焦作市生态补偿体系的结果。

5.4.4.1 补偿基础

为解决生态补偿中的关键与首要问题，需要确定生态补偿标准，而此标准的确定难度比较大，既要考虑对生态环境破坏程度、恢复生态环境所需成本进行计算，又要面对土地荒漠化、水土流失、土地塌陷的测量等现实问题。根据我国现有的土地征地补偿政策可知，需要综合考虑近三年的平均产值，征地补偿应为此平均产值的6～7倍，且如果该补偿体系不能满足当地居民的生活需求，则需要增加征地补偿费用，以平均产值的30倍作为最高上限。但是焦作市在执行该政策时，存在不能满足部分补偿者生活基本需求的问题，现有的过渡性政策也未能解决此方面的问题。

矿产资源方面的生态补偿是指以开发矿产资源现状为前提，而需要补偿的生态环境修复成本较高，因此矿产资源生态补偿体系的确定，需要结合重建生态环境所需的成本，即恢复、治理生态环境的投资成本。焦作市矿产资源开发中引发的生态损害多体现在烟（粉）尘排放、废气排放、水土流失、草地荒漠、土地开裂深陷等。因此，焦作市生态恢复也主要指恢复植被、保持水土、平整土地，其中各项投资均由直接费用和间接费用组成，且为了达到保护生态环境的目标，焦作市需投入财力、物力、人力，并将之列入生态补偿计算中。由此可见，生态补偿体系的确定与计算具有一定的动态性，需要结合焦作市生态环境破坏程度、实际情况来完善生态补偿体系。从市场多元化、外部性、生态理论角度出发，焦作市制定生态补偿体系的基础体现在以下三个方面。

（1）建立市场化、多元化生态补偿机制

现阶段的生态补偿资金主要以各级政府的财政收入为主，除了应用资金补偿方式外，多元化、市场化的生态补偿仍处于初期阶段。随着人们对生态补偿认识的深入，以及生态补偿范围的不断扩大，对补偿资金的需求日益增加，需要通过多元化、市场化的手段实现生态补偿。对于焦作市而言，实现与其经济社会发展水平相适应的生态补偿十分必要。正是在逐步健全市场化、多元化的生态补偿政策体系的前提下，政府部门才能够根据自身职责进行明确分工，针对不同领域出台生态补偿机制实施办法，鼓励探索生态标识、绿色金融等市场化、多元化的生态补偿机制，并以此作为健全生态补偿体系的重要基础。

（2）以外部性为基础的生态补偿基础

从外部性角度分析生态补偿基础是指焦作市区域生态位置的贡献。生态资源区位是地理位置、自然环境中的重要组成部分，也是生态系统的一部分。例如，焦作市的发展主要是因为其处于特殊的区域位置。生态资源自身具有生物多样性保护、生态平衡、防灾减灾、生产、净化等功能，对其他区位的破坏与生态侵蚀具有拦截作用，是保护生态的屏障。正是因为焦作市拥有了上述外部性条件，才保证其能够具备生态补偿基础。

（3）生态系统理论视角下的生态补偿理论基础

从生态系统理论视角分析焦作市生态补偿基础，主要是指从生态整体论的“整体”出发，强调人是自然环境的重要组成部分，而人在以自身体验为中心发展经济时，容易忽视生态系统的承载力。对此，生态整体论强调自然界具有内在价值。生态资本是指可以带来社会效益、经济效益的生态环境、自然资源等，生态资本理论要求人们不能因为追求生态环境所产生的经济价值而肆意破坏环境，应该关注生态系统的社会价值与生态机制，利用市场手段实现生态保护与经济发展的双赢，这也是焦作市构建生态补偿体系的理论基础。

5.4.4.2 补偿资金

通过梳理西方发达国家采取的生态补偿融资手段，发现其采用的生态补偿融资手段包括慈善补偿、生态补偿基金、生态产品认证体系、生态旅游、商业规划、市场交易、公共补偿等方面，为发挥生态补偿体系的作用提供了更宽的补偿资金来源渠道。现阶段，焦作市为了能够实现资源枯竭型城市转型目标，构建基于生态供需的生态补偿体系并进一步确定产权制度，引入生态资金补偿、社会力量参与具有必要性。以供求平衡为基础的焦作市生态补偿资金来源包括政府支付资金、矿产资源税等。

（1）政府支付资金

在焦作市生态补偿资金来源中，政府支付资金是公共财政转移性支付资金的主要来源，由中央政府向焦作市拨付所需资金，由中央政府对该部分资金来源进行宏观调控。目前，政府支付资金主要用于矿产资源勘探，用于生态补偿、资源补偿方面的资金额度较小。因此，仍需加大将政府支付资金用于矿产资源补偿方面的力度，优化生态补偿体系。

（2）矿产资源税

以供求平衡为基础的生态补偿应与市场经济规律相吻合，在计算和确定标准时需结合矿产资源的生态价值、社会价值、自然价值，将矿产资源税作为生态补偿资金来源。利用专门立法，向当地征收水流域下游地区的资源利用收益税，由专门、独立的机构负责对收益税进行管理，或利用财政支付方法实现生态补偿。

（3）扩展生态补偿资金来源内涵

为了保证焦作市生态补偿体系的实施有资金支持，应从概念上拓展生态补偿资金，即不仅是受益者与使用者向生态保护者付费，还涵盖针对生态破坏者收取的罚款。因此，焦作市的生态补偿资金来源是由生态资源受益者付费、生态资源使用者付费、生态环境破坏者接受罚款组成，并由公共管理部门对生态补偿资金进行集中统一管理，通过奖励、补助或补偿等方式，将补偿资金输送给生态资源保护者。这就表明，焦作市以生态供需为依据的生态补偿资金范围可以在概念上进行扩大，诸如保护者得到的补偿、受益者付费、使用者付费、破坏者付费等。同时，焦作市也有责任合理补偿生态保护者的机会成本，在生态补偿原则的指导下，确定补偿主体及其承担的主体职责。

(4) 引导社会与企业参与，拓展生态补偿资金来源

在基于生态供需关系的资源枯竭型城市生态补偿体系中引入多元化主体，多元主体包括地方政府、中央政府、非政府组织、集体经济、个人、企业等。在此基础上，拉动焦作市社会公众对生态系统、生态服务的需求，提高公众对保护生态产生的支付意愿，加大对个人、私人企业进行生态补偿的激励力度。焦作市政府部门发挥带头作用，引导企业成为生态补偿资金的重要来源，以焦作市煤炭资源规划为例，该方面的生态补偿机制可包括成立环境基金、建立生态产品认证体系、发展生态旅游、进行碳交易、制定商业规划等内容，通过政府、企业、银行、基金组织共同运作，保护焦作市生态环境，既为当地政府、居民、投资者带来切身利益，也为焦作市实现资源枯竭型城市转型提供更多资金来源。

5.4.4.3 补偿主体和受偿主体

以供求平衡为基础的焦作市生态补偿为双主体，包括补偿主体与受偿主体。

(1) 补偿主体

结合焦作市的资源枯竭现状，以及生态环境特点，在确定补偿主体时以受益者角度为出发点，将补偿主体分为直接补偿主体与间接补偿主体。其中，直接补偿主体的确定以矿产资源开发目标为依据，是指矿产资源开发最直接、最大的受益者。因此，国家是重要的直接补偿主体。同时，对于焦作市而言，在生态补偿体系中，根据“谁受益，谁补偿”的原则，一切在建设活动与生态保护中受益的个人、单位均应成为生态补偿主体。但是，正是因为生态利益具有公共属性，一般情况下，受益主体多为不确定的多数人，乃至全社会，而实现受偿者与受益者之间的直接补偿不具有实际操作性。与之相比，政府

部门作为公共利益的代表，可成为焦作市生态补偿主体，此时焦作市政府部门实际上为替代补偿主体，向生态受益地区征收一定比例的补偿费用，或通过财政转移支付等方法补偿给生态保护建设地区。

特定的生态受益者也是生态补偿主体。焦作市资源开矿权人与开发企业主要从事矿产资源开发与经营活动，在此过程中获得最大经济利益，因此他们也是生态补偿的直接补偿主体。对于焦作市而言，尽管国家拥有矿产资源，但是地方政府是直接管理矿产资源的代表，在开发资源时具有管理权利，即焦作市也是直接补偿主体。间接补偿主体主要是指生态环境受益者、资源性产品使用者。同时，焦作市环境资源开发者与利用者也是生态补偿主体，这是因为开发、利用矿产资源、煤炭资源的活动会降低当地的生态系统功能，会损害一定区域内的公众利益。对此，政府应向资源开发与资源利用主体征收一定比例的费用，以财政转移支付等方法将征收的费用补偿给受损主体。另外，根据矿产资源的利益分配、属性可知，生态补偿利益主体是指采矿权人、探矿权人、矿产资源所有者、当地居民与政府。

（2）受偿主体

近年来，焦作市生态地位得到了高度重视。焦作市循环经济试验区不仅是执行生态环境保护政策的主体，还是增加地方政府财政收入的主要来源，为生态治理与保护提供支持性资金。由此可见，焦作市矿产资源开发的利益受损者为部分生态企业、地方政府、当地居民，其也是基于供求平衡的焦作市生态补偿中的受偿主体。其中，资源开发与利用过程中的利益受损者是焦作市生态补偿体系的重要受偿主体。开发与利用资源的活动会造成环境破坏或污染，这就要求对应的利益受损个人、单位成为接受补偿的主体。为改善与保护生态环境做出贡献的个人与组织，也是生态补偿体系中的受偿主体，除了特定的生态功能区域外，在焦作市修复生态环境的过程中，为提供生态服务功能、促进城市转型，或增进、创造公众生态利益而使自身利益受到损失的主体也是受偿主体。

焦作市生态补偿体系中的受偿主体还包括特定的生态功能区，是指为了保护生态环境与生态系统，促进焦作市经济的可持续发展，在一定面积的水体与陆地范围内，制定特殊的生态系统保护政策，在经过各级政府部门的批准后，进行特殊管理与保护的区域。一般情况下，焦作市生态功能区的生态保护水平，影响着当地整个生态安全、生态系统的良性发展，具有明显的现实意义。因此，焦作市政府部门应针对生态功能区域落实禁止或限制开发的保护措施，而在此类生态功能区域内，公众被限制或剥夺了发展的机会，则由生态受益者或政府对其进行补偿，承担起生态补偿责任。另外，生态功能区的对应部门也可以代表该区域公众接受补偿，并根据公平、公正的原则，对补偿金额进行合理分配，落实到具体的受偿主体。

5.4.4.4 补偿方式

基于供求平衡的焦作市生态补偿方式，是指补偿主体用该手段对补偿客体进行补偿，实现生态补偿目标。综合考虑焦作市以供求平衡为基础的生态补偿概念与目标，结合市场发育程度与政府状况，确定其可采用的补偿方式包括以下五种。

（1）资金补偿方式

资金补偿方式是直接、常见的生态补偿方式，包括贴息贷款、政府补贴、减免税收、转移性支付等。焦作市目前处于经济发展的关键阶段，当地居民对生态补偿资金的需求较大，为解决此问题，焦作市政府可针对生态补偿提供资金支持，以此改善当地居民的基本生活条件。

（2）产业补偿方式

该种生态补偿方式的优势在于能够协调受偿主体与补偿主体之间的关系，使生态补偿机制更具互利双赢的特点。此类补偿方式的具体内容为帮助焦作市发展文化产业、教育产业，为更多居民提供良好的基础教育；推广生态标志与生态品牌，增加绿色产品附加价值，提高生态产品的市场竞争力；推动生态产业的发展，引导实力强的企业对焦作市生产产业进行投资，完善产品市场营销策略。

（3）技术人才补偿方式

利用政府部门的大力支持，提高焦作市当地居民的劳动技能与文化水平，积极引进高技术人才，提高焦作市的整体发展水平。此类生态补偿方式具体为加大职业教育、基础教育投入力度；加大技术输入、人才输入力度；培养知识水平高的劳动力资源，提供更多的学习机会。

（4）生态移民补偿方式

在生态补偿方式中，生态移民是比较特殊的一种补偿方式，长期居住在生态环境比较差的环境中居民的生活、生产方式受到现有自然环境的制约与限制。另外，焦作市在矿产资源开发过程中，引发了环境问题，诸如大气污染、水土流失、土地沉陷等，且此类问题严重威胁着当地居民的身体健康、生活质量。在此背景下，焦作市在建立、健全以生态供需关系为基础的资源枯竭型城市生态补偿体系的过程中，可考虑应用生态移民补偿方式，并将之作为生态补偿措施。

（5）其他补偿方式

焦作市采用的生态补偿方式包括政策补偿、基金补偿、市场补偿、流域补偿等，以供求平衡为基础，制定生态补偿优惠政策，结合当地的自然条件优势，推动碳汇交易、碳汇平衡政策，或建立生态补偿基金，利用向社会筹集资金的方式加大生态补偿宣传力度，为实现焦作市生态环境的良好、长效保护提供资金支撑。

焦作市政府部门发挥行政协调作用，结合该资源枯竭型城市的发展现状，融合应用多种生态补偿方式，由行政协调转变为激励引导，并不断加强事前、事中、事后的监督。在选择对应的生态补偿方式时，焦作市政府部门需通过法律对产权进行界定，确立生态补偿方式与补偿体系，并通过发挥政府的监管作用，由保护主体与受益主体达成协议之后，提高生态补偿效率。在其中一种生态补偿方式无法发挥作用时，可由另外的生态补偿方式进行补充，形成混合型的生态补偿方式。对此，焦作市政府需要与周边地区政府、企业等签订包含激励措施、预防措施在内的长期补偿协议，提高上下游合作企业的生态保护积极性，为落实生态补偿提供有效保证。

5.4.5 焦作市生态补偿主体与方法

5.4.5.1 焦作市生态补偿体系的补偿主体

通过对当前焦作市生态补偿体系中的利益相关者进行识别，考量利益相关者在焦作市政府主导治理体系中发挥的作用、所处的位置，结合焦作市生态供给能力变化规律，得出焦作市生态补偿利益相关者的关系与影响主要体现在如下三个方面。

（1）核心利益相关者

焦作市生态补偿体系中的核心利益相关者，是指与生态功能区、生态系统有着紧密关系的利益相关者，此类利益相关者的决策或行为能够直接影响焦作市生态系统的维持状况、生态补偿落实情况。同时，生态补偿的应用成效也能够给核心利益相关者带来最直接的收益与体验。因此，结合焦作市生态供需状况，在该资源枯竭型城市的生态补偿体系中，核心利益相关者是指政府行政主管部门、生态环境区域内地方政府、上级政府部门等。

（2）蛰伏利益相关者

在焦作市生态补偿体系中，蛰伏利益相关者是指对生态系统功能产生两个维度影响的相关部门、媒体、居民等，此类蛰伏利益相关者因其在生态环境内开展的生活、生产活动会产生一定的影响，所以蛰伏利益相关者的生产方式、行为方式会影响生态补偿体系的应用成果，而且生态补偿体系的应用效果，也会为蛰伏利益相关者提供生存与发展的生态环境支持。但是，因蛰伏利益相关者并不具备最为直接的决策权，其实际生活状况、生产状况也不在当地政府部门决策的考虑范围内，所以将此类生态补偿体系利益相关者称为蛰伏利益相关者。

（3）边缘利益相关者

根据焦作市生态供需分析结果，在以此为基础构建的资源枯竭型城市生态补偿体系中，还存在边缘利益相关者。此类利益相关者是指容易受到生态环境承载力、生态补偿体系应用效果影响的相关者，相对缺乏治理生态环境的能力，生态功能区维护与治理意识也相对薄弱。边缘利益相关者能够间接体会到生态补偿体系的应用效果，其行为并不会过多影响生态补偿体系的目标。因此，其对实现利益的要求并无紧迫性。在焦作市生态补偿体系中，边缘利益相关者主要是指消费者、受益区的公众与组织等。利益相关者划分标准如表5－12所示。

表5－12　利益相关者划分标准

利益相关者属性	利益相关者	紧迫性	权力性	合法性
核心利益相关者	中央政府	高	高	高
	地方政府	高	高	高
	相关行政部门	高	高	高
蛰伏利益相关者	区域矿区内居民	高	低	高
	媒体	高	高	低
	区域内相关产业	高	低	高
	科技工作者	高	高	低
	生态评价组织	高	低	高
边缘利益相关者	消费者	高	低	低
	后代	低	低	低
	生态功能受益区	低	低	低

5.4.5.2　补偿方法和重点补偿领域的选择

在焦作市生态补偿体系构建中，需要结合焦作市的资源枯竭型城市转型目标，选择科学、合理的补偿方法，并确定重点补偿领域，具体措施如下。

(1) 补偿方法

在生态补偿体系下，首先应通过生态补偿机制，确定生态补偿的主体与客体；其次，分析生态补偿类型，进而选择补偿方法。

①补偿主体。以政府为主导，由国家机关或政府部门承担生态补偿主体的职责，补偿对象通常包括地方居民、下级政府等区域内的相关群体。随着国家对区域协调发展认识的提高，社会对生态环境保护的意识也有所提升。地方政府通常采用以下几种补偿方法：政策倾斜、项目实施、财政补贴、人才引进、技术投入、税费改革等。现阶段，基于生态补偿体系的焦作市生态补偿体系构建刚刚起步，补偿机制还不完善，作为补偿主体，焦作市政府不

仅要承担保护环境与自然资源的责任，还要负责废弃矿山修复与生态环境治理的组织、协调、监管工作。在生态补偿体系下，煤矿企业的发展主要得益于煤矿资源采掘，如果按照“谁受益，谁补偿”的原则，那么焦作市在生态补偿体系构建过程中应将煤矿企业作为主体。众所周知，煤炭采掘活动会导致生态资源减少，甚至是环境污染的问题，诸如空气污染、地下水质污染、水土流失、地表沉陷等。既然煤矿企业通过煤炭资源采掘获得了经济收益，就应当承担起补偿主体的职责，负责对环境进行治理，对生态系统进行修复，对利益相关者进行补偿。

除地方政府与煤矿企业外，社会群体也可以作为补偿主体承担相应的生态补偿费用，如民间基金会、民间环保社团、金融机构、民间营利组织等。社会群体的生态补偿不具备强制性，与援助或资助类似，涉及的补偿方法包括技术输入、互惠关系建立、物质捐赠、资金捐助等。

②补偿客体。将煤矿资源确定为补偿客体，首先，站在资源重复利用的角度，向煤矿企业授予合法采掘的权限，要求其对生态系统服务功能进行修复，对煤炭采掘权利所有人进行补偿；其次，为了延缓资源枯竭，由于煤矿资源具有不可再生性，不合理采掘会影响煤矿资源的可持续发展，所以要求煤矿企业对受损生态系统进行补偿。现阶段，国家相关部门征收的矿产资源费实际就是将煤矿资源作为客体，用于弥补受损生态系统的一种补偿机制。煤炭采掘活动对生态系统的影响主要体现在大气污染、水环境污染及土壤污染等方面。煤矿采掘、运输等环节不可避免地产生粉尘、重金属等污染物，这是导致焦作市农耕面积减少、水土资源流失的主要原因。煤炭清洗环节通常会产生大量污水，如果不经处理直接流入河道，就会造成污染物淤积、河流水质污染。矿区生产环节不仅会产生污水残渣、酸性排水，还有可能产生有毒或有害气体，这些污染物是引发职业病、酸雨、温室效应的主要因素。可见，煤炭开采企业既是生态环境污染的补偿主体，又是造成生态系统服务功能损失的补偿客体。

③补偿方法。包括以下三种。

一是财政转移支付。该方法主要是以政府为主体，不以获利为目的，对企业、社会公众或其他利益群体进行无条件支付的一种补偿方法。财政拨款是财政转移支付资金的主要来源。在生态补偿体系下，财政转移支付的优势不仅体现在立竿见影的效果方面，还能在短期内筹措大量资金，用于构建生态补偿体系，完善市场资源配置。一般情况下，财政转移支付的付款方都是上级行政主体，下级行政主体作为收款方必须依据生态补偿类型，做到转移支付、专款专用。

二是生态补偿专项。除国家投入外，生态补偿专项基金大部分来自社会公众、非政府机构或其他非政府渠道。在生态补偿体系下，生态补偿专项基金在资金来源、数量及渠道等方面具有较强的稳定性。由于采用预算内管理，基金管理部门的可操作性有所提升，政府机构对资金用途的宏观指导不仅有利于减少浪费，还能有效提高资金的使用效率。

三是保证金。与其他补偿方法相比，保证金补偿更像一种事前控制策略，受益主体在取得资源使用权限前，需要通过银行向相关部门交纳一定数量的保证金，这意味着资源受益主体愿意主动承担环境治理责任及生态系统修复义务。煤矿资源既属于补偿客体，又具有生态系统服务功能的属性。站在利益相关者的角度，如果煤炭采掘活动的受益主体不履行补偿义务，受损主体就无法在交易完成后获得相应补偿。此时就能发挥保证金补偿方法的优势，通过强制性经济措施，迫使煤矿资源使用者主动履行生态补偿义务。

除上述补偿方法外，焦作市生态体系构建还可以采用实物补偿、政策补偿、技术补偿等方法，对补偿主体应履行的义务进行约束，确保受偿群体的权利不受到侵害、生态系统损失获得合理的补偿。

（2）重点补偿领域

作为资源型城市，焦作市的大多煤矿基本处于废弃或关闭状态，但多年的煤矿采掘依然产生诸多历史遗留问题，这些生态旧账既是生态系统修复治理的目标，也是生态补偿的重点领域。站在长远发展的角度，焦作市矿产资源开发并不局限于煤矿资源一种，还可对非金属或其他金属矿产资源实施开发利用，如铁矿、金矿、氟石矿等。焦作市生态补偿体系构建应将这些生态新账列入重点补偿领域。结合生态补偿机制，对新账、旧账实行分管分治，有助于界定企业与政府的主客体关系，确保生态补偿资金使用与分配的合理性，持续推进资源枯竭型城市生态治理的进程。为确保企业合理利用资源、自觉履行义务，在资源开发前可以按照相应的金额或比例，通过银行或其他管理机构向资源开发企业收取生态补偿保证金。以政府为主导，设立生态补偿专项基金，重点用于补偿焦作市废弃矿区的生态系统损失，修复生态系统服务功能。

①生态旧账领域。按照生态系统损失值计算生态补偿额。计算结果显示，2015 年焦作市煤矿资源生态系统损失值为 10.84 亿元，这意味着每消耗一吨煤矿资源，就要花费 124.89 元用于生态治理。中华人民共和国成立至今，焦作市煤矿资源开采量已超过 5.3 亿吨，由此导致的生态系统损失值约为 661.92 亿元，这意味着用于生态旧账领域的生态补偿额也应按照 661.92 亿元进行计算。此外，生态旧账领域还涉及矿区土地复垦、矿区环境修复等内容。现阶段，焦作市已完成 15% 的矿山土地复垦及 20% 的矿山环境恢复任务。据此，应调整焦作市生态旧账领域的生态补偿额，扣除已恢复生态系统投入的费用 160.6777 亿元，剩余生态系统损失值 501.2423 亿元，这意味着用于生态旧账领域的生态补偿额也应按照 501.2423 亿元进行计算，且资金全部来源于政府补贴及国家投入。

②生态新账领域。按照煤矿采掘活动的生态系统损失值计算生态新账领域补偿额。计算结果显示，2015 年焦作市生态系统损失值的吨煤标准为 124.89 元。依据生态补偿原则，煤矿企业应承担的生态补偿额应据此标准进行计算。如果依据中国化工网关于煤矿产品的价格，则需要按照 760 元/吨的标准进行计算。假如依然采用 124.89 元/吨的标准收取生态补偿额，则意味着所有用于生态新账领域的补偿额均由煤矿企业支付，生态补偿支出相当于企业煤矿收入的 1/6 左右。综上所述，焦作市构建生态系统体系，确定生态补偿机制，应将生态补偿计算标准控制在合理范围内。并以此为前提，焦作市生态新账领域的补偿主体除输入地政府、输出地政府、煤矿企业外，还会涉及其他社会机构，按照吨煤价格 5% 的标准进行计算，生态补偿额应为 38 元/吨。

焦作市重点补偿领域还包括：针对与生态系统相关的重大问题进行分析、处理、调查研究；通过经济补偿弥补受损群体的损失值；重建、恢复矿区周边的生活设施；创建生态系统恢复展示区域等。科学管理、规范使用生态补偿专项基金，应发挥政府的主导作用，加强组织管理，依据生态系统损失制定环境修复方案，对生态补偿资金进行合理分配。

5.4.6 焦作市生态补偿体系实施措施

结合焦作市生态补偿体系的指导思想和原则，综合考虑资源枯竭型城市生态补偿体系的应用目标，本书针对焦作市提出以社会、经济和环境条件为基础的生态补偿体系，其构建流程如下。

5.4.6.1 健全资源监督管理体制

焦作市现有的资源监督管理体制尚不健全，是该资源枯竭型城市转型中需要解决的重要问题。结合焦作市生态环境现状，其应设立专门的资源管理部门，将资源开发利用等产生的生态环境问题作为生态环境管理部门的对象。同时，资源管理部门负责生态补偿技术人员的配备与监测，主要监测资源开采中产生的生态环境破坏的可能性等。明晰焦作市政府与上级政府间的关系，明确具体机构的资源产权，保证国有资产增值、保值，并对此构建相关的考核机制。另外，结合应用资源分层管理方法，中央政府拥有可直接行使的资源管理所有权，并将派生权、使用权等下移给焦作市地方政府，实现分级、分类管理，并对焦作市的资源价值进行全面评估，科学管理对应的评估机构，积极推进资源交易市场建设，完善交易规则，实现焦作市资源开发、交易各流程的有序性。焦作市在健全资源监督管理体制的过程中需采取的具体措施如下。

（1）创新资源监督管理体制

以创新资源监督管理体制为支撑，完善与落实焦作市生态补偿体系，其中资源监督管理体制的创新包括构建资源监管执法体系、推进资源监测体制的改革、加大生态环境规制监管建设力度等方面。

首先，以资源监管执法机构的改革作为焦作市创新资源监督管理体制的突破点，以资源保护管理制度的改革转变为辅助，初步构建具有焦作市当地特色，满足生态供需特点的资源监管执法体系。同时，优化焦作市污染源的监管信息库，向企业提供自主申报排污数据的平台，创建信用惩戒制度、申报核查制度、告知承诺制度等，督促焦作市工业企业自觉履行生态环境保护、污染治理的责任，助推焦作市可持续发展。在焦作市资源管理范围内推行互联网与环保相结合的体系，应用科技手段逐步建设智慧监控系统等，加大资源管理力度。

其次，推进资源监测体制的改革，以焦作市一体化管理为目标，整合焦作市的监测资源，对全市的资源监测机构进行统一规划。同时，遵循服务性监测向执法配套、监督性监测、社会放开的思路，推动改革焦作市的资源监测体制，进一步提高资源监测社会化水平，扩大资源监测、管理、服务范围。在此基础上，建立更加规范、更加严格的监督性资源质量管控体系。

最后，加大生态环境规制监管建设力度。在焦作市健全资源监督管理体制的过程中，建立排污与环评有效衔接的工作机制，深度融合排污许可证与环保验收标准，在此基础上构建第三方核查制度，监管资源应用技术的合规性。同时，通过项目环境影响后评价制度，有效衔接污染源监管执法与资源开采项目环保监管执法。

（2）加强建设中介机构，优化资源管理组织体系

焦作市需要针对资源管理建设行业协会，将其作为资源监督管理体制中的关键环节，尤其是近年来，随着焦作市的资源枯竭问题日益严重，行业协会的职责不仅在于协调焦作市内企业间的竞争利益冲突，引导企业实现有序竞争，还要在国内市场或国际市场上保护企业的合法权益。行业协会属于非政府组织，可在市场上进行多方面协调。因此，焦作市在建立、健全资源监督管理体制时，需要重视行业协会的积极作用。具体措施包括，逐步淡化行业协会的行政化色彩，促使行业协会发展成为企业与政府间的中间组织、市场中介组织、社会自治组织、企业联合组织等。通过发挥行业协会的作用，对企业行为进行约束与规范，提高焦作市资源开采企业的整体素质，促进焦作市资源开采与利用可持续发展。

推动发展焦作市的专业服务机构，这是焦作市资源管理中的重要组成部分。一方面，能够为焦作市资源战略调整、资源行政管理提供技术支持；另一方面，能够发挥该专业服务机构在资源管理中的监督作用。因此，焦作市应结合生态补偿体系的应用目标，培育资源管理方面的中介服务主体，这是健全焦作市资源监督管理体制的关键内容。同时，在资源管理中介服务机构培育中，以培育专业的评估机构为主，改革焦作市现行的资源评估师制度、储量评估师制度等，建立综合性、独立的社会中介机构，实现焦作市资源全面管理。

（3）转变政府职能，加大生态补偿监督部门的监管力度

为解决资源枯竭型城市面临的问题，焦作市应意识到转变政府职能的现实意义，将之作为深化生态补偿体系改革的关键与核心，由资源管理部门承担起自然资源（如矿产资源、煤炭资源、土地资源）的规划、利用、保护、管理等职能。作为资源枯竭型城市，应由焦作市的生态环境保护部门承担生态补偿部门监督职责，由其针对生态补偿进行规划，提高生态补偿监督机制的有效性。在健全资源枯竭型城市生态补偿体系监管制度时，需要应用全面质量管理制度，落实预防监督工作；跟踪监督生态补偿的预算、质量与工作进度；针对生态补偿中可能发生的问题，利用反馈机制将问题发现情况、解决结果反馈至生态补偿规划中。因此，生态补偿管理机构主要负责在开始实施生态补偿保证金、生态补偿税之后的管理工作，并结合焦作市环境保护部门的生态补偿规划，进一步完善生态补偿工作，或由生态补偿管理机构参与生态补偿项目。

（4）完善资源管理中的约束与激励机制

以完善的资源管理激励机制与约束机制，作为落实资源枯竭型城市生态补偿体系的保障，该约束与激励机制的对象包括焦作市的资源开采行业、资源管理机构、资源开采行业咨询评估公司等。

首先，对资源开采行业的约束与激励。焦作市应加强与改善资源管理行政手段、法律对资源开采企业不良行为的防范与约束作用。例如，在发放采矿、探矿许可证的过程中，要求其不仅合法，还要在经济、技术方面存在合

理性，这就要求焦作市资源管理人员必须具备所需的综合性专业知识，包括矿产品加工、资源管理、法律、经济、采矿、地质等方面的知识。同时，结合应用经济手段，引导资源开采企业积极承担其社会责任。例如，通过管理改进、技术攻关等方式奖励综合回收率比较高的企业。

其次，对资源管理机构的约束与激励。可将焦作市资源补偿费作为资源管理机构征收的资源权利金，并与地方分享，从而调动焦作市各地级政府部门的积极性。另外，在考核资源管理机构政绩时，以国家出资勘查后得到的征收额与权利金作为依据，落实生态补偿的“收支两条线”管理工作。

最后，对资源开采行业咨询评估公司的约束与激励。为保证评估结果的公正性、科学性，应由资源管理部门制定权利金、采选技术指标、资源储量等方面的评估规范，严格规范资源开采行业资讯评估事务所的资质条件，只有得到省级、国家级行业协会审核与认定后，并在取得执业证书后才可执业。同时，资源开采行业咨询评估公司在合理的风险范围内，对评估结果的公正性、科学性承担法律责任、经济责任。例如，收费标准需要与权利金等相挂钩，实现资源开采企业、资源开采权受让者之间相互制衡，提高焦作市资源管理评估结果的公正性、客观性，避免出现国有资产流失或价值低估等现象，提高焦作市资源管理的有效性。

5.4.6.2　应用生态补偿转移支付机制

资源枯竭型城市生态补偿体系的构建与应用，不能与焦作市的经济发展实际情况相脱离，而应注重实现经济发展与生态补偿的相互协调。主要体现在：收入分配政策与财政金融政策、产业政策的相互协调；领域、部门、专门机构发展政策的相互联系，诸如农业发展、产业转型、土地利用之间的联系等。另外，还需要结合焦作市经济发展水平确定生态补偿体系，避免因为生态补偿收费超出承受能力，而对焦作市的经济发展产生影响。焦作市在资源开发过程中，因生态环境保护投入成本不足，会对其城市转型发展产生影响，不利于实施生态补偿机制。因此，在焦作市构建生态补偿体系的过程中，需要投入补偿成本。结合焦作市生态环境与资源开发之间的冲突制定协调规划，并在此基础上应用生态补偿转移支付机制，平衡焦作市与资源输入地之间的利益，保证焦作市的经济发展与社会稳定。另外，中央政府也能够通过此生态补偿转移支付机制，对焦作市城市转型进行宏观调控，保证落实生态补偿体系，实现焦作市的稳定发展。焦作市在构建资源枯竭型城市生态补偿体系时，应以生态补偿相关的居民、资源开发企业、地方政府的冲突、关联、合作关系等为基础，选择生态补偿体系，实现生态服务供需均衡。资源枯竭型城市生态补偿体系的具体措施主要包括以下三个方面。

（1）应用三方合作生态治理体系

三方合作生态治理体系中的“三方”是指居民、企业、地方政府，三者在生态修复、生态治理方面进行有效合作。在资源开采中，中央政府是利益相关者与最大受益者，其在技术、信息、政策制定、资金投入方面有着显著优势。在资源枯竭型城市转型中，中央政府对生态补偿体系的应用进行有效指导与监督，产生协同效应、约束效应、激励效应与诱导效应。例如，由中央政府负责设计生态补偿政策，投入相关资金，提高生态补偿可信度，严格处罚失信的地方政府与企业等。在此前提下，焦作市地方政府也会对中央政府制定的生态补偿方案进行反馈，积极应对资源枯竭型城市转型中存在的生态补偿问题，促进当地居民、企业主动要求生态补偿投入。否则，焦作市地方政府会在转移支付、上级考核方面，使开发商在许可证、优惠税收、信贷、产业政策等方面处于不利状态，使居民在补贴方面处于不利状态，加大资源枯竭型城市生态系统受损情况。由此可见，通过提高生态补偿体系的合理性，能够促进焦作市居民、企业、地方政府的三方合作，并推进三方深入合作，实现可持续发展。

（2）政府组织，企业出资

在落实资源枯竭型城市生态补偿时，应按照政企分工原则、高效性原则、专业性原则，促进积累生态补偿金，以便有效补偿生态服务损失。其中，与之相关的生态系统修复治理方法为：结合焦作市当地政府的规定，资源开采企业确定生态补偿资金，并上交至地方政府，由生态补偿服务机构或财政部门管理该生态补偿资金。之后，根据焦作市生态治理与生态补偿的整体需要，对生态补偿资金的使用进行统一安排。环境治理企业在治理与恢复生态系统时，发挥政府部门的委托与招标功能；在使用资金时，落实应用监督机制，强化上级政府部门对焦作市地方政府对生态补偿资金的管理与使用监督力度，尤其需要财务部门监督生态补偿资金使用过程。

(3）区分治理“生态新账”与“生态旧账”

通过区分治理“生态新账”与“生态旧账”的措施，解决焦作市在资源枯竭型城市转型中遇到的历史遗留问题。此措施的应用思路为：以焦作市的实际现状为依据，确定资源枯竭型城市生态恢复治理的界限、责任、主体，将责任区划分为“生态新账”与“生态旧账”，对其分别进行处理。针对“生态新账”，修复与治理主体为企业，企业向国家交纳的生态补偿费用为生态修复治理资金，由非政府组织机构、地方政府、国家负责提供不足的部分；针对“生态旧账”，由地方政府组织建立修复与治理废弃矿区的基金，并对此部分进行修复与治理，由地方政府或国家向生态修复和治理基金进行财政拨款。同时，还可以通过将生态修复和治理与发放开采许可证相挂钩的方式，解决企业在修复和治理生态系统时面临的问题。这也是焦作市在应用生态补偿体系时的关键问题，因为生态补偿金额会影响补偿效果，以及补偿主体能够承受的经济能力。界定补偿体系是落实生态补偿机制的关键与核心，且生态补偿计算指标、补偿办法、计算过程等也是重要研究内容，受被补偿地区经济条件、社会条件、自然条件的影响，在整个区域内应用同一种生态补偿体系计算方法存在难度，因此需要结合被补偿地区的经济、社会、自然条件差异与现状，根据资源枯竭型城市生态补偿体系确定原则与计算方法。本书提出在确定生态补偿体系时，应计算资源开采产生的生态环境损失、生态系统服务价值等，并将资源开采产生的生态环境损失作为确定生态补偿体系的下限值，将生态系统服务供需缺口作为上限值。焦作市作为资源枯竭型城市，其“生态旧账”主要是指采煤过程中留下的生态问题，在计算此部分生态环境损失时，主要计算煤炭资源开采产生的生态环境损失，并扣除先期的成本投入，提高生态补偿费用使用、收取的合理性。“生态新账”补偿主要是对还没有形成的生态系统、生态环境问题的补偿，对生态环境产生破坏性的企业承担此部分补偿费用，但是结合企业产品需求、销售成本支出，可由政府、企业共同承担“生态新账”补偿费用，或采用公众援助、社会组织团体援助方法进行补偿。“生态新账”补偿费用的支付方式为分阶段交纳或一次性现金交纳。其中，一次性交纳也可被称为生态修复保证金。收取此部分费用时，要求相关企业在开采资源之前，预先交纳充足的修复与治理费用。在确定焦作市“生态新账”补偿费用时，需要结合煤炭开采可能产生的生态环境损失，按照一定比例，在吨煤销售额中提取该部分补偿费。另外，在确定“生态新账”补偿费用时，也可以结合焦作市当地的生态服务功能价值，对正在运行、新建的煤矿企业收取保证金。随着上述企业开采年限的增加，也需要调整保证金收取比例，为顺利进行生态修复与治理奠定基础。在征收焦作市生态补偿费的过程中，还需要考虑煤炭资源、产品的市场价格，结合当地经济发展水平，并综合考虑物价波动因素等，针对煤炭企业征收生态补偿费用，采用从价收费方法。在向煤炭企业征收补偿费用时，需要根据煤炭企业在开发资源时可能产生的生态破坏，将收费水平设定为煤炭物价水平的5%，这就需要结合焦作市煤炭市场价格确定煤炭企业生态补偿费用征收标准。煤炭企业负担一定比例的生态环境补偿费用，焦作市地方政府、国家、非政府团体或组织等承担其余部分。

在生态补偿体系构建中，坚持可持续性补偿的原则是指环境保护、生态补偿都要以焦作市的经济、社会承载能力为基础，将焦作市生态补偿列入社会、经济、生态协调发展系统。焦作市为资源枯竭型城市，在构建生态补偿体系时，应落实可持续性补偿原则，改变传统的追求资源产量的方法，并重视焦作市生态系统自身的承载能力，对生产效率与经济增长、社会增长之间的关系进行协调，内部化处理生态环境成本。在资源枯竭型城市转型中，坚持生态效益、社会效益、经济效益的统一，这就要求在构建生态补偿体系时，兼顾经济效益与生态效益，即本书所提出的生态经济效益原则。

5.4.6.3 落实企业自行组织恢复和治理措施

落实企业自行组织恢复治理措施，是指充分考虑焦作市当地产业与资源开发企业之间的关联度，并引导相关企业能够在发展中高度关注自身的形象与声誉。生态补偿体系的具体措施为：引导企业能够自觉履行修复与保护生态环境的义务，根据生态环境实际修复与治理费用标准，向开发者征收高于此标准的生态修复保证金。开发者在接受地方政府、国家监督与指导的情况下，自行修复与治理生态环境，并主动接受来自专业评估机构或部门的评估与检验。同时，只有评估结果显示已经通过的企业，政府才可以向其退还之前交纳的保证金，否则由政府选择更具能力、资格的修复和治理环境的企业进行修复，并扣留原企业交纳的保证金。焦作市成为资源枯竭型城市的主要原因在于，早期的煤炭企业在进行煤炭开采时忽视了环境保护，导致过度开采影响了焦作市的生态环境。对此，本书综合考虑焦作市煤炭企业的发展现状，结合焦作市解决资源枯竭问题的需求，提出焦作市在构建基于生态供需关系的资源枯竭型城市生态补偿体系的过程中，应落实企业自行组织恢复和治理措施，具体包括以下五个方面。

（1）制定并实施清洁生产方案

在生产中研发、应用新工艺、新技术，大力推行清洁生产技术，将资源开发对环境的破坏与污染程度降至最低。同时，为了能够减少资源开采对焦作市生态环境的污染，应全面应用新的资源开采技术，尤其对于露天开采，为了减少土地塌陷事故的发生概率，采用内排土的方法，减少剥离出的岩土压占土地的现象；对被破坏的土地资源坚持土地复垦与生态修复的治理原则；提高固体废弃物的二次利用效率；控制企业生产中的用水总量，通过应用水循环系统，提高水资源循环利用效率，保护生态环境。

在资源开采过程中，资源开采企业应注重控制环境污染，减轻末端治理污染费用负担，逐步完善生态环境保护治理体系，将生产中产生的环境污染降至最低。焦作市的各重工业产业，尤其是煤炭开采企业要做到合理规划，并不断改进设计方案，积极使用清洁原料与能源，采用技术水平较高的工艺设备与技术。同时，焦作市企业还应注重改善管理，综合利用有限资源，从生产的源头上减少污染，避免或减少生产、产品使用、服务中污染物的排放。对于当前处于资源枯竭状态的焦作市而言，企业推进清洁生产，是整个城市实现可持续发展的必然选择。

（2）提高员工参与环境恢复和治理的意识

为了减少生态破坏与环境污染事件的发生概率，在落实企业自行组织恢复和治理措施的过程中，需要加强对企业员工的环境教育，在企业内部广泛普及、宣传环境保护知识，以及恢复和治理环境的措施、相关法律法规等，从而提高企业员工的环境保护意识。首先，综合考虑动态环境保护目标，组织开展环保技能、环保知识的培训与教育；其次，引导员工树立环保观念与意识，帮助企业员工提高自身对环境污染问题的敏感性。

同时，焦作市相关企业利用技能培训等活动，带动一线员工提高生态保护技能，让一线员工掌握清洁设备、设施的使用方法，并及时发现生产设备可能存在的隐患点，从而有效控制污染源，使得污染问题预警措施更具针对性。对此，焦作市企业可建立、健全污染事件发现、汇报、处理的管理机制，通过此机制努力降低生产对生态环境产生的破坏程度。焦作市增强企业员工参与、监督保护环境的积极性与自觉性，在企业内部营造“绿色优先”的良好氛围，起到有效监督企业环境行为的目标，有利于焦作市缓解资源枯竭问题。

（3）增强企业恢复治理理念，坚持走生态补偿创新道路

为了解决焦作市存在的资源枯竭影响城市发展的问题，该资源枯竭型城市的重点企业应积极转变恢复和治理环境的理念，结合焦作市的生态供需关系，认识到如果仅是走单一“轻环境、重发展”的道路，必然会对企业的长远发展质量与目标的实现产生影响。因此，焦作市企业要想走出该困境，需要首先转变自身的环境治理与环境管理观念，认识到焦作市构建资源枯竭型城市生态补偿体系的现实意义与重要性。

具体到企业是指要求管理人员认识到生态补偿的意义，在创造良好生态环境与绿色焦作市的新思路下，积极落实大规模的生态补偿工作。对于焦作市而言，铁矿企业、煤炭企业、钢铁企业等的管理人员更应注重培养生态补偿创新思维，提高铁矿、煤矿等资源开发利用方案，以及生态环境治理方案的创新性与科学性。在企业内部树立环境治理与资源开采同时进行的理念，紧抓“青山”工程，强力推进焦作市企业生态环境维护、恢复和治理的相关

工作，加大整治外部环境与内部秩序的力度，恢复焦作市重工业企业的整体环境，走生态补偿创新道路。

（4）完善企业组织恢复和治理规章制度，保证顺利开展生态补偿

面对资源枯竭型城市的发展现状，焦作市现有的铁矿企业、煤矿企业等如果仍旧采用闭矿后再去治理的措施，不仅会影响生态补偿效果，还会因为物价不断上涨增加企业的环境治理成本。因此，焦作市相关企业应从保护生态环境、满足生态需求的角度出发，建立、健全企业组织恢复和治理的机制体制等。在执行国家或焦作市政府部门环保政策、法规的基础上，企业更应坚持"谁污染，谁治理""谁破坏，谁恢复"的原则，围绕企业组织恢复和治理环境的方针，树立满足焦作市生态环境保护需要的开发目标。

焦作市企业应积极制定与该资源枯竭型城市生态环境生态补偿相关的规章制度，要求其预先进行充分的调研、分析，在此基础上编制符合焦作市生态恢复和治理的整体规划。同时，在应用基于生态供需视角的资源枯竭型城市生态补偿体系的过程中，焦作市企业应完善组织恢复和治理的规章制度，以更好地改善生态环境为目标，提高焦作市企业生态补偿位阶，这将有助于推动焦作市高效解决资源枯竭型城市转型发展问题。

（5）企业加大环境污染控制力度

焦作市企业应将自主研发技术与引进创新技术相结合，强化新工艺、新技术、新方法、新理论的应用与推广，重点开展研究新材料研制、深部矿床地质勘查、复杂矿床开采、综合预测、信息处理等方面的技术。同时，企业通过技术创新、管理结构优化，工艺设备升级，提高焦作市的生态补偿能力、资源开发与利用能力，促进焦作市资源循环利用与综合利用，进一步减少因资源开采导致的生态环境危害，从而将企业污染控制理念与生态补偿理念持续应用至企业生产的各环节中。

企业在落实自行组织恢复和治理措施中，对国家的资源综合利用与规划方针、部署、政策等进行认真落实与贯彻，加大对资源开发利用的管理与监督力度，将自身发展成为循环经济企业，努力提高资源回收率、回采率。同时，综合应用共生矿、难选矿、低品位矿等，鼓励企业应用回收技术，提高

企业的资源化水平，在此基础上提升企业的生态效益。

5.4.6.4 加快转型，优化发展模式

在构建焦作市生态补偿体系时，坚持清洁生产、发展循环经济的理念，结合生态、环境、资源的承载力实现自然与人的和谐发展，尤其要求资源开采企业应用循环经济发展体系，将之作为实现焦作市生态良好、生活富裕、生产发展的重要途径。焦作市政府部门需要定期组织高等院校和科研机构人员对生态补偿进行专项研究，研发更加科学的资源开采方法，对缓倾斜煤层、水平煤层的开采技术，以及生态修复与治理、研究地表形状变化规律等提出新方法、新思路，从而降低资源开采对水资源、土地资源等产生的影响。煤炭资源不仅是焦作市的经济支撑，也是其重要的原材料，属于不可再生资源。随着焦作市煤炭资源量不断减少，焦作市政府部门、煤炭开发企业等需要加大科技投资力度，针对煤炭资源回采技术、工作制定更加完善的规划，提高煤炭资源回采效率。另外，为了能够提高煤炭资源的整体利用率，避免出现煤炭资源浪费等情况，焦作市还应通过引入先进技术，降低煤炭资源开发对生态环境造成的影响。由焦作市政府部门针对增加生态补偿体系科技投入出台相关支持政策，对于无法达到政策要求的煤炭企业，需要对其进行停产整顿处理，引导煤炭企业意识到应用先进技术，以及推动落实生态补偿体系的重要性。为了能够实现焦作市走科技转型的道路，还应采取的具体措施包括以下两个方面。

(1) 加大科技投入，建立健全高新技术产业保障体系

焦作市政府部门在构建生态补偿体系的过程中，应充分认识到增强自身科技创新能力的重要性，加大对焦作市城市转型过程中发展重大科研项目的经费支出比例。其中，为实现该资源枯竭型城市的成功转型，可选取与国外合作的项目，尤其与发达国家城市间就生态科技进行交流，引进高新技术产业项目。另外，鼓励创新能力较强的企业积极参与制定国内外专利技术标准，完善知识产权体系，营造更加公平、公正、透明的知识产权保护环境，从而推动高新技术产业能够顺利在焦作市落地。在健全知识产权保护机制的同时，促使现代化企业提高应用专业的综合能力，从而提高科学技术成果转化率。

（2）优化科技人才保障体系

在焦作市转型发展进程中，科技型人才资源的培养与引进是重要环节。建立健全科技型人才保障体系，为科技型人才提供条件与资源。改变资源枯竭型城市的现状，需要科技型人才的支撑。一方面，应充分利用焦作市现有资源，把握更多的创造机会，将当前主导产业中的科技型人才与占据主导地位的新兴产业融合；另一方面，人才培养包括引进人才与培养已有人才，通过多元化路径为科技型人才创造优惠条件，吸引具有管理经验、经营经验的复合型人才，从而提升焦作市人才队伍整体素质。例如，焦作市可使用特有的优惠政策或充足的资金支持，吸引外来人才落户焦作，或柔性引进人才，让其积极参与到焦作市的生态建设及生态补偿工作中。注重培养焦作市当地科技型人才，为有效构建基于生态供需视角的资源枯竭型城市生态补偿体系提供人才支撑。同时，对于焦作市转型创业所需的科技型人才，注重为其提供优惠政策与创业环境，并用好科技型人才，为焦作市城市转型发展提供人才支持。

5.4.6.5 完善生态补偿法律体系

目前，焦作市缺乏针对资源枯竭型城市生态补偿的法律，现有的法律也仅强调生态补偿的经济价值，忽视了生态补偿的综合价值，为了将资源开采中引发的生态环境受损风险转变为社会、政府能够承受的风险，焦作市政府部门应注重结合应用行政手段、经济手段，针对资源开发建立风险基金，由煤炭开采相关企业负责承担该部分资金，且焦作市政府也应通过财政转移支付资金、专项资金、财政收入等承担剩余资金。为了保证有效落实生态补偿机制，焦作市还应在解决生态补偿问题时，综合考虑自身的经济现状、自然状况，并根据各类煤炭企业的差异性，完善生态补偿法律体系，以法律形式规定资源开发、资源利用流程等。

（1）明确生态补偿立法原则

焦作市相关部门应充分利用国家赋予的立法权优势，针对目前存在的生态补偿法律、法规不健全等问题，以法律形式确立现有补偿对象、补偿范围、补偿方式、补偿体系等。对生态补偿进行立法，促进资源枯竭型城市生态补偿工作走上科学化、制度化、规范化、法治化的轨道。对此，焦作市相关部门应坚持的生态补偿立法原则需包括以下五个。

①坚持可持续发展原则。将焦作市经济发展与生态保护进行有机结合，实现生态环境与经济的协调发展。

②坚持分阶段推进原则。在对焦作市生态补偿进行立法时，需要在时序安排方面坚持循序渐进的原则，将生态补偿规划目标充分体现在总体目标、阶段性目标上。

③坚持分类补偿原则。综合考虑焦作市区域内的差异情况，采取分类的生态补偿机制，致力于促使各地方的生态补偿能够与当地的实际发展情况与需求相吻合。

④坚持逐步推开、先行试点的原则。结合焦作市资源枯竭程度与表现，选择重点示范区域，在示范区域内实施生态补偿立法，之后探索与逐步优化焦作市的生态补偿办法、制度、标准，逐步做到生态补偿体系与立法的规范。

⑤坚持分部门实施、统一规划的原则。在同一制定、统筹协调焦作市生态补偿总体规划的基础上，充分发挥各部门的潜力、优势与积极性，并结合焦作市政府各相关部门的生态补偿现有基础、特殊性，分部门推进实施生态补偿立法，确保与之相关的生态补偿机制能够在又快又好的条件下得以实施。

（2）生态补偿制度法治化

首先，为实现生态补偿体系构建目标，焦作市政府部门应提高对基于生态供需视角的资源枯竭型城市生态补偿制度的法治化水平。焦作市生态补偿制度法治化，是确保该资源枯竭型城市顺利实施与运营生态补偿的前提，根据当前的生态补偿立法现状可知，焦作市缺乏包括生态补偿在内的法律保障制度。同时，建设焦作市生态补偿制度，还需要以建立有效、全面的激励约束保障机制为前提，促使生态补偿的各环节均有法可依。

其次，制定生态补偿相关的法规、法律，是实现生态补偿制度法治化的关键。焦作市制定生态补偿法律制度是当务之急，以立法的形式将生态补偿法作为基本法律十分重要。这是因为生态补偿是关系着该资源枯竭型城市环境、社会、经济可持续发展的关键性工程，需要焦作市立法机构积极立法，规范生态补偿体系。目前，焦作市仅对保护生态环境、污染防治做出规定，而对于生态补偿仍存在立法缺位。因此，根据生态补偿的重要性与必要性，需要进一步提高焦作市相关立法的层次，提高法律效力。

最后，修订、完善生态补偿、环境保护等相关法律，将相关条例上升为法律。同时，在法律层面增加焦作市生态补偿制度的具体内容，针对生态补偿体系、制度适用的补偿途径、补偿方式、补偿主体、补偿范围、补偿对象、补偿体系等，制定原则性标准与规定，以生态供需关系为依据确立生态补偿费制度。另外，对当前的环境保护相关条例进行修改，增加与生态补偿相关的行政责任、民事责任、刑事责任等规定，实施以排污总量为依据的收费制度，真正落实“谁污染，谁付费”的生态补偿原则。

（3）完善法律体系，明确生态补偿责任主体

在完善生态补偿法律体系的过程中，实现资源枯竭型城市转型的有法可依，并同时不断完善生态补偿制度、标准、方法等，逐步规范生态补偿过程，保证生态补偿效果，发挥法律手段的指导作用，实现焦作市生态系统、生态环境的可持续、健康发展。同时，根据完善后的生态补偿法律内容，将执法责任落实到具体的执行部门，要求各部门提高执法效能，由监督部门负责全面监督、严肃查处环境污染事故、环境破坏事故等，并追究相关责任单位、部门、个人的法律责任，为生态补偿机制的落实提供法律保障。

对生态环境产生破坏的行为主体，需要补偿生态服务功能退化的情况，根据此原则确定焦作市生态问题责任主体，即由煤炭资源开采企业作为生态补偿主体，由其对自身的生态系统破坏行为负责。一是使用者付费。由于焦作市的煤炭资源具有稀缺性、价值性，落实使用者付费原则，是指煤炭资源使用者在使用过程中支付费用，补偿矿区居民受到损害的利益。同时，煤炭资源使用主体是生态补偿工作的付费主体，由其交纳煤炭资源使用与占用费用，交纳费用的确定应按照一定比例。二是受益者付费。由受益者对焦作市生态系统治理、修复支付一定比例的费用，此部分费用支付项目包括保护国家级地质遗产、国家自然保护区、矿区区域保护、治理水土流失、复垦废弃煤矿土地。三是补偿保护者。对于在治理与保护生态系统、生态环境中贡献

突出的个体、集体，需要对其给予补偿，主要补偿其失去的机会成本、直接投入成本等。

（4）对生态补偿基金的使用进行制度化管理

焦作市财政部门与环境主管部门要在一定期限前及时上报当年的生态补偿基金申请报告。申请报告的主要内容为上年度补偿基金检查结果、上年度公共管理支出总额，以及本年度补偿基金安排计划、本年度补偿性支出计划等。焦作市各级财政部门与环境主管部门需要按照该办法规定中的要求，检查、上报上年度生态补偿基金的实际拨付与使用情况，同时抄报给焦作市的主管部门。焦作市生态补偿基金的申请，需要根据各项费用的对应补助标准进行分别列报，焦作市财政部门与环境主管部门负责每年向国家财政部门上报申请。

按照国家规定，焦作市还需要完善重点资源管理规定，逐步检查、上报资源消长、征占用地、公益林看护、污染控制等方面的情况。明确规定焦作市环境管理部门需要将检查结果上报至主管部门，并抄送给财政部门，为财政部门制定生态补偿体系提供依据，提高焦作市基于生态供需关系的生态补偿体系的有效性，促进该资源枯竭型城市的可持续发展。

5.5 本章小结

本章基于市场均衡的生态服务供需类型，提出了资源枯竭型城市生态补偿准则及补偿架构，分析了焦作市生态补偿概况，计算出焦作市生态补偿总成本约为251.77亿元。此外，还分析了焦作市生态供给能力变化的原因，构建了焦作市生态补偿体系，包括指导思想和原则、补偿架构以及具体的生态补偿主体与方法，提出了焦作市生态补偿实施措施。

6 研究总结、创新点与展望

随着经济社会的高速发展，以资源开发为主导的资源型城市，面临经济结构失调、产业转型升级、环境污染严重、资源约束加剧、生态失衡突出、人口红利减少等诸多突出问题，尤其是生态环境成为制约资源枯竭型城市实现可持续发展的瓶颈。本书对资源枯竭型城市的生态需求、生态供给、生态承载力评估、生态补偿体系进行了深入研究，并指出研究中的不足和对未来的展望。

6.1 研究总结

第一，系统分析了我国资源枯竭型城市生态供需及生态补偿的现状及问题。本书系统梳理了国内外资源枯竭型城市生态供需及生态补偿相关研究成果，并对我国资源枯竭型城市生态供给、需求及生态补偿现状和存在的问题进行了系统评述，界定了资源枯竭型城市生态需求、生态供给、生态补偿等概念，归纳了生态足迹理论及构成要素，梳理了生态补偿、生态足迹、生态承载力等内容，指出了开展生态补偿的必要性。从明确指导思想与原则、梳理生态补偿主体与方法、实施生态补偿措施等方面提出了构建生态补偿体系的思路。

第二，建立了生态需求静态预测线性回归模型。分析了生态需求的内涵及产生源泉，对焦作市 GDP 与资产投资进行了计算，结果表明：焦作市地区生产总值与资产投资之间存在显著的正相关关系（$T=1.139$，$F=1.701$，$R=0.9717$）。同时，焦作市潜在地区生产总值与资产投资的拟合优度值为 0.9608，线性回归模型的拟合效果较好。焦作市的地区生产总值变化情况能够体现出资产投资的变化规律。

第三，构建了基于生态足迹理论的焦作市生态系统服务需求测算方法。基于生态足迹理论，构建了资源枯竭型城市生态需求消费项目指标体系，并结合焦作市实际情况，确定采用国际标准均衡因子，计算并分析了 1999—

2019 年焦作市生态系统服务需求结构。借鉴生态系统服务当量价值核算方法，定量测算了焦作市生态系统服务需求当量价值。结果表明，1999—2019 年焦作市生态系统服务需求当量价值呈不断波动上升的趋势，综合生态系统服务需求当量价值介于 30.37 亿～85.62 亿元。其中，林地、草地和水域的生态系统服务需求当量价值也呈不断波动上升的趋势，分别介于 0.22 亿～1.54 亿元，6.92 亿～38.69 亿元，1.65 亿～22.12 亿元。耕地的生态系统服务需求当量价值变化较小，介于 12.66 亿～27.77 亿元。

第四，建立了基于生态系统服务价值的焦作市生态供给测算方法。深入分析了生态供给的内涵，确定了基于生态系统服务价值的生态供给测算方法。利用支持向量机分类器建立了遥感影像的解译方法，并以遥感影像辐射亮度值和反射率作为解译依据提取不同土地利用类型信息，分别研究不同年份焦作市土地利用变化情况，分析了焦作市 1999 年、2004 年、2009 年、2014 年和 2019 年 5 个年份的土地利用变化规律。借鉴中国陆地生态系统单位面积生态系统服务价值当量表，结合生态服务价值与人均可支配收入之间的线性相关关系，确定焦作市单位面积生态系统服务价值，建立了焦作市生态系统服务价值计算模型，并基于上述土地利用分类结果，定量测算了资源枯竭型城市生态供给状况。结果表明，1999—2009 年焦作市生态系统服务价值从 29.93 亿元下降至 23.02 亿元，2009—2019 年焦作市生态系统服务价值从 23.02 亿元上升至 30.01 亿元。

第五，多维度分析了焦作市生态供给能力及变化趋势。系统分析了资源枯竭型城市综合供给能力影响因子，从资源供给能力、环境供给能力、经济供给能力三个要素层方面系统构建了适用于焦作市的资源枯竭型城市生态供给能力评价指标体系，并明确了各要素对应的指标层和指标权重。综合运用层次分析法，多维度分析了焦作市生态供给能力的变化规律与趋势，根据焦作市生态供给能力变化不同阶段，为核算区域生态补偿成本提供依据，为资源枯竭型城市转型升级提供参考。结果表明，焦作市生态供给能力变化呈现两个阶段：第一阶段从 2013 年持续到 2015 年，其综合生态供给能力由 0.354 上升至 0.492，年均生态供给能力增长幅度为 0.028，处于平稳发展状态；第二阶段从2016年持续到2019年，其生态供给能力指数继续上升至0.656，年均增长率幅度为0.045，生态供给能力指数呈增长态势。

第六，提出了面向资源枯竭型城市的生态补偿体系。建立了涵盖资源损耗成本、土地破坏成本、大气污染成本、环境恢复和治理成本和其他污染成本的生态补偿成本计算模型，测算得出焦作市生态补偿总成本为251.77亿元，其中资源损耗成本为89.48亿元、土地破坏成本为71.49亿元、大气污染成本为39.09亿元、其他污染成本为48.68亿元、环境恢复和治理成本为3.03亿元。利用资源枯竭型城市生态供需计算方法，定量分析了焦作市生态供需缺口。根据焦作市生态供求关系及变化规律，从生态补偿基础、资金来源、补偿主体、补偿方式等方面提出了焦作市生态补偿框架体系。结合焦作市生态补偿体系的指导思想和原则，综合考虑资源枯竭型城市生态补偿体系的应用目标，从生态补偿法律体系、资源监督管理体制、生态补偿转移支付机制、转型优化发展模式、企业自身组织恢复和治理等方面提出了焦作市生态补偿政策建议。

6.2 创新点

第一，建立了资源枯竭型城市生态供需测度方法。构建了基于生态足迹理论的生态系统服务需求指标体系，基于改进的生态足迹方法计算得出了焦作市生态需求结构，并给出了焦作市单位面积生态系统服务当量价值，进而定量测算了焦作市生态系统服务需求当量价值。采用监督分类中的支持向量机分类法作为遥感影像的解译方法，以遥感影像辐射亮度值和反射率作为解译依据提取不同土地利用类型信息，分别研究了1999年、2004年、2009年、2014年和2019年等年份焦作市土地利用变化情况；运用遥感技术建立了基于生态系统服务价值的生态供给测算方法，并得出了焦作市生态供给结构。在此基础上，系统评估了1999—2019年焦作市生态供需状况，为焦作市生态补偿提供了数据支持和技术支撑。

第二，提出了资源枯竭型城市生态供给能力多维度评价模式。基于对资源枯竭型城市综合供给能力影响因子的分析结果，构建了适用于焦作市的资源枯竭型城市生态供给能力评价指标体系，主要从要素层的资源供给能力、环境供给能力、经济供给能力三个方面选取评价指标，并明确了各要素对应的指标层，并确定了焦作市生态供给能力指标权重。综合运用层次分析法，多维度分析了焦作市生态供给能力的变化规律与趋势，划分了焦作市生态供给能力变化的不同阶段，为核算区域生态补偿成本提供依据，为资源枯竭型城市转型升级提供参考。

第三，构建了基于生态供需关系的资源枯竭型城市生态补偿体系。基于经济学的供需视角，从生态补偿基础、资金来源、补偿主体、补偿方式等方面提出了资源枯竭型城市生态补偿框架体系。利用资源枯竭型城市生态供需测度方法，计算了焦作市生态供需缺口。建立了涵盖资源损耗成本、土地破坏成本、大气污染成本、环境恢复和治理成本和其他污染成本的生态补偿成本计算模型，该模型考量了评估时序的平稳性，同时以 AIC 准则为依据，应用 Mackinnon 临界值，确保了回归差形式与白噪声形式相符且符合滞后阶数要求，并定量计算了焦作市生态补偿成本。最后，综合考虑资源枯竭型城市生态补偿体系的应用目标，从生态补偿法律体系、资源监督管理体制、生态补偿转移支付机制、转型优化发展模式、企业自身组织恢复和治理等方面提出了焦作市生态补偿政策建议，具有全局性、系统性和创新性。

6.3 展望

本书以焦作市为研究对象，基于供需视角探究了资源枯竭型城市的生态补偿体系，构建了焦作市生态补偿体系，并提出了焦作市生态补偿体系的实施措施。但是，由于受数据收集困难等因素的影响，研究存在一定的不足。例如，大部分的研究集中在流域尺度不同空间的生态补偿，可借鉴的国内外资源枯竭型城市生态补偿尤其是动态补偿的案例资料有限。因此，仍需要在日后的研究中不断完善资源枯竭型城市生态补偿实践探索路径、理论体系等，加强研究资源枯竭型城市生态补偿的全面性和可靠性，构建适用范围更广的资源枯竭型城市生态补偿体系。不同的资源枯竭型城市具有不同的资源种类，且由于各种资源占比的差异巨大，所以很多城市都需要提出个性化的生态补偿路径，针对特定城市自身问题提出合理的解决方案。虽然本书提出的焦作市基于供需视角的生态补偿体系可以为其他资源枯竭型城市进行生态补偿提供借鉴，但是还需要针对不同城市提出更为优化的生态补偿体系，以确保特定资源枯竭型城市生态补偿的科学性和有效性。

生态补偿研究是一个交叉学科研究领域，是近期被广为关注的研究焦点。国内外不同学科、不同领域的研究人员从生态补偿角度对流域、森林、城市等的可持续发展与生态文明建设进行了研究，单独的研究虽然取得了一些进展和成果，但是仍未很好地解决生态补偿的相关问题，组建跨学科、跨领域的协同创新研究成为当务之急。

近年来，我国多个资源枯竭型城市进入转型升级的发展阶段，实现人与自然和谐相处，加强生态文明建设是城市转型升级应有之义，通过生态补偿手段实现区域内经济社会与生态协调发展就显得尤为重要，探索形成多种资源枯竭型城市发展与转型的生态发展路径，需要跨学科、多领域的专家与学者进一步探讨与研究。

参考文献

[1]李双成. 如何科学衡量自然对人类的贡献:一个基于生态系统服务的社会—生态系统分析框架及其应用[J]. 人民论坛·学术前沿,2020(11):28-35.

[2]张岚,张玲卫,刘会良. 氮添加对荒漠草原一年生短命植物根系形态特征的影响及其生物量特征关系[J]. 草业科学,2020(10):68-76.

[3]张艳亲. 资源枯竭型城市与旅游业发展研究:以焦作市为例[D]. 杭州:浙江大学,2014.

[4]何一民,范瑛,付春. 中国城市发展模式研究[J]. 社会科学研究,2005(1):53-58.

[5]黄霞,彭赟. 我国资源枯竭型城市转型中生态补偿机制的构建:以湖北省大冶市为例[J]. 中国矿业,2009(2):43-46.

[6]张小军,董锁成,尹卫红,等. 我国资源型城市转型典型案例研究:以宁夏石嘴山生态城市建设模式为例[J]. 干旱区资源与环境,2009,23(4):6-11.

[7]INNIS H A,M J A. Problems of staple production in Canada[J]. Journal of political economy,1933,42(3):425-426.

[8]ROBINSON J L. New industrial towns on Canada's resource frontier,by Ira M. Robinson[J]. Arctic,1963,16(3):383-384.

[9]O'FAIRCHEALLAIGH C. Social equity and large mining projects: voluntary industry initiatives,public regulation and community development agreements[J]. Journal of business ethics,2015,132(1):91-103.

[10]BRADBURY J H. Towards an alternative theory of resource-based town development in Canada[J]. Economic geography,1979,55(2):147-166.

[11]HAYTER R,BARNES T J. Labour market segmentation,flexibility,and

recession: a British Columbian case study[J]. Environment & planning c government & policy, 1992, 10(3):333 -353.

[12]BARTONECR. Irrigation reuse of pond effluents in developing countries [J]. Water science and technology, 1987, 19(12):289 -297.

[13]SEAN MARKEY, GREG HALSETH, DON MANSON. The struggle to compete: from comparative to competitive advantage in northern British Columbia [J]. International planning studies, 2006, 11(1):19 -39.

[14]钱勇. 资源枯竭型城市的界定及其政策含义:以辽宁省为例[J]. 辽宁工程技术大学学报(社会科学版), 2007, 9(6):585 -587.

[15]王青云. 资源型城市经济结构如何转型? [J]. 中国经济快讯, 2002, 40(173):8 -10.

[16]周德群, 龙如银. 我国矿业城市可持续发展的问题与出路[J]. 中国矿业大学学报(社会科学版), 2001, 3(3):76 -82.

[17]张萌. 资源型城市分类及生态调控机理与过程[D]. 北京:中国矿业大学,2015.

[18]李玲, 仇方道, 朱传耿,等. 城市发展转型研究进展及展望[J]. 地域研究与开发, 2012, 31(2):45 -48.

[19]周雪萍. 枣庄市产业转型问题研究:以资源枯竭角度[D]. 济南:山东师范大学, 2015.

[20]张秀生, 陈先勇. 中国资源型城市可持续发展现状及对策分析[J]. 华中师范大学学报(人文社会科学版), 2002, 41(2):117 -120.

[21]马克, 李军国. 我国资源型城市可持续发展的实践与探索:国内资源枯竭型城市十年经济转型经验与展望[J]. 经济纵横, 2012(8):1 -7.

[22]朱先胜. 科学发展观视角下的资源型城市产业转型研究:以红河州为例[M]. 昆明:云南人民出版社, 2010.

[23]许信胜, 牛妍. 东北地区资源型城市产业转型问题探析[J]. 资源与产业, 2006, 8(4):1-3.

[24]张生玲, 李跃, 酒二科, 等. 路径依赖、市场进入与资源型城市转型

[J]. 经济理论与经济管理, 2016, 36(2):14-27.

[25]宋冬林. 东北老工业基地资源型城市发展接续产业的理论认识[J]. 求是学刊, 2004, 31(4):50-54.

[26]宋冬林. 东北老工业基地资源型城市发展接续产业问题研究[M]. 北京:经济科学出版社, 2009.

[27]周民良. 东北地区"再振兴"战略下资源型城市转型发展研究[J]. 经济纵横, 2015(8):58-63.

[28]张复明. 资源型经济与转型发展研究[M]. 北京:经济科学出版社, 2011.

[29]王春杨, 李青森. 资源型城市经济转型路径研究:以山东省枣庄市为例[J]. 城市发展研究, 2012, 19(2):36-41.

[30]曾坚, 张彤彤. 新常态下资源型城市经济转型问题、对策及路径选择[J]. 理论探讨, 2017(1):81-86.

[31]LECOMBER R. Resource depletion[M]. London:Macmillan Education UK, 1975.

[32]VOHS K D, BAUMEISTER R F, CIAROCCO N J. Self-regulation and self-presentation: regulatory resource depletion impairs impression management and effortful self-presentation depletes regulatory resources[J]. Journal of personality & social psychology, 2005, 88(4):632-57.

[33]KHALIL E L. Entropy law and exhaustion of natural resources Is Nicholas Georgescu-Roegen's paradigm defensible? [J]. Ecological economics, 1990, 2(2):163-178.

[34]STIGLITZ J E, DASGUPTA P. Market structure and resource depletion: A contribution to the theory of intertemporal monopolistic competition[J]. Journal of economic theory, 2006, 28(1):128-164.

[35] TANSLEYA G. Jstor:ecolog[J]. Ecology, 1935, 16(3):284-307.

[36]MIRZA M U, RICHTER A, NES E V, et al. Technology driven inequality leads to poverty and resource depletion[J]. Ecological economics, 2019,

160(7):215 -226.

[37]SERNA - CHAVEZ H M , SCHULP C , BODEGOM P V , et al. A quantitative framework for assessing spatial flows of ecosystem services[J]. Ecological indicators, 2014, 39(4):24 -33.

[38] PORTNOV B A , MEIR I . Urban water consumption in Israel: convergence or divergence [J]. Environmental science & policy, 2008, 11(4):347 -358.

[39]L GéRALDINE, DIDIER G , LE LOCH FRANOIS, et al. An ecosystem approach for the assessment of fisheries impacts on marine top predators: the Bay of Biscay case study[J]. Ices journal of marine science, 2012(6):925 -938.

[40] ALEXANDRIDIS T K , PANAGOPOULOS A , GALANIS G , et al. Combining remotely sensed surface energy fluxes and GIS analysis of groundwater parameters for irrigation system assessment[J]. Irrigation science, 2014, 32(2):127 -140.

[41]刘珉, 胡鞍钢. 中国绿色生态空间研究[J]. 中国人口·资源与环境, 2012, 22(7):53 -59.

[42]吕红亮, 林纪, 许顺才. 资源枯竭型城市生态足迹分析[C]. 2006 中国城市规划年会论文集,2006.

[43]陶晓燕. 我国典型资源枯竭型城市生态系统健康综合评价[J]. 地域研究与开发, 2010(1):123 -127.

[44]刘焱序, 傅伯杰, 赵文武, 等. 生态资产核算与生态系统服务评估:概念交汇与重点方向[J]. 生态学报, 2018, 38(23):4 -13.

[45]张磊, 钱畅, 黄佳贤,等. 合肥市生态环境与经济协调发展研究[J]. 中国农业资源与区划, 2019, 40(9):192 -198.

[46]邓煌炜, 廖振良. 生态系统服务驱动因素及供需研究进展[J]. 环境科技, 2020(1):78 -82.

[47]蔡春苗, 尚金城. 哈尔滨市生态系统供需水平和发展能力动态[J]. 应用生态学报, 2009(1):163 -169.

[48]陈新生. 资源枯竭型城市的多维生态型研究[D]. 南京:南京林业大学, 2013.

[49]吴晓，周忠学. 城市绿色基础设施生态系统服务供给与需求的空间关系:以西安市为例[J]. 生态学报，2019，39(24):9211-9221.

[50]白玉梅，韩会庆，陈思盈，等. 资源枯竭型城市土地利用变化及其生态服务价值效应研究:以贵州万山特区为例[J]. 西部大开发(土地开发工程研究)，2020(4):50-57.

[51]SIERRA R，RUSSMAN E. On the efficiency of environmental services and payments :a forest conservation assessment in the Osa Peninsula[J]. Costa Rica，Ecological Economics，2006，59(1):131-141.

[52]HEIN L，KOPPEN K V，GROOT R S D，et al. Spatial scales，stakeholders and the valuation of ecosystem services[J]. Ecological Economics，2006，57(2):209-228.

[53]HEIMLICH R E ，CLAASSEN R. Agricultural conservation policy at a crossroads[J]. Agricultural and resource economics，1998，27(1):95-107.

[54]FARLEY A K ，ANDERSON W G ，BREMER L L ，et al，Compensation for ecosystem services：an evaluation of efforts to achieve conservation and development in Ecuadorian paramo grasslands[J]. Enviromental conservation，2011. 2(38)，393-405.

[55]REGA C . Sea and ecological compensation in land use plans[J]. IEEE journal of quantum electronics，2011，35(6):970-976.

[56]FERRARO P J. Asymmetric information and contract design for payments for environmental services[J]. Ecological economics，2008，4(65):810-821.

[57]GREENLEY D A，WALSH R G，YOUNG R A. Option value：empirical evidence from a case study of recreation and water quality[J]. Quarterly journal of economics，1981，96(4):657-673.

[58]KOLINJIVADI V，GRANT A，ADAMOWSKI J，et al. Juggling multiple dimensions in a complex socio-ecosystem：The issue of targeting in payments for ecosystem services[J]. Geoforum，2015(58):1-13.

[59]毛锋，曾香. 生态补偿的机理与准则[J]. 生态学报，2006，26(11):

3841 -3846.

[60]谢高地, 包维楷,张昌顺. 澜沧江流域生态系统本底与生态系统功能考察报告[M]. 北京:科学出版社, 2015.

[61]赵雪雁,李巍,王学良. 生态补偿研究中的几个关键问题[J]. 中国人口·资源与环境,2012,22(2):1 -7.

[62]俞海,任勇. 中国生态补偿:概念、问题类型与政策路径选择[J]. 中国软科学,2008(6):7 -15.

[63]李文华, 刘某承. 关于中国生态补偿机制建设的几点思考[J]. 资源科学, 2010, 32(5):791 -796.

[64]李晓光,苗鸿,郑华,等. 生态补偿标准确定的主要方法及其应用[J]. 生态学报,2009,29(6):4431 -4440.

[65]唐增,徐中民,武翠芳,等. 生态补偿标准的确定:最小数据法及其在民勤的应用[J]. 冰川冻土,2010,32(5):1045 -1047.

[66]陈源泉,高旺盛. 基于生态经济学理论与方法的生态补偿量化研究[J]. 系统工程理论与实践,2007,27(4):165 -170.

[67]刘向华. 资源福祉视角下构建我国农业生态补偿体系的思考[J]. 生态经济(中文版), 2016, 32(10):97 -100.

[68]吴璟, 王义保. 城市生态权利:问题本质与现实建构[J]. 天津社会科学, 2017(3):47 -51.

[69]张文翔, 明庆忠, 牛洁, 等. 高原城市水源地生态补偿额度核算及机制研究:以昆明松花坝水源地为例[J]. 地理研究, 2017, 36(2):373 -382.

[70]后文文. 苏州市湿地生态补偿机制研究[D]. 苏州:苏州大学, 2013.

[71]李智, 张小林, 李红波. 南京市生态系统与社会经济协调度研究[C]. 中国土地资源开发整治与新型城镇化建设学术研讨会论文集, 2015.

[72]杨欣, 蔡银莺, 张孝宇, 等. 基于生态账户的农田生态补偿空间转移研究:以武汉城市圈 48 个县(市、区)为例[J]. 自然资源学报, 2015, 30(2):197 -207.

[73]郝志敏. 基于主体功能区的环首都绿色经济圈生态补偿机制研究

[D]. 北京:北京理工大学, 2015.

[74]何筠, 罗红燕. 基于水足迹理论的赣江上下游城市生态补偿研究[J]. 华东经济管理, 2016, 30(12):9-13.

[75]徐琳瑜, 杨志峰, 帅磊, 等. 基于生态服务功能价值的水库工程生态补偿研究[J]. 中国人口·资源与环境, 2006, 16(4):125-128.

[76]吕萍, 陈欢欢. 基于生态足迹模型的煤炭资源型城市生态承载力评价[J]. 区域经济评论, 2017(3):127-133.

[77]黄晓英, 郝晋珉, 张文选, 等. 资源型城市的城市综合承载力与可持续发展研究:以大同市为例[J]. 安徽农业科学, 2014, 42(4):1123-1127.

[78]邓晓军, 韩龙飞, 杨明楠, 等. 城市水足迹对比分析:以上海和重庆为例[J]. 长江流域资源与环境, 2014, 23(2):189.

[79]董方圆. 资源枯竭型城市生态服务功能改善效果研究:以惠农区为例[D]. 银川:宁夏大学, 2013.

[80]冯思静, 马云东, 王道涵, 等. 矿业城市生态系统服务价值的货币计量:以阜新市为例[J]. 城市问题, 2013(7):36-41.

[81]杨利雅. 资源枯竭型城市生态补偿机制研究:以辽宁阜新为例[J]. 东北大学学报(社会科学版), 2008, 10(3):226-232.

[82]廖慧倩. 矿产资源生态补偿法律制度研究[D]. 长沙:湖南师范大学, 2015.

[83]孔德帅, 李铭硕, 靳乐山. 国家重点生态功能区转移支付的考核激励机制研究[J]. 经济问题探索, 2017(7):81-87.

[84]刘铮, 张宇恒. 基于共享发展理念的生态补偿机制研究:以新安江流域为例[J]. 毛泽东邓小平理论研究, 2017(5):51-56.

[85]王常君, 曲阳阳, 吴相利. 资源枯竭型城市的经济—人口收缩治理研究:基于黑龙江省资源枯竭型城市的现实分析[J]. 宏观经济研究, 2019, 249(8):158-171.

[86]牛建英, 胡小明, 吴文静. 资源枯竭型城市经济转型效果评价:以黄石市为例[J]. 中国名城, 2020(4):9-15.

[87]张亲培,孙悦.资源枯竭型城市转型的个案研究[J].经济纵横,2010(9):82-86.

[88]吴诗荣.我国资源枯竭型城市产业结构特征的初步分析[J].财经政法资讯,2006(5):22-29.

[89]马世骏.生态工程:生态系统原理的应用[J].生态学杂志,1983(4):22-24.

[90]王发曾.城市生态系统的综合评价与调控[J].城市环境与城市生态,1991(2):26-30.

[91]方如康.环境科学的特点与研究方法[J].环境科学,1989(4):82-85.

[92]李伟峰,欧阳志云,王如松,等.城市生态系统景观格局特征及形成机制[J].生态学杂志,2005,24(4):428-432.

[93]胡廷兰,杨志峰,何孟常,等.一种城市生态系统健康评价方法及其应用[J].环境科学学报,2005,25(2):269-274.

[94]娜仁,李康玮,万伦来,等.淮北市煤炭开采与生态系统服务耦合度研究[J].环境科学研究,2019,32(12):96-104.

[95]万伦来,杨峻,周紫凡,等.煤炭资源型城市生态系统服务功能的时空变化特征分析:来自2006—2015年安徽省淮南市的经验证据[J].环境科学学报,2018,38(8):370-376.

[96]王冠.煤炭资源型城市生态系统的耗散结构特征探析[J].改革与开放,2017,3(3):47-48.

[97]秦格,刘晓艳.基于制度变迁理论视角的广东省水生态补偿运作机制研究[J].水利经济,2019,37(1):17-22+83.

[98]芦苇青,王兵,徐琳瑜.一种省域综合生态补偿绩效评价方法与应用[J].生态经济,2020(4):145-149.

[99]田义文,徐堃,高婧.浅议自然保护区生态补偿机制[J].中国市场,2010(41):65.

[100]楚宗岭,庞洁,蒋振,等.贫困地区农户参与生态补偿自愿性影响因素分析:以退耕还林和公益林补偿为例[J].生态与农村环境学报,2019,35

(6):738 -746.

[101]CUPERUS R , BAKERMANS M M G J , HAES H A U D , et al. Ecological compensation in Dutch highway planning[J]. Environmental management, 2001, 27(1):75 -89.

[102]鹿瑶. 基于 ESV 和 EF 的生态空间格局优化:以徐州市区为例[D]. 徐州:中国矿业大学,2019.

[103]陈成忠, 林振山. 中国 1961—2005 年人均生态足迹变化[J]. 生态学报, 2008(1):338 -344.

[104]林允琦, 陈婷婷, 魏宗财. 中国生态足迹特征研究:兼论“胡焕庸线”影响[C]. 2017 中国城市规划年会,2017.

[105]EHRLICH P R,EHRLICH A H. The causes and consequences of the disappearance of species[M]. New York:Random House,1981.

[106]欧阳志云,王如松. 生态系统服务功能及其生态经济价值评价[J]. 应用生态学报,1999,10(5):635 -640.

[107]谢高地,张钇锂,鲁春霞,等. 中国自然草地生态系统服务价值[J]. 自然资源学报,2001,16(1):47 -53.

[108]谢高地,鲁春霞,肖玉,等. 青藏高原高寒草地生态系统服务价值评估[J]. 山地学报,2003,21(1):50 -55.

[109]谢高地,鲁春霞,冷允法,等. 青藏高原生态资产的价值评估[J]. 自然资源学报,2003,18(2):189 -196.

[110]李文华,张彪,谢高地. 中国生态系统服务研究的回顾与展望[J]. 自然资源学报,2009,24(1):1 -10.

[111]谢高地,鲁春霞,成升魁. 全球生态系统服务价值评估研究进展[J]. 资源科学,2001,23(6):5 -9.

[112]董全. 生态功益:自然生态过程对人类的贡献[J]. 应用生态学报,1999,10(2):106 -113.

[113]欧阳志云, 王如松. 生态系统服务功能及其生态经济价值评价[J]. 应用生态学报,1999,10(5):635 -640.

[114]王万忠,焦菊英.中国的土壤侵蚀因子定量评价研究[J].水土保持通报,1996,1(5):1-20.

[115]温远光,刘世荣.我国主要森林生态系统类型降水截流规律的数量分析[J].林业科学,1995,31(4):239-298.

[116]孟凡静.基于生态承载力的阿克苏河—塔里木河流域可持续发展[D].西安:陕西师范大学,2003.

[117]张盛,王铁宇,张红,等.多元驱动下水生态承载力评价方法与应用:以京津冀地区为例[J].生态学报,2017,37(12):4159-4168.

[118]叶菁,谢巧巧,谭宁焱.基于生态承载力的国土空间开发布局方法研究[J].农业工程学报,2017,33(11):262-271.

[119]VERNON R. Pueden los Estados Unidos negociar para la igualdad de trato comercial[J]. Harvard deusto business review, 1990(8):68-74.

[120]察普夫,赵卿,程相占.作为近期生态批评方向的文化生态学[J].天津社会科学,2015(1):143-149.

[121]徐君,李贵芳.资源型城市脆弱性的AHV模型及演化耦合作用分析[J].资源开发与市场,2017,33(8):899-904.

[122]潘树仁,李正越,魏云迅,等.新时代煤炭资源全生命周期地质保障技术体系[J].中国煤炭地质,2020,32(1):1-4,57.

[123]胡迺武.三次产业演进规律与我国产业结构变动趋势[J].经济纵横,2017(6):15-21.

[124]尹炳文.配第-克拉克定律与日本经济结构性增长[J].南开经济研究,1987(6):57-59.

[125]范家骧,高天虹.罗斯托经济成长理论:上[J].经济纵横,1988(9):57-62.

[126]孙新雷.产业结构演进理论思考[J].上海经济研究,1994(7):47-48.

[127]张明,胡壮程,薛泽帅.产业高级化对经济增长的作用研究:基于我国产业结构演进的实证分析[J].贵州财经大学学报,2019,199(2):29-35.

[128]许光清.城市可持续发展理论研究综述[J].教学与研究,2006(7):

87－92.

[129]陆宏芳，叶正，赵新锋，等. 城市可持续发展能力的能值评价新指标[J]. 生态学报，2003(7):1363－1368.

[130]邹仁爱，陈俊鸿. 城市胁迫发展理论:城市可持续发展的生态学视角[J]. 城市问题，2005(6):16－20.

[131]于连生. 自然资源价值论及其应用[M]. 北京:化学工业出版社,2004.

[132]叶有华,曾祉祥,张枭. 自然资源资产核算的生态学思考Ⅰ:马克思主义劳动价值理论的时代拓展与生态延伸[J]. 南京林业大学学报(人文社会科学版),2018,18(3):58－66.

[133]王健民,王如松. 中国生态资产概论[M]. 南京:江苏科学技术出版社,2001.

[134]高德海. 生态资源价值观念理论基础初探[J]. 生态经济,1990(5):7－9＋51.

[135]马歇尔. 经济学原理:上[M]. 北京:商务印书馆,1964.

[136]付刚. 奥尔森集体行动理论研究[D]. 长春:吉林大学,2011.

[137]SMULDERS S. Environmental policy and sustainable economic growth[J]. De Economist,1995,143(2):163－195.

[138]BANSAL P. Evolving sustainably:A longitudinal study of corporate sustainabl edevelopment[J]. Strategic management journal,2005(26):197－218.

[139]冯富帅. 可持续发展理论下的地区产业发展对策:以巴彦淖尔为例[J]. 现代商业,2020,586(33):107－108.

[140]SAMUELSON,PAULAL. The pure theory of public expenditure[J]. Review of economics & statistics,1954,36(4):387－389.

[141]ROBERTS J. Lindahl Equilibrium[C]The New Palgrave Dictionary of Economics,Palgrave Macmillan UK,2008.

[142]徐志辉,曹馨月. 中国生态经济学理论研究浅析[C]. 2008 年海峡两岸生态经济理论与实践研讨会暨生态经济昆明高层论坛,2008.

[143]陈源泉,高旺盛.基于生态经济学理论与方法的生态补偿量化研究[J].系统工程理论与实践,2007,27(4):165-170.

[144]王松霈.生态时代的环境管理[J].科学对社会的影响,1997(2):3-6.

[145]季昆森.风景这边独好:纵谈池州国家生态经济示范区[J].决策,1997(7):19-21.

[146]王东杰,姜学民,杨传林.论生态经济学与环境经济学的区别与联系[J].生态经济,1999(4):26-28.

[147]张明军,孙美平,周立华.对生态经济学若干问题的思考[J].国土与自然资源研究,2006(2):49-50.

[148]高秀苹.生态系统理论的创始人:布朗芬布伦纳[J].大众心理学,2005(5):46-47.

[149]林存文,吕庆华,张华荣.中国经济区创意城市发展水平比较评价:基于经济生态系统理论的实证研究[J].科技与经济,2017,30(6):26-30.

[150]陈一壮.论贝塔朗菲的"一般系统论"与圣菲研究所的"复杂适应系统理论"的区别[C].全国"科技与社会发展"中青年南方论坛,2007.

[151]平克斯,任定成.环状结构式的起源[J].科学技术与辩证法,1991(2):63-66.

[152]赫恩.塑成建筑的思想[M].北京:中国建筑工业出版社,2006.

[153]宁玉梅.人在情境中:生态系统理论和增权理论的比较[J].学理论,2013(25):130-131.

[154]铁燕.综合生态系统管理理论与实践述评:兼论流域生态系统管理[C].生态文明与环境资源法:2009年全国环境资源法学研讨会(年会)论文集,2009.

[155]黄艳,吕娜.生态系统性危机干预中的"团体"解析与建构[C].第十五届全国心理学学术会议论文摘要集,2012.

[156]吴文盛,王琳,宋泽峰,等.新时期我国矿产资源开发与生态环境保护矛盾的探讨[J].中国矿业,2020(3):6-10.

[157]张化楠,葛颜祥,接玉梅.流域生态补偿的复制动态及进化稳定策略

分析[J].统计与决策,2018,34(20):50-53.

[158]李素英.自然资源资产有偿使用制度改革研究:基于演化博弈分析模型[J].会计之友,2019(2):2-9.

[159]王希凯.自然资源资产存在和形成的产业支撑[J].中国国土资源经济,2019,32(12):4-7.

[160]弗里德曼.美国联邦环境保护法规[M].北京:中国环境科学出版社,1993.

[161]王茜.中国环境保护法对农业生态环境问题的深度解读:评《中华人民共和国环境保护法释义》[J].灌溉排水学报,2020,39(12):164-164.

[162]罗新萍.基于生态系统服务价值的公益林纵向生态补偿机制研究:以怒江傈僳族自治州新增国家级公益林为例[J].绿色科技,2020(15):154-155.

[163]M. LINA P. RVU,ANGHELU V DINEANU. Preliminary dataonthe ecological requirements of the invasive spiny-cheek crayfishin the lower danube[J]. Transylvanian review of systematical and ecological research,2014,16(3):185-196.

[164]钟茂初.可持续消费:物质需求、人文需求、生态需求视角的阐释[J].消费经济,2004(5):48-51.

[165]刘思华.论生态经济需求[J].经济研究,1988(4):77-79.

[166]李文华.生态系统服务功能研究[M].北京:气象出版社,2002.

[167]纪艳彬.论生态需求[M].北京:北京化工大学出版社,2011.

[168]刘思华.论生态经济需求[J].经济研究,1988(4):77-79.

[169]范强.基于SRP模型资源枯竭型城市生态脆弱性时空分异研究[D].沈阳:辽宁师范大学,2017.

[170]ZBA E E,HUNCE S Y,HüSEYIN KURTULUZCAN,et al. Ecological footprint calculation[M]. Recycling and reuse approaches for better sustainability,2019.

[171]ZHAO S,LI Z,LI W. Amodified method of ecological footprintcal culationan ditsapplication[J]. Ecological modelling,2005,185(1):65-75.

[172]FIALA N. Measuring sustainability: Why the ecological footprint is bad economicsand bad environmental science[J]. Ecological economics,2008,67(4):

519－525.

[173]徐国泉,姜照华,薛宏雨.基于生态足迹理论的生态承载力分析:以大连市为例[J].国土资源科技管理,2004,21(3):1－5.

[174]高吉喜.可持续发展基础理论探索:生态承载力理论、方法与应用[M].北京:中国环境科学出版社,2001.

[175]王彦彭.我国生态承载力的综合评价与比较[J].统计与决策,2012(7):114－118.

[176]陈勇,肖晓,刘艳中,等.兼顾生态供给和人类需求的矿业城市生态安全格局构建:以湖北省大冶市为例[J].金属矿山,2019,515(5):159－165.

[177]冉凤维,罗志军,吴佳平,等.鄱阳湖地区生态系统服务权衡与协同关系的时空格局[J].应用生态学报,2019,30(3):995－1004.

[178]郑玉歆.如何缓和生态需求和生态供给的不平衡:从节能减排谈起[J].学习与实践,2009(7):2,27－30.

[179]TEUBNER K, TEUBNERI E, PALLK S, et al. New emphasison water transparencyas socio－ecological indicator for urban water:bridging ecosystem service supplyand sustainable ecosystem health[J]. Frontiers in Environmental Science, 2020(8):1－22.

[180]肖建红,施国庆,毛春梅,等.三峡工程生态供给足迹与生态需求足迹计算[J].武汉理工大学学报(交通科学与工程版),2006,30(5):774－777.

[181]肖建红,王敏,施国庆,等.水利工程生态供给足迹与生态需求足迹计算[J].武汉理工大学学报(交通科学与工程版),2008,32(4):593－595.

[182]张治华.生态承载力的理论与实践研究[D].上海:华东师范大学,2007.

[183]李金海.区域生态承载力与可持续发展[J].中国人口·资源与环境,2001,11(3):76－78.

[184]赵建兰.济南市南部山区生态系统服务功能价值研究[D].济南:山东师范大学,2007.

[185]李焕承.基于GIS的区域生态系统服务价值评估方法研究与应用

[D]. 杭州:浙江大学,2010.

[186]刘巍. 基于生态价值的建筑物质消耗与服务价值平衡关系的研究[D]. 南京:东南大学,2007.

[187]陈慧女. 中国资源枯竭型城市的产业转型:基于科学发展观视角的分析[M]. 北京:中国社会科学出版社,2012.

[188]黄霞,彭赟. 我国资源枯竭型城市转型中生态补偿机制的构建:以湖北省大冶市为例[J]. 中国矿业,2009(2):43 - 46.

[189]韩宝平. 基于生态足迹理论的区域科学发展研究[M]. 徐州:中国矿业大学出版社, 2009.

[190]刘海滨. 中国煤炭资源有效供给能力及开发模式[M]. 北京:中国经济出版社, 2013.

[191]吴全雷, 汪云甲. 焦作市 2005 年生态足迹计算与分析[J]. 河南城建学院学报, 2007, 16(6):21 - 24.

[192]杨玲. 矿业城市产业用地信息提取与产业结构配置研究:以焦作市为例[M]. 北京:中国大地出版社, 2007.

[193]郭中伟,甘雅玲. 关于生态系统服务功能的几个科学问题[J]. 生物多样性,2003(1):63 - 69.

[194] 杜乐山,李俊生,刘高慧,等. 生态系统与生物多样性经济学(TEEB)研究进展[J]. 生物多样性,2016(6):686 - 693.

[195]刘涵. 习近平生态文明思想研究[D]. 长沙:湖南师范大学,2019.

[196]刘双,钱澄澄. 领域化知识服务的概念、特征、类型与模式[J]. 图书馆研究与工作,2019(12):22 - 26.

[197]蔡汇丰. 城市公园公共服务质量评价体系构建及实证研究[D]. 福州:福建林业大学,2017.

[198]刘璋温. 赤池信息量准则 AIC 及其意义[J]. 数学的实践与认识,1980(3):65 - 73.

[199]曹永福. 格兰杰因果性检验评述[J]. 数量经济技术经济研究,2006,23(1):155 - 160.

[200]刘学武,刘安.单根、共积与误差修正模型:理论、方法和应用[J].预测,2000,19(3):66-69.

[201]余壮雄.近似因子模型的面板单位根与协整检验[M].北京:科学出版社,2014.

[202]沈振宇,朱学义.国有矿产资源总价值计量模型[J].中国国土资源经济,1999(3):68-72.

[203]沈振宇,朱学义.煤炭资源价值计量模型[J].煤炭经济研究,1999(2):58-61.

[204]黄国良,沈振宇,朱学义.煤炭资源计价模型探讨[J].煤炭学报,1999(6):652-656.

[205]朱学义,黄国良,郑爱华,等.论国有煤炭资源管理体制改革方向[J].煤炭经济研究,1999(11):4-10.

[206]蔡乐渭.土地征收补偿问题研究[M].北京:中国民主法制出版社,2018.

重要术语索引表

后　记

改革开放以来，煤炭资源型城市依托煤炭资源开发为当地社会经济发展做出了贡献。但是，随着资源逐渐枯竭，城市的发展出现了诸如生态环境遭到破坏等一系列问题。煤炭资源型城市要实现可持续发展，对城市的“生态需求、供给与补偿体系”等一系列重大问题的研究就成为重中之重。

河南理工大学工商管理学院河南省高等学校人文社科重点研究基地“能源经济研究中心”自2004年成立以来，依托“矿业管理工程博士授权点”，长期致力于资源、环境与可持续发展的研究，重点围绕能源经济与政策、矿业管理工程、资源枯竭型城市转型与发展等方面开展了较为系统和富有创新的理论、模型与应用研究，本书就是这一系列研究的重要成果之一，同时得到了该中心以及工商管理省级重点学科的资助。本书也是河南省高等学校哲学社会科学应用研究重大项目“煤炭资源型城市生态安全预警及调控研究”的重要成果。

曾　旗

于河南理工大学工商管理学院能源经济研究中心

2021年10月

后 记

[illegible]

[illegible]

[illegible]

2021年10月